「恨」文化を助長した
日朝戦争
―朝鮮王宮襲撃事件―

樋口　正士

目次

はじめに …… 22
第一篇　当時の日本・朝鮮・清国三国の時代背景
第一章　日本の状況 …… 27
第一節　政治の状況について …… 28
一　日本の国内情勢 …… 28
二　帝国議会での藩閥政府と議会との対立 …… 29
A　民党が「民力休養」を主張した第一議会 …… 31
B　衆議院解散となった第二議会 …… 32
C　激しい対立となった第三特別議会 …… 34
D　第四議会 …… 35
E　「民力休養」から「対外硬」に変化した第五議会 …… 35
F　対外硬で激しく対立した第六特別議会 …… 37
三　対外硬派について …… 41
A　対外硬派とは …… 41
B　壬午軍乱・甲申事変に対する日本の世論 …… 42
C　井上外相による条約改正案での反対運動 …… 43

D　ノルマントン号事件……43
E　大隈外相による条約改正案での反対運動……44
F　千島艦事件、対外硬運動へ……44
G　対外硬運動の特徴……46
（一）対外硬運動……46
（二）国権派と民権派……47
（三）対外硬運動の実際の担い手……48
（イ）大隈外相の条約改正案への反対運動……48
（ロ）硬六派連合の成立……48
（ハ）硬六派連合の前身、内地雑居講究会～大日本協会……49
（ニ）一八九四年の対外硬派……50
（ホ）「対外」の内地雑居尚早論と「対清」の現行条約励行論……51
四　世論の中にあった反清感情について……52
五　谷干城の対外硬論……57
A　谷干城の経歴……58
B　国憲創立議会開設派に……58
C　大隈条約改正案への反対……60
D　「新国家主義」により貴族院で活動……61
E　日清戦争への反対論……62

六　三浦梧楼『兵備論』……64
A　三浦梧楼の経歴……64
B　経済的軍備論……65
第二節　経済の状況について……75
一　松方財政……75
A　インフレの発生と議論……75
B　松方財政による対策……76
C　松方財政の影響……78
二　明治日本の産業革命……78
三　日本の産業革命の特徴……83
四　鉄道の勃興……84
五　工業化は軽工業から……86
A　綿紡績業……86
B　大規模紡績会社の設立……87
C　生糸・絹織物について……88
D　日本の輸出入に占める朝鮮向けのウエート……90
第二章　朝鮮の状況……93
第一節　李王朝の思想……94
一　中華思想……94

二　小中華思想……97
三　事大主義……103
四　『恨』の形成……105
付　朝鮮王朝時代の用語の主なもの……106
第二節　日朝の歴史的経緯……109
一　豊臣秀吉の朝鮮侵攻……109
A　なぜ、三百年前の秀吉の朝鮮侵攻から始めるのか……109
B　侵攻から三百年後の朝鮮の対日感情……112
C　朝鮮侵攻は、なぜ行われたのか……113
D　秀吉は、転換の時期に不適切な対応策を選択……115
E　朝鮮侵攻の経過……115
（一）文禄の役……115
（イ）「唐入り」の準備入り……116
（ロ）名護屋城……116
（ハ）侵攻の開始、漢城までの破竹の進撃……122
（ニ）初戦の秀吉軍の大勝利と朝鮮軍の大敗北の原因……124
（ホ）「唐入り」より朝鮮八道の経略優先へ……126
（ヘ）李舜臣の朝鮮水軍の活躍などから方針修正……129
（ト）明の朝鮮救援決定、沈・小西会談による五十日間休戦の成立……130

(チ)朝鮮側の抵抗、日本軍に兵糧問題 …… 132
(二)明軍の参戦と講和交渉の開始 …… 133
(イ)明軍との戦闘開始、日本は平壌を失い戦略を大幅に変更 …… 134
(ロ)明軍も碧蹄館で敗戦して戦意喪失 …… 134
(ハ)日本軍は幸州山城攻略に失敗し、漢城の兵糧問題が深刻化 …… 135
(ニ)明軍と日本との講和交渉開始、日本軍は漢城から撤退 …… 135
(ホ)明使の名護屋への到来、七条件の提示 …… 137
(ヘ)晋州城攻略戦で大規模軍事衝突は終了 …… 138
(ト)「御仕置の城」の普請と将兵五万の帰還 …… 138
(チ)明軍も朝鮮から撤退 …… 139
(三)休戦状況から講和交渉の決裂まで …… 141
(イ)朝鮮の著しい飢餓状況 …… 141
(ロ)在番日本軍の状況 …… 142
(ハ)明国使節派遣の正式決定 …… 144
(ニ)秀吉の和平条目の構想 …… 144
(ホ)明国使節・朝鮮使節の来日 …… 145
(ヘ)和平の決裂、秀吉の再派兵決意 …… 146
(ト)和平決裂、再派兵は避けられなかったのか? …… 147
(四)慶長の再侵攻 …… 148

（イ）再派兵の決定〜朝鮮との和平交渉決裂……148
（ロ）巨済島海戦……148
（ハ）南原城攻略、日本軍は掠奪と鼻斬り……148
（ニ）李舜臣朝鮮水軍の撤退、陸上では全羅道・忠清道制圧戦……149
（ホ）朝鮮民衆への軍政、拉致・拘引……150
（ヘ）略奪していった人、物と朝鮮文化……152
（ト）日本軍は沿岸地方で越冬体制に……156
（チ）明・朝鮮軍による蔚山城への攻撃の失敗……157
（リ）日本軍の陣容立て直し……157
（ヌ）明・朝鮮軍側は再攻勢の計画……158
（五）秀吉の死……158
（イ）明・朝鮮軍による順天・泗川への攻撃……159
（ロ）本国からの撤退指示、釜山浦への集結……159
（ハ）日本への帰還……160
二　秀吉の死後……161
A　朝鮮侵攻の戦後処理……161
B　秀吉の朝鮮侵攻は、目的を果たせず失敗であった……162
C　日本軍の残虐行為が強い反日意識を招いた……163
D　朝鮮侵攻に於ける無理と反省の欠如……166

E　朝鮮侵攻に対する徳川の反省と改革　166
F　朝鮮侵攻に対する、その後の日本側の反省と評価　168
（一）江戸時代中期までは秀吉を冷静に批判　168
（二）江戸時代末期の大転換、武威論による称賛　170
（三）江戸中期の論調　170
（四）江戸末期の武威論　171
（五）日本陸軍は朝鮮侵攻から何か教訓を得たのか　173
三　十九世紀後半に至るまでの日本と朝鮮の歴史過程　174
第三節　日清戦争ではなぜ朝鮮が争われることになったのか　175
一　江華島事件　175
A　李朝末期の朝鮮　175
B　江華島事件（一八七五年）　176
C　日朝修好条規（一八七六年）・朝鮮開国　177
D　大院君の改革を元に戻した高宗　177
E　書契問題生じる　179
F　日本外交「万国公法論」へ転換　181
G　反日意識の覚醒　182
二　壬午軍乱（一八八二年）　183
A　済物浦条約と朝鮮の清国属国化　183

B　米の輸出問題の実情……184
C　根本原因は朝鮮政府の財政危機と行政管理システムの綻び……186
D　清国が行なった軍乱の解決策……186
E　壬午軍乱に対する日本側の対応……187
（一）井上外務卿の穏健論が政府を主導……187
（二）朝鮮の急進開化派からの援助要請、日本政府内に論議……187
（三）軍乱後の日本の軍備拡張……188
（四）日本側も問題の再発防止対策が不十分……190
三　甲申事変（一八八四年）……191
A　天津条約（一八八五年）……192
B　甲申事変への日本政府の対応……192
（一）融和路線だった竹添公使の単独行動……192
（二）日本政府の事変処理、消極的干渉論……193
（三）主和論・主戦論対立は薩長対立……194
（四）長州派、外交主導権を回復……194
（五）急進開化派は政策面では正しかった、との評価……195
（六）やらない方が良かったクーデター……196
（七）支援体制の実態……196
（八）事変失敗に対する反省……197

（九）その後の同類案件に活かされた甲申事変の反省……198
第四節　日朝貿易状況……199
一　日朝貿易……199
A　開港後の朝鮮の貿易の額と品目……200
B　日中による欧米製品の中継貿易地としての朝鮮……200
C　「日本製品」の輸出が次第に増加……201
D　慢性の貿易赤字、輸出商品を育成できなかった朝鮮……202
二　反日感情を高めた問題行動……203
A　清国商人が日本商人の競合者に……203
B　清国商は京城・仁川に集中して日本商を凌駕……203
C　西洋反物は、清国商は上海から、日本商は長崎から仕入れ……204
三　日本商より優れていた清国商の商才……204
A　日本商の朝鮮人蔑視はイザベラ・バードも指摘……205
B　粗悪品は当時の日本工業の大きな問題点……206
C　イギリス人に褒められた日本製品もあった……207
D　日朝貿易拡張のための塩川の日本商への提言……208
第五節　在朝の日本人人口動態……210
第六節　朝鮮には日本の銀行も進出していた……214
一　渋沢栄一による日本の銀行の朝鮮進出……214

二　第一国立銀行朝鮮支店の開設・拡大……215
三　朝鮮支店の業績は低迷していた……215
第七節　反日意識を昂進させた防穀令事件……216
第八節　巨文島事件・東学の乱（甲午農民戦争）……220
一　巨文島事件（一八八五年）……221
A　朝鮮とロシアとの接近……221
B　巨文島事件……221
C　日本政府は極東に対する列強の脅威を危惧……222
D　日本の軍備は大拡張せず……224
E　軍乱後の朝鮮……225
二　東学の乱（甲午農民戦争）に至るまでの状況……227
A　債務の増加……227
B　激しい売官売職……227
C　頻発する民乱……228
D　官の腐敗……229
三　東学の乱（甲午農民戦争）（一八九四年）……230
A　一時は東学軍が全州を占領……230
第九節　朝鮮の経済状況……233
一　開港に至るまでの朝鮮の中世社会の特徴について……234

二 「朝鮮の儒教」が経済に及ぼした影響……235
A 朝鮮の経済発展を制約した儒教理念……235
B 朝鮮と日本―異なる儒教……236
（一）日本は包括的・習合的、朝鮮は純一的・対決的……236
（二）「士」は日本では武士・朝鮮では儒者、日本は「忠」・朝鮮は「孝」……237
三 開港前の朝鮮の農業……238
A 朝鮮は前期に人口成長、日本は徳川期に人口増大……238
B 中世朝鮮の農村の特徴……238
C 高い農業比率で、社会的分業も進展せず……239
D 国家による一元的支配で不均等な税制、農業生産の意欲を阻害……239
E 封建分権制と中央集権制の相違がもたらした生産性の差異……240
四 開港前の朝鮮の商業……241
A 場市（定期市）の発達……241
B 商業ルートの発達（行商・浦口・市廛）……241
C 貨幣の普及の程度……243
D 市場経済成長の制約……243
E 日本の武家政権の分権構造は、商業の発達も促した……244
五 朝鮮の鉱業について……245
六 開港後の朝鮮の貿易……247

A　開港前の朝鮮の対中・対日貿易……247
B　開港後、朝鮮商人の貿易への関与は薄まっていく……249
C　輸出用の農産物は生産拡大、輸入に競合した手工業は解体……250
七　開港後の朝鮮の政治状況の変化……251
A　急進開化派と穏健派に分裂……251
B　朝鮮政府の経済政策は進展せず……252
C　政治体制を革命的に変化させた日本、守旧派が強かった朝鮮……252
第十節　バードと塩川の観察による朝鮮経済社会状況の実態……253
一　イザベラ・バードの『朝鮮紀行』……253
二　塩川一太郎の『朝鮮通商事情』……256
三　バードの見た朝鮮の玄関口の状況……258
A　日清開戦前の済物浦の状況……258
B　済物浦と首都ソウルとの交通……259
C　ソウルの街……260
D　『大釣鐘』と生活臭……261
四　朝鮮の産業……262
A　バードの見た朝鮮の農業……262
B　塩川の見た朝鮮の農業……263
C　塩川の見た朝鮮の林業……264

D　塩川の見た朝鮮の牧畜業……264
E　塩川の見た朝鮮の水産業……265
F　バードの見た朝鮮の工業……266
G　塩川の見た朝鮮の工業……267
H　塩川の見た朝鮮の鉱業……268
I　塩川の見た朝鮮の繊維産業……268
五　朝鮮の商業……269
A　バードの見たソウルの商業……269
B　バードの見た朝鮮の通貨……269
C　塩川の見た朝鮮の通貨……270
D　バードの見た朝鮮の地方の商業……270
E　塩川の見た朝鮮の地方の商業……272
F　塩川の見た朝鮮政府の対商業政策……272
六　朝鮮の旅行、物流の事情……274
A　バードの見た朝鮮の道路……274
B　バードの見た朝鮮の旅館……275
C　塩川の見た朝鮮の水運……276
D　塩川の見た朝鮮の陸運……276
七　バードの見た朝鮮の両班、官吏……277

A　両班は働かない……277
B　両班は掠奪、搾取する……278
C　朝鮮の官僚は吸血鬼である……279
第三章　清国の状況……281
第一節　代表人物を介して見る日清戦争前……284
一　李鴻章の太平天国の乱との関わり……284
二　李鴻章、捻軍鎮圧により直隷総督・北洋通商大臣に就任……286
三　日本との関わりと袁世凱の出現……288
四　朝鮮で壬午軍乱起こる……290
五　この頃の袁世凱の状態……292
六　袁世凱の朝鮮での活躍始まる……295
七　袁世凱、甲申事変の鎮圧により実質的な朝鮮総督として君臨……298
八　東学の乱（甲午農民戦争）起こる……301
九　日清戦争勃発する……303
第二節　清国の状況……305
一　清国の対日・対朝鮮政策……305
二　一八七一年、日清の近代的外交関係の開始……306
A　日清修好条規の締結時から、清側と日本側には解釈の不一致が……306
B　修好条規の解釈不一致が顕在化……307

C　台湾事件と台湾出兵 310
D　台湾出兵の結果 311
E　台湾出兵の利得と損失 312
三　冊封に対する経済上の援助と軍事上の保護責任 313
A　宗属関係での具体的な義務と負担 314
B　噛み合わぬも深刻な対決せず（江華島事件） 315
四　朝鮮に対する清国の地政学的認識と朝鮮「属国」実体化政策 316
A　「属国」化強化の実践―壬午軍乱・甲申事変での清国の対応 317
五　清国と他の国との関係 318
A　清とロシアとの関係安定化 318
B　ベトナムについてのフランスとの決着 318
六　清国の内政の変化 318
A　一八八〇年代半ば、李鴻章は対外的な脅威を除去 319
B　李鴻章は例外的、大勢は変化しようとしない清朝 319
C　日清戦争への対応 320
D　日清戦争後の李鴻章 321

第二篇　日朝戦争（朝鮮王宮襲撃事件）―日清開戦に至る道程―

第一章　日本の戦争準備と軍備状況……327
第一節　明治維新以来の陸軍の整備・拡張……328
一　維新政府の陸軍創設……328
二　壬午軍乱後の陸軍の増強……329
三　日清戦争時の陸軍の体制……330
第二節　海軍の整備・拡張について……333
一　明治初年の日清間の衝突と海軍力拡張競争……333
二　清国は日本の台湾出兵以降、北洋艦隊を整備……334
三　日本は朝鮮の壬午軍乱後、海軍力を強化……336
第三節　戦争遂行を支えた鉄道の整備……338
第四節　軍拡への予算措置……342
一　初期議会期の政府の外交方針と軍拡の必要性……342
二　議会開設後の予算問題……343
三　民党側の軍拡への見解……344
四　健全な財政原則の中で達成された軍拡……345
五　日清戦争時点までの日本の軍事費……346
第二章　日本の指導者たち　日清戦争時の内閣と陸海軍……349

第一節　天皇と内閣　350
第二節　陸軍・海軍の幹部　353
一　陸軍　353
二　海軍　355
第三章　朝鮮への出兵と日清開戦の意志決定　357
第一節　朝鮮出兵の決定と、対清避戦方針の決定　358
一　東学の乱の発生と、日本からの朝鮮出兵の閣議決定　359
二　対清開戦は政府の方針としては存在せず　359
三　政府内には路線対立、伊藤博文の対清避戦が公式方針　360
四　第一次輸送部隊四千名の出発と大鳥公使の漢城到着　361
第二節　内閣の方針転換、対清開戦方針の決定　361
第三節　日清両国からの出兵　365
一　清軍の出兵　365
二　日本軍の出兵　366
第四節　イザベラ・バードが見た開戦直前の済物浦の状況　367
第五節　朝鮮改革提案と、列強からの干渉開始　368
一　共同内政改革を清国に提案するも、清側は拒否　368
二　列強の干渉を経て日本は再び開戦路線に　369
第六節　日本軍の増派と「作戦大方針」　370

一　日本の第二次輸送部隊の派兵……370
二　大本営の「作戦大方針」……371
第七節　日本軍による朝鮮半島での電信線の建設強行……372
一　開戦前の朝鮮半島の電信線の状況……373
二　日本軍による新線の建設……373
第八節　日本政府による開戦の決定……374
一　清側が増派なら反撃するというもの……374
二　現地では朝鮮王宮包囲計画をそのまま続行……375
第四章　日朝戦争（朝鮮王宮襲撃事件）……377
第一節　日清開戦の条件を強引に正当化……378
一　朝鮮王宮への襲撃占領作戦の実施……378
二　公使館と旅団が協議して計画、一個大隊ではなく旅団が動く……380
三　朝鮮王宮襲撃事件は一日だけの対朝鮮戦争……385
第二節　朝鮮王宮襲撃事件はどのようにして行われたのか……386
一　二十三日深夜からの王宮襲撃……386
二　日本兵が王宮を占領、韓兵を武装解除して国王を脅迫……386
第三節　朝鮮王宮襲撃事件では外交・軍事上の目的を達成……389
第四節　朝鮮王宮襲撃事件では重大な負の影響も免れず……390
第五節　一年三ヵ月後に重大な失敗……391

第六節　必ずしも正しからず、新聞・世論……391
第七節　日清開戦への最大の批判者は明治天皇であった……392
第五章　日清戦争へ突入……395
日清戦争史の要約……398
年表（日清戦争前後を中心として）……404
あとがき……408
参考・引用文献……411

朝鮮は、朝鮮半島及び済州島、巨文島、鬱陵島など周囲の島嶼、海域を併せた地域を表す呼称である。現在、この地の全域を、大韓民国（韓国）も朝鮮民主主義人民共和国（北朝鮮）も共に自国の領土に定めており、両国の領土は完全に一致重複している。故に本書に於いては総括して「朝鮮」として表記する。しかし現実は、朝鮮戦争以降、軍事境界線（三十八度線）を境に北半部は北朝鮮が、南半部は韓国が実効支配している。

はじめに

日清戦争は日本と清国との間の戦争であるが、開戦の理由は両国と朝鮮との関係にあり、開戦時の戦場も朝鮮国内であった。朝鮮が日清両国の間に位置しているという地政学的な要因があったことは間違いない。ともあれ、一八九四（明治二十七）年というタイミングで日清戦争が勃発した原因を理解するためには、当時の日本・朝鮮・清国三国の状況を知り、日本が何故清国との戦争に至ったかの経緯を見ることになる。

同年七月二十三日の朝鮮王宮襲撃事件とは、とにかく日清開戦を実現させようとした、具体的には、朝鮮の政府を入れ替えて清国軍撤退を迫らせ、清国軍との開戦を正当化する条件を整えることを意図して行われた、日本が朝鮮へ挑んだ戦争のことである。

原田敬一氏は「七月二十三日戦争」という名称を提案している。「外国に駐屯している軍隊が、その国の王宮を襲い、守備兵と砲火を交え、占領する、というのは事実上の戦争と判断できる」ためであり、そして「この一日だけの戦争で日本軍が戦った相手は『朝鮮』である」としている。

この戦争の最大の悪影響は、朝鮮国内で反日感情を高揚することになった点であり、朝鮮に於ける文化、思想に於いてすべての根幹となっている思考様式の一つ「恨《ハン》」の概念の一端を担ったことである。

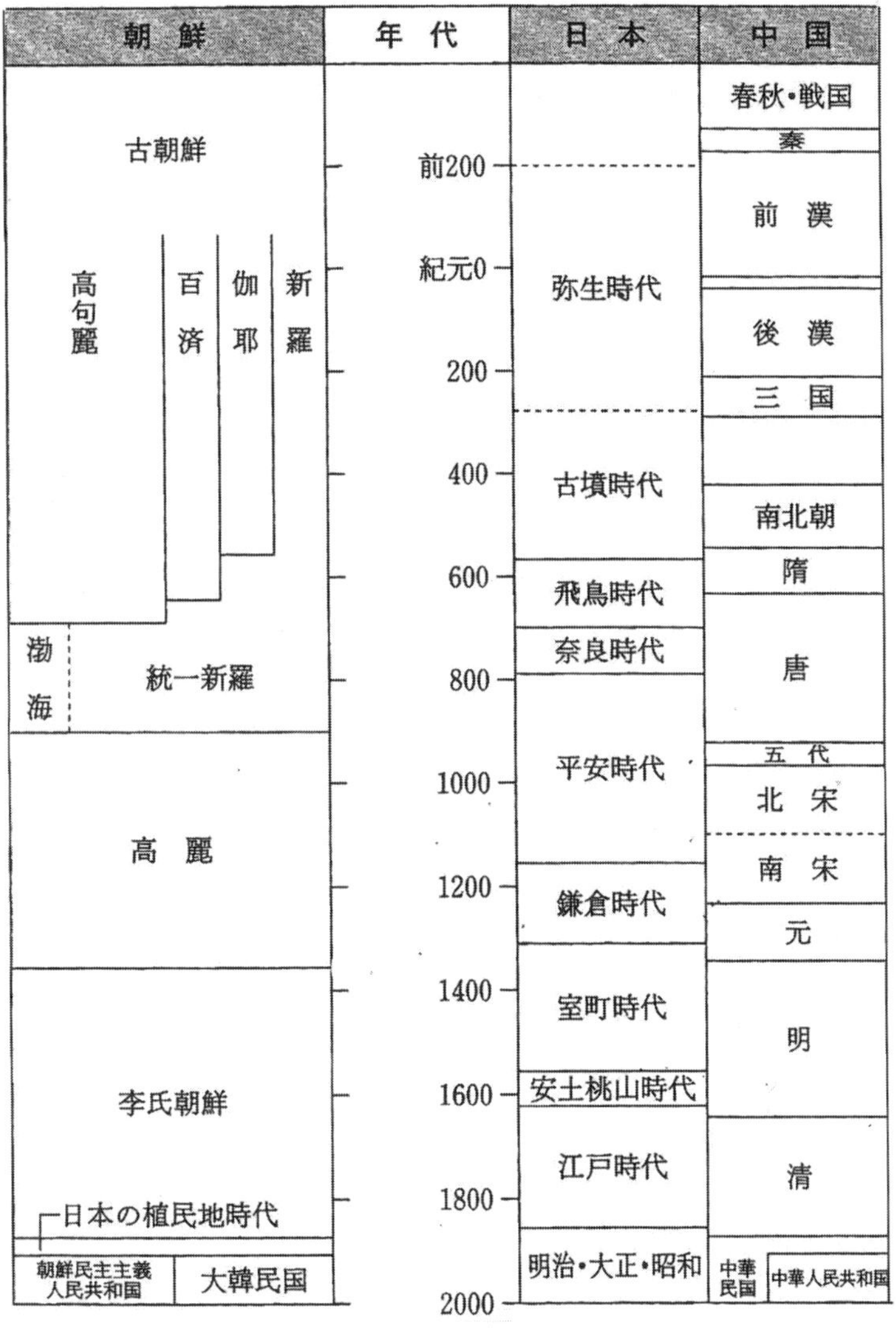

資料１　日本・朝鮮・中国　三国対照年表

第一篇

当時の日本・朝鮮・清国
三国の時代背景

日清戦争の当事国であった日本と清国、それに日清戦争の目的であった朝鮮の三カ国について、当時の時代背景を政治と経済などを中心に見てみる。

第一章　日本の状況

第一節　政治の状況について

一　日本の国内情勢

明治国家が内閣制度を発足させ、伊藤博文が初代内閣総理大臣になったのは、明治も十八年になった一八八五年の年末のことである。その四年後の一八八九（明治二十二）年に「大日本帝国憲法」が発布され、第一回衆議院議員選挙が行われた。第一議会が召集されたのは、更にもう一年経った一八九〇（明治二十三）年のことであった。

当時の衆議院議員について見てみよう（衆議院・参議院編『議会制度百年史―衆議院議員名鑑』大蔵省印刷局　一九九〇年）。

当時の衆議院議員選挙は、直接国税（地租など）を十五円以上納めている二十五歳以上の男子のみが選挙権を有し、有権者総数四千万の国民中わずか四十五万八百七十二人、百人に一・一三人という極端な制限選挙であり、しかも投票人は自分の住所氏名を明記し、その下に実印を押すという投票方式であった。その実施地域は本州、四国、九州であった。

初期の衆議院は地主議会であった。この当時の代議士は、その三分の一が十町以上の土地を持つ地主であった。地主と言っても明治十年代の自由民権運動当時に見られた豪農経営者ではなく、既に農民に土地を貸し付けて小作料を取り立てるだけで、自らは農業に携わらない土地所有者で、寄生地主と化していた。なお、同じ党名で基盤は豪農・地主層で変わらないように見えても、一八八一、八二（明治十四、十五）年頃の自由党と、一八九一～九二（明治二十四～二十五）年頃の自由党とでは、その性質が著しく異なっていたことに注意が必要である。

明治維新でそれまでの幕藩体制をひっくり返したところから始まり、いわばゼロから近代国家を作り上げていったが、曲がりなりにも内閣・憲法・議会の三つが揃う体制に行き尽くまでに、維新後二十三年が必要だったということにもなる。

ただし、一八九〇年代前半の時点で近代政治三点セットがようやく揃ったとはいっても、民法その他の法律はまだ策定途上の段階で、条約改正のネックになっていた。また、議会が開かれるようになったといっても、議会の多数党が政権をとる責任内閣制は成立しておらず、内閣は藩閥の超然内閣（議会の支持なしに組閣される内閣）であった。

すなわち日本は、近代国家の建設工程の上で、ようやく外見を整えるところまでは来たが、依然その内実については整備の途上にあったと言える。

二　帝国議会での藩閥政府と議会との対立

ところで、第一議会の開会から、最初の対外戦争であった日清戦争までは、わずか四年間であった。その

資料２　伊藤博文（初代内閣総理大臣）（出典『近世名士写真　其１』）

間、一八九〇（明治二十三）年の第一議会から日清戦争直前の一八九四（明治二十七）年の第六議会まで、議会と政府とは毎回対立を繰り返した（色川大吉著『日本の歴史 二一―近代国家の出発』、原田敬一著『日清・日露戦争』、石井寛治著『日本の産業革命―日清・日露戦争から考える』）。

A　民党が「民力休養」を主張した第一議会〔一八九〇（明治二十三）年十一月二十九日開会～翌年三月七日閉会〕

―議会開始の当時、政府はまだ超然内閣で議会に与党を持っていなかったし、政権内では与党を持つ必要も合意されていなかった。政府側に与党がないため、三百名の衆議院議員のうち、民党は立憲自由党百三十名、立憲改進党四十一名の合計百七十一名、他方、準与党（吏党）の大成会七十九名、国民自由党五名、無所属四十五名で、民党側が多数であった―

（註　民党：明治時代の日本に於いて自由民権運動を推進した立憲自由党・立憲改進党などの民権派各党の総称。吏党：初期帝国議会に於ける政府寄りの姿勢を示した政党のこと）

日本ではこの年、前年に続く凶作で各地に米騒動が発生していた。産業界でもこの年の上半期に株式恐慌と綿紡績業の操業短縮という状況があり、更にこの年は世界恐慌の年で信用恐慌が世界に広がる中、日本も下半期には恐慌中のアメリカとフランス向けの生糸輸出が減退したという経済情勢にあった。

―議会では、山縣有朋首相率いる政府提案の法案が十件中四件しか成立しない、という対立状況だった。民党側は「民力休養（政費節減又は経費節減とも表記する）」をスローガンとして、政府提案の予算案に対し、その一割の約八百万円を減額し地租軽減に充てることを主張。しかし政府側による民党の切り崩しもあり、最終的に六百五十万円削減で衆議院可決され、予算が成立した―

第一議会が終わると、山縣有朋は首相を投げ出し、伊藤博文は引き受けず、松方正義蔵相が首相を兼任することになり、五月六日松方内閣が発足したが、この内閣は、閣僚の背後に伊藤や山縣がいる「第二流内閣」「緞帳内閣」と揶揄された。

B　衆議院解散となった第二議会（一八九一（明治二十四）年十一月二十六日開会～同年十二月二十五日解散）

高騰した金利は九一年に入って低下、銀価も低落し生糸や羽二重の輸出が伸長するという経済情勢の好転がみられたものゝ、政府と民党との激しい対立は続いた。

―第二議会では、自由党は改進党と固く提携し切り崩しに乱れず、衆議院予算委員会では、海軍省予算案のうち軍艦製造費などで七百九十四万円を減額決議し、十二月十四日に本会議へ。二十五日に衆議院本会議が総額八百九十二万円の削減を決めると、同日、松方首相は衆議院解散を奏請し、衆議院は解散した。そのため前年度予算が執行されることになった―

衆議院議員選挙の前に、伊藤博文は事態を憂慮し、与党の設立を天皇に提言上奏したが、この意見に、明治天皇はもとより井上馨・黒田清隆・品川弥二郎・榎本武揚・山縣有朋のいずれも賛成せず、伊藤による与

資料３　山縣有朋（出典『近世名士写真　其１』）

党組織化の動きは一旦止められてしまった。

C　激しい対立となった第三特別議会〈一八九二（明治二十五）年五月二日開会～同年六月十四日閉会〉

一八九二（明治二十五）年二月の第二回総選挙は、悪名高い大干渉選挙（各地で民党候補及び支持者と警察との衝突が起きた）となった。この選挙戦で殺された者は二十五名、重傷者は四百名に及ぶ。しかし開票の結果は、政府側百二十～百三十名に対し、民党は百六十～百七十名と、またも政府は敗北した。

—五月に議会が開会されると、選挙戦での政府の激しい干渉が問題化し、従来以上に激しい対立となった。まずは五月十四日の衆議院本会議で内閣弾劾決議が可決される。松方は議会を一週間停会、保安条例を施行し、民党壮士百五十名を都外追放するが、再開後の五月二十六日、衆議院は保安条例廃止を可決した。衆議院では、予算のほか軍艦建造費、製鋼所設立費、鉄道関係法案などの政府提案もほとんど否決された。貴族院での復活修正後、両院協議会でも軍艦製造費は認められず、原案から九十一万六千円の減額で一八九二（明治二十五）年度追加予算百八十九万九千円が決定した。鉄道関係は政府案への修正で可決、貴族院でも承認された。なお、衆議院は追加予算案を再否決し、海軍軍拡費は成立しなかった—

議会閉会後、松方首相は辞意を表明した。選挙前の与党設立の提言に元老たちが反対し選挙干渉した結果がこのざまになったということで、伊藤博文は首相を引き受ける条件として黒幕総揃いを主張、八月、元勲内閣といわれる第二次伊藤内閣が成立した。

D　第四議会〔一八九二（明治二十五）年十一月二十九日開会〜翌年二月二十八日閉会〕

綿紡績業の業績は一八九二（明治二十五）年には著しく好転して増資計画が相次ぐ、という経済情勢になりつゝあったが、議会ではまだ民党と政府の対立が続いた。

—民党は衆議院予算委員会で、八千七百三十六万円の歳出予算案から海軍省の軍艦製造費全額など八百八十四万円を減額した。本会議もほぼ査定原案を認めた。そこで政府は停会を命じる。それに対し民党は、停会明けに政府弾劾上奏を可決する。その状況下、伊藤首相は「詔勅《しょうちょく》」を渙発した。建艦費は皇室費からの半額支出という手で民党との妥協を探ると、自由党は政府と妥協して衆議院の予算修正案が可決し、貴族院も同調した—

E「民力休養」から「対外硬」に変化した第五議会〔一八九三（明治二十六）年十一月二十八日開会〜同年十二月三十日解散〕

一八九三（明治二十六）年になると、鉄道業でも新設・拡張計画が相次ぎ、新たな企業勃興の機運が漲り、好況の経済情勢になっている。民党の「民力休養」の旗印は下された。議員の多くは地主勢力で、好景気で米価が上昇し固定額の地租の負担は軽くなったので、本音では政府の積極政策＝地方開発政策の恩恵にあやかりたいと思うようになっていた、というのが第四議会での政府と自由党との妥協の背景である。

—自由党に代わって伊藤内閣に抵抗したのは、対外硬派である。その前衛が一八九三（明治二十六）年十月に設立された大日本協会で、「内地雑居反対・対等条約締結・現行条約履行」などをスローガンに排外主義感情を煽り、国民を引きずって政府に強硬政策を迫っていった。その黒幕に山縣有朋ら、反伊藤博文派の保守グループがいた―

この時期の海外情勢として、ロシアの極東進出強化と、甲申事変《こうしんじへん》以降の朝鮮での清国の地位強化があった。ロシアについては、一八九一（明治二十四）年、シベリア鉄道起工式参列の途次来日したロシア皇太子に警護の巡査が傷害を与えた大津事件が発生した。また、一八九二（明治二十五）年にはウラジオストク軍港の建設、同年十一月にはロシア東洋艦隊が日本に来航して示威した。

このような状況下、国民協会や立憲改進党などの対外硬派は、第五議会を前に現行条約履行を結集点として対外硬六派連合を成立させる。その議席合計は百七十三名となり、過半数を超えた。条約改正で伊藤内閣を支援する自由党は議席数九十八名のみであった。

「治外法権撤廃と引き換えに外国人に内地雑居（外国人に対して居留地を設定しないで、自由に国内に居住させること）を認めると、欧米商人の進出は一挙に加速し、更に中国人の大群が日本の労働市場に進入する危険があるので、治外法権回復は後回しにして、まずは関税自主権を回復すべし」、あるいは「欧米人による内地雑居はさほどの弊害はないが、問題は中国人の内地雑居で、彼らに対しては従来通り禁止せよ」と、対外硬派はこうした内地雑居尚早論及び現行条約励行論で政府を追及した。

―第五議会では冒頭から、既に政府の準与党だった自由党の星亨衆議院議長を除名決議、次に後藤象二郎農商務相に一撃を与え内閣処決動議を可決、という激しい対決を来した。更に現行条約励行決議案などを本会議に上程。伊藤首相は議会の十日間の停会命令を出す。このときロンドンでは極秘の条約改正交渉が最終段階で、もし日本の議会で「鎖国攘夷的」現行条例励行決議案が可決されようものならそれがすぐ交渉の成否に響くため、伊藤首相は十二月三十日に衆議院を解散し、大日本協会の結社を禁止した―

F　対外硬で激しく対立した第六特別議会〔一八九四（明治二十七）年五月十五日開会～同年六月二日解散〕

第六議会に先立ち、一八九四（明治二十七）年三月一日に第三回総選挙がなされ、自由党は三十名近く議席を回復、硬六派は百八十から四十議席も減少した。景気は良い、経済情勢には対立激化の要因はないが、対外硬で激しい対立が続く。野党はなお百三十の議席を確保し、無所属切り崩しで衆議院を制圧できる可能性が残った。

この頃になると、国粋派の新聞『日本』から民友社の『国民新聞』に至るまで反政府側、更に枢密院の一部や貴族院の近衛篤麿らの一角までが条約励行案支持となっていた。もともと対外硬派の狙いは、民衆の軟弱外交反対のエネルギーを藩閥政府打倒に振り向けることであったが、こうして対外硬論は意図を乗り越えて暴走し、日清戦争への世論統合を可能とした。

この議会でも、対外硬六派連合は巧みな政治的駆け引きにより、遂に五月三十一日政府弾劾上奏案を百六十対百三十二の大差で可決、対外硬の勝利であった。政府は惨敗し、絶体絶命の窮地となる。

ちょうどこの時、朝鮮の雲行きがにわかに慌しくなっていた。東学の乱、いわゆる甲午農民戦争により、六月一日朝鮮政府が東学党の農民軍に大敗し、清国に援兵要請した。都下の新聞論調は一夜にして急変し、『国民新聞』を先頭に朝鮮出兵を叫び始めた。対外硬はたちまち対清硬に変じる。六月二日、衆議院の上奏が却下され解散した。六月四日早くも出兵開始、五日大本営が設置された。

当時、日本でも清国でもイギリスの承認がなくては朝鮮で一発の大砲も放てぬ状況であったが、七月六日、政府はイギリス側の条約改正最終案を全面的に受け入れて至急調印せよと訓令した。七月十六日、日英通商航海条約の調印は、駐英公使青木周蔵と英外相ジョン・ウッドハウス・キンバリーによりロンドンでなされた。イギリスの日本への支持を示すものであり、一八九九（明治三十二）年七月十七日に発効した最初の対等条約（陸奥条約）である。それから十日も経たず日清戦争が開始された。

第一議会から政府と議会が激しく対立した原因の一つに、この年の経済環境の不都合さがあったことは間違いなく、誠に不幸なことであった。経済情勢が悪い年には政府批判が激しくなる、そういう年に選挙があれば政権交代が起こり易くなる、政治体制によっては革命さえも起こるというのは、今に至るもどこの国でもみられるごく当たり前の現象である。

では、第一議会が激しい対立モードで始まってしまったのは已むを得ない不幸な出来事であったとしても、その後はもう少し対立を緩和することが出来なかったのだろうか。別途、「経済の状況」のところで確認するが、第一議会の翌年の一八九一（明治二十四）年からは、日本の経済は急速に回復し、更に成長していく時期だった。それなのに激しい対立が続いてしまったのはなぜか、という疑問が生じる。

議会という制度は開始してみたものゝ、何しろ全く経験がないことで、而もまだ始めたばかりである。激しい対立を回避しつゝ実りある議論で納得できる結論を出すというノウハウは、政府側にも議員側にも、まだ誰にもない段階だったと思われる。

伊藤博文は、第二議会までの経験から早くも与党の設立を提案するが、その段階ではまだ天皇や他の元勲に支持されなかった。流石伊藤博文で、他の人々より優れた見識があったと思われる。しかし実行となると、やはり皆が経験を積んでいって認識がある程度共有化されないと、伊藤博文ほどの人でも簡単ではないことがあるのだろう。

更に不適切な対策が行われてしまった。不況下で始まった議会であったために対立が激化した部分があった訳だから、本来政府側ではその後の経済情勢の良化を活用して対立を緩和して行く、言い換えれば議会の中で利益誘導できる部分に積極的に働きかけて政府支持を広げていく対策を実施するのが妥当であったように思われる。

ところが、実際には大干渉選挙（第一次松方正義内閣の内務省（品川弥二郎内相・白根専一次官）による選挙干渉）が行われ、それが更に対立を激化させた。大干渉を行えばかえって事態がまずくなるということは、実経験を経て初めて関係者に多少とも理解されたのではなかろうか。

しかし、実際の関係がまずくなったのは、結果として取り返しが難しいことであった。選挙干渉された側の民党側では、だから政府との妥協の余地はない、今の政府を何が何でも倒さねばならないという確信を持ってしまい、更に激しく対立するようになったのも当然である。目的の実現のために行った対策の結果が、その目的とは正反対の結果を生み出した典型例の一つだと思われる。

新聞を使った世論形成を政府がある程度コントロールするというノウハウも不十分で、世論を対外硬支持に回してしまったという部分もあったように思われる。

兎にも角にも、こうした不適切な対策の結果として、第一議会以降対立モードは更に激化し、好景気になった段階でも政府と議会は激しく対立を続けていたと言える。

上述のとおり、政府は朝鮮情勢に鑑み、一八九四（明治二十七）年六月二日の第六議会解散からわずか二日後の六月四日に朝鮮への出兵を始めている。ところが、朝鮮はすぐに平穏な状況に戻る。それを見て駐朝鮮大鳥圭介公使は六月十日、内乱拡大の可能性の少ないことを理由に増兵中止の要請を政府に打電した。しかし、六月十三日、陸奥宗光外相は大鳥公使に「何事も為さず…空しく帰国するに至らば、…政策の得たるものにあらず」の出電を行う。一旦派兵してしまった以上、何もせずに帰国すると、国内の対外硬派からとんでもない反応が出て政府が益々やりにくゝなる。時の外相に、そういう状況であると判断されていたのである。この出電から開戦までは約一ヵ月半であった。日清戦争は対外戦争ではあったが、その直接の原因は海外からの脅威ではなく、日本国内の反政府派の圧力にあった訳である。

一旦派兵した後、日清開戦まで行ってしまったという点については政府の責任もあったが、「対清硬」が課題解決の方策として妥当であったかどうかを碌々検討もせずに声高に主張した対外硬派の責任も免れない。

このように議会での政府との対立の中で「対外硬派」が優位を占め、その結果として政府が追い込まれた訳だが、では、そもそも「対外硬派」とはどういう基盤や主張の勢力であったのか、あるいは、日清戦争は「対外硬派」が実際に望んだものであったのか、こうした点を確認してみる。

三　対外硬派について

A　対外硬派とは

日清戦争の開戦は、当時の政府と議会との激しい対立が、その直接の原因となっていた。議会では反政府各派が「対外硬派」として連合して政府と対立していた。

いわゆる日本主義者が、『日本』を舞台にして政府の外交方針と自由民権運動の民力休養路線の双方を批判して、強硬的な外交政策による不平等条約解消とその裏付けとなる軍事力の拡張を主張した。

この路線を奉じる安部井磐根・佐々友房・神鞭知常らは一八九三（明治二十六）年に大日本協会を結成し、「条約励行・自主外交・対清強硬」を掲げた。他方、東洋自由党・同盟倶楽部・立憲改進党・国民協会・政務調査会の五党派がこれに呼応して、「日英通商航海条約締結の反対」、「清国への早期開戦」を掲げて共闘を約した。この六党を対外硬六派《たいがいこうろっぱ》（略して「硬六派」とも）と呼ぶ。

こうした動きは世論を日清開戦論へと動かす契機にはなったが、これらの政党は対外政策では一定の一致をみていたものゝ、国内政策では国粋主義的な大日本協会や国民協会から自由民権運動の中でも急進派である東洋自由党まで幅広い勢力を含んでいたために、政府あるいは衆議院第一党の自由党あるいは後に同党と伊藤博文系官僚勢力が合同した立憲政友会に対する批判でしか一致をみなかった。

では、対外硬の基本的主張はどういうものであったのか、対外硬派は日清開戦を望んでいたのか、この点をもう少し確認しておきたい。

外交問題に於いて政府が批判される現象は、既に日清戦争の十年近く前から起こっていたことであり、まず民権派が外交問題でも政府を批判、それに国権主義者が加わった。いずれにしても反政府という構図であった。以下はそうした全体の流れについて、色川大吉著『日本の歴史二一―近代国家の出発』からの要約である。

B　壬午軍乱・甲申事変に対する日本の世論

一八八二（明治十五）年の壬午軍乱《じんごぐんらん》の真相は、日本側にはほとんど報道されていなかった。当時の日本は自由民権運動がその頂点に達していた時で、アジア諸国の連帯と協力を訴える議論が生まれていたほどである。

一八八四（明治十七）年の甲申事変《こうしんじへん》についても、記事はきびしく管制され、一般国民は事の真相を全く知らされなかった。事件の責任は朝鮮にはなく清にあるとの被害記事のみであった。世論は反清感情一色となった。『毎日』は戦争回避論だが、『報知』は強硬で太沽・天津を陥れよという武力解決論を展開した。自由党の『自由燈』も同じく主戦論で、義勇兵が編成され、従軍、献金を申し出る者が続出した。

Ｃ　井上外相による条約改正案での反対運動

一八八三（明治十六）年、井上馨外務卿は、内地を外国人に全面開放、治外法権を全廃、日本の法規を欧米諸国に倣って完備、日本裁判所に外人判事を置き外国人が関係する事件には外人判事の数を多くする、との条約改正案をまとめ、列国会議に提出した。

一八八六（明治十九）年五月、伊藤首相・井上外相の体制の下、列国共同の条約改正会議で改正案を審議した。内閣法律顧問のギュスターヴ・エミール・ボアソナード（フランス人法学家）は、この新条約草案は旧条約より甚だしく劣るとの意見書を出し、谷干城《たにたてき》農商務大臣も強硬に反対した。更にボ氏や谷の意見書が民権派の手にも渡ると、新条約反対を唱える建白書が元老院に殺到した。

同年七月二十九日、政府は条約会議の無期限延期をした。反対運動は、条約問題を越えて政治体制そのものゝ変革を目指すものとなって拡大して行った。九月十七日、伊藤総理は井上外相を更迭、十二月末には内相が保安条例を発動し、民権家の逮捕や帝都追放などを実施したため鎮静化された。

Ｄ　ノルマントン号事件

一八八七（明治二十）年十月二十四日、イギリス船籍の貨物船でマダムソン・ベル汽船会社所有のノルマントン号が紀州沖で座礁沈没した事から始まった紛争事件がある。日本人乗客を見殺しにした疑いで船長の責任が問われたものであったが、イギリス領事は海事審判所でイギリス人船長に無罪を下した。それにより、船長らの人種差別的行為と不平等条約による領事裁判権に対する国民的反発が沸き起こった。当時の伊藤内閣は条約改正会議開催中で本事件に消極的態度であり、ために民間側がこの事件を取り上げ、政府の腰抜け外交と批判した。

E　大隈外相による条約改正案での反対運動

一八八八年（明治二十一）年十一月、大隈重信外相の下、メキシコとの間に治外法権も税権の制限もない対等条約が調印された。同年末から翌年にかけては列強との間にも新条約の締結交渉がなされた。列強との新条約案は井上案よりはるかに前進していたものゝ、依然ある程度の治外法権や税権制限を認めるものだったため、今度は国粋主義者による反対運動が発生し、民権派とも連携し建白運動が展開された。

一八八九（明治二十二）年十二月十八日、大隈外相が国粋主義者の壮士（頭山満率いる玄洋社の社員）に爆弾を投げつけられ、文字通り「失脚」する事件が発生。それにより黒田清隆内閣は総辞職、条約改正は挫折した。

F　千島艦事件、対外硬運動へ

一八九二（明治二十五）年十一月、フランスから回航中の水雷砲艦千島が、瀬戸内海でイギリス汽船と衝突して沈没、政府は天皇の名で横浜のイギリス領事裁判所に損害賠償の提訴をした。ところがイギリス汽船会社は逆に、責任は日本にありと天皇を上海の高等裁判所に控訴した。イギリス高裁は瀬戸内海を「公海」と認め、日本天皇に責任ありと判決したため国民は激怒、政府は狼狽する。この「国論」の火に油を注ぎ、これを反政府運動に引っ張って行ったのが「対外硬」論者たちで、旧自由党左派と右派（=国権主義者）らとの奇妙な混合戦線であった。彼らは「内地雑居反対・対等条約締結・現行条約履行・千島艦訴訟事件詰責」などをスローガンに排外主義感情を煽り、国民を引きずって政府に強硬政策を迫った。先導者に品川弥二郎、その黒幕に山縣有朋ら反伊藤派の保守グループがあった。

ところで、甲申事変《こうしんじへん》は朝鮮の親日派が日本の支援の下に起したクーデターで、清国軍による鎮圧で失敗に終わった事件であった。この時政府は、対清軍備が未完成で無謀不可能として平和解決方針を採った。しかし、自由党も改進党（尾崎行雄、犬養毅ら）も干渉を主張した。すなわち、日清戦争に先立つ十年前から、対清武力解決論の主張が民党によって政府批判の立場からなされていたことになる。

なお、日本は甲申事変以前に、派兵の規模は小さいながらも海外に出兵した、あるいは海外で戦闘を行ったという経験が既にあった。すなわち一八七四（明治七）年の台湾出兵と、一八七六（明治九）年の江華島事件である。そのため、対外武断論が安易に主張され易い基盤があったと言える。言い換えると、当時の日本には、何かあると直ぐに外征を主張し始める、威勢だけは良い人が少なからず居た、そういう時代であったと理解しておく必要があるように思われる。

上記の経緯の中で特徴的なことの第二点目は、井上外相や大隈外相による条約改正問題では、どちらも外相を辞任にまで至らせて、反政府派が政府に勝利したということである。外交問題では国権、国益を論じることになるが、国権、国益の主張に於いてはタカ派的である方が世論の支持を得やすく、対政府で勝利し易いということを学んでしまったのではなかろうか。

その結果として、民党側は政府批判の目的としてタカ派的、武断的な外交の主張を続けたという面があったように思われる。こうした当時の状況が、十年後の日清戦争に繋がって行った基盤的な要因であったのではないだろうか。

これらの流れの中で対外硬運動が成立した。その対外硬運動の特徴について、もう少し詳しく確認したい（酒田正敏著『近代日本に於ける対外硬運動の研究』）。

G　対外硬運動の特徴

（一）　対外硬運動

近代日本に於ける対外硬運動で注目すべき点は、以下の通りである。

第一、対外硬運動が野党派、非政権派の政府批判運動であったことである。「政府は有司専制《ゆうしせんせい》（一部官僚の独裁的な政治。明治初期、自由民権派が藩閥政府による専制的政治を非難した時に用いた語）、藩閥、非立憲であるが故に、国民に信頼・依頼しない故に対外軟」との主張である。

第二、対外硬スローガンが野党派の連合形成に有効に機能した事。

第三、対外問題のための連合は同時にまた国内問題についての連合であり、政費削減、軍備拡張反対、軍備制限、政治的活動の自由、増税批判などの「民力休養」「民権」的主張を対外硬連合派は展開した。対外硬集団は、これらの国内政策を「対外硬のための国内政策」という枠組で主張したのである。

第四、運動の中心勢力にかなり強い連続性があった。

（二）国権派と民権派

「国権派」と「民権派」とは、「国権」と「民権」の実現の手段方法、先後関係、比重関係をめぐって対立したのであって、「国権派」が「民権」を否定し、「民権派」が「国権」を否定した訳ではない。両者ともに、国民の政治的統合、国家的統合が立憲制度によるべきであるという点では一致している。

「民権派」がほぼ一八八七（明治二十）年を境に国権問題を政治争点として選ぶようになるのは、必ずしも「民権派」が転向したり堕落した訳ではなく、国内政治情勢と国際関係の変化に大きな原因があったからである。

「政府は有司専制、藩閥、非立憲であるが故に、国民に信頼・依頼しない故に対外軟」との主張は、裏を返せば、野党派が世論に依存した政策決定を保障する政府体制、あるいは多数党が政権を担う責任内閣制を要求するに当たって外交問題をダシにしたものとも言えるだろう。

また、対外硬のスローガンによって野党連合の形成が容易であったという点も、言い換えれば、真の目的は外交政策そのものではなく政府を倒すことであって、その手段として野党連合が形成され、更に野党連合を形成する手段として対外硬スローガンが活用された、と言えるかもしれない。つまりは、名前は「対外硬」であったけれども、外交問題そのものが目的であったとは必ずしも言えない運動であったと理解するのが正しいようである。

次に、対外硬運動の実際の担い手はどういう勢力であったのかを見てみる（酒田正敏著『近代日本における対外硬運動の研究』)。

(三) 対外硬運動の実際の担い手

(イ) 大隈外相の条約改正案への反対運動

一八八九(明治二十二)年、大隈条約改正案が提出される。反対運動は八月までにほぼ戦列が出揃う。民党派では改進党系を除き、旧自由党系の大同協和会〔大井憲太郎派〕、大同倶楽部〔大井憲太郎派以外〕、非民党系では保守中正党〔谷干城ら〕、政教社・『日本』新聞グループ〔陸羯南ら〕、九州団体連合〔福岡玄洋社と熊本国権党を含む〕の以上五団体があり、更に『日本』『政論』『東京新報』『東京公論』『都』『絵入自由』『保守新論』『東京朝日』『日本人』の九新聞雑誌を加えた「五団体九新聞連合」が成立した。

更に谷干城、浅野長勲、三《み》浦《うら》梧《ご》楼《ろう》らは、五団体連合とは別に日本倶楽部を設け独自の運動を開始した。「先ずこのたび限りの目的にて、永遠の意はその中に含むもの」として設立、非民党派の大同団結運動の意味を込めていた。

(ロ) 硬六派連合の成立

一八九三(明治二十六)年末、第五議会に於いて「硬六派」と呼ばれる党派連合が成立した。国民協会〔議員数六十六名〕、改進党(四十二名)、同盟倶楽部(二十五名)、政務調査会(二十名)、同志倶楽部(十八名)、東洋自由党(四名)で、議員数にして百七十五名、議席数三百の過半数を占める勢力であった。六派のうち四派〔改進党、同盟倶楽部、同志倶楽部、東洋自由党〔議員数計八十九名〕。六派全体のほぼ半数）が、第一議会以来「政費節減・民力休養」をスローガンに活動してきた旧民党連合派であることは注目に値する。硬六派の政府攻撃は一方で伊藤内閣と自由党との接近を促進した。第一議会以来自由党と共に「民党連合」を形成し議会内多数派を占めていた改進党は、第五議会を契機に「対外硬派」に転換した。

（八）　硬六派連合の前身、内地雑居講究会〜大日本協会

硬六派連合の前身は、第三議会での条約改正をめぐる議論の高まりに刺激されて結成された内地雑居講究会である。「非内地雑居」を旗じるしとし、「一般の内地雑居は当分これを許さず、条約を改正すると同時に開港場を増加し、開港場に限り区域を定めて雑居を許す」。この組織と運動に参加したのは、国民協会（品川弥二郎ら、反伊藤・親山縣派）、同盟倶楽部（民党連合の一つ）、東洋自由党（大井憲太郎派）などである。

内地雑居《ないちざっきょ》は内地開放とも呼ばれ、外国人居留地など外国人に対する居住・旅行・外出の制限を撤廃し、国内に於ける自由な居住・旅行・営業を許可することである。

一八九三（明治二十六）年十月一日、内地雑居講究会は大日本協会と名称を変え発展解消された。大日本協会勢力は、第五議会当時の党派別でみると、東洋自由党派、国民協会派、政務調査会派、同盟倶楽部派の四派から成る。さらに、自由党と共に大日本協会を鎖国主義、攘夷主義と非難していた改進党も、第五議会の開会と共に遂には大日本協会と提携するに至る。

大日本協会は非内地雑居をスローガンにする。一方、第四議会以来自由党と対立反目していた改進党は「現行条約励行」論である。大日本協会派にも改進党との共闘という意図が働き、「現行条約励行」「千島艦事件上奏」にまで大日本協会派と改進党同志倶楽部の共闘は進展した。政府は条約改正の障害になるとして、

十二月九日議会を解散したが、貴族院の三曜会と懇話会及び新聞同盟という三つの戦力もこれに参加して戦力は強化された。

（二）一八九四年の対外硬派

一八九四（明治二十七）年に入ると、これら官紀振粛条約励行派は一般に「対外硬派」と呼ばれるようになった。すなわち「条約励行」と共に「対外硬」「対外強硬主義」がスローガンとして用いられ始めた。一方、対外硬派のなかでも『国民新聞』『国民之友』は三月下旬以降、「対外硬」「対外硬派」に対し、「対外自主」「対外自主派」を名のり、また「自主的外交」をスローガンとして用いた。

第六議会前後に高揚する対外硬運動は、改進党の積極的コミット、旧内地雑居講究会派の議員数の半減によって第五議会前のそれと様相を異にしてきた。すなわち改進党及び立憲革新党（同盟倶楽部及び自由党脱党組の同志倶楽部が合併したもの）という旧民党連合派すなわち「民党主義」者の比重が増し、これらが運動のリーダーシップを握り始めた。この対外硬連合は日清戦争中も継続し、やがて一八九六（明治二十九）年三月の進歩党結成に至る。

結局、対外硬勢力の中には終始一貫して対外硬であった勢力もあれば、時々の情勢によって対外硬になった勢力もあったと言える。また、国民協会という本来なら政府支持であるべき勢力は反伊藤内閣で対外硬、改進党は反自由党で対外硬、貴族院の谷干城派は反藩閥超然政府で対外硬、などと実に多様な勢力がそれぞれの思惑で、しかしスローガンでは一致して反政府主張を強めていた状況であった。

「対外硬派」の主張は、内地雑居尚早論であれ現行条約励行論であれ、外国人をうまく活用して日本人の活動に役立てよう、あるいは外国との利害をうまくバランスをとって調整しようという方向性にはなく、むしろ日本人だけを信頼して外国人を出来るだけ回避する、あるいは日本の国益だけを一方的に主張してそれに抵触する外国の国益は徹底拒否しようとする排外主義に近いものである。従って、本質的には攘夷論の変形という見方が出来る。

日本は攘夷論を捨てゝ開国して成功し、ベトナムや朝鮮は攘夷論にこだわって国を滅ぼした。攘夷論はむしろ国益に反する、国を滅ぼしかねない主張である。しかし攘夷論は、変化を恐れる人々に対しては心情的にアピールしやすい議論である。また、表面的には「国益」を主張する話なので正義に聞こえ、直感的に飛びつき易く世論の支持を作り出し易い議論であり、また政府としても議論そのものを押さえつけ難いという特徴があった。

第五議会での対外硬派による内地雑居尚早論及び現行条約励行論の議論については、特に「対清硬」を意識した側面もあったようである。その点を確認しておきたい（石井寛治著『日本の産業革命』）。

（ホ）「対外」の内地雑居尚早論と「対清」の現行条約励行論

内地雑居尚早論とは、「治外法権撤廃と引き換えに外国人に内地雑居を認めると欧米商人による投資、商工業進出が一挙に加速し、更に中国人の大群が日本の労働市場に進入する危険があり、従って治外法権回復は後回しにしてまず関税自主権を回復し、保護関税の下で経済の実力を養成すべし」との主張である。

対外硬論者の中からもこれに対する反対論があり、それは「欧米人による事実上の内地雑居は既に公然だが、内地雑居を非とすべきほどの弊害は見出せず、むしろ問題は中国人の内地雑居、彼らに対しては従来通り禁止せよ」との現行条約励行論である。

一八九〇年代になると、居留地に閉じ込められていた筈の欧米商人がさまざまな抜け道を通って内地に侵入を開始してきた。他方、対清国貿易では在日清国商人が日本の開港場に於いて大きな役割を果した。一八九三（明治二十六）年当時、清国在留日本人が九百人に満たないのに、日本在留の清国人は約六千人。一八九〇年代の中国綿花輸入の七十％以上、中国向け綿糸輸出の商権もほぼ清国商人が握っていた。日清戦争直前の段階に於いて日本人が経済的に意識していた外圧の中身が、欧米からの外圧だけでなく、中国からの外圧でもあったことは、政府の対アジア外交を軟弱として批判する基盤として注目に値する。

四　世論の中にあった反清感情について

当時の世論の中にあった反清感情について見てみる（佐谷眞木人著『日清戦争──「国民」の誕生』）。
日清戦争当時大流行した歌に「欣舞節《きんぶぶし》」があり、戦争の五年余りも前の一八八八～八九（明治二十一～二十二）年頃に作られた。新橋の芸妓は振りをつけて踊った。上流の家庭でも家の女中を集めて踊らせた。

欣舞節

作詞　若宮万次郎

作曲　若宮万次郎

日清談判破裂して
品川乗り出す吾妻艦
続いて金剛浪速艦
国旗堂々翻し
西郷死するも彼が為
大久保殺すも彼が為
遺恨重なるチャンチャン坊主
日本男児の村田銃
剣の切っ先味わえと
我が兵各地に進撃す
難無く支那共打ち倒し
万里の長城乗っ取って
一里半行きゃ北京城よ
城下の盟いを結ぶ
実に満足慶賀の至り
欽慕欽慕欽慕
愉快愉快大勝利

この歌は、当時の民権派の壮士芝居の中から生まれたもので、民権派は「国権の拡張は民権の拡大にもつながる」という論理から、「対外硬」すなわち戦争をも辞さない強硬な外交姿勢を強く主張した。この歌は、清国に対して弱腰外交の政府を痛烈に批判し、「戦争をしろ！」という強硬な要求を在野から突き付けるための歌だった。

歌詞の中に「西郷死するも彼が為、大久保殺すも彼が為、遺恨重なるチャンチャン坊主」とある。「もし西郷の主張していた征韓論が実現し、清と戦争していれば、西郷は死なずに済んだ」という仮説の裏返しで、中国人への遺恨と結び付けられている。『明治大正見聞史』を書いた生方敏郎氏は、一八八九（明治二十二）年頃を回想して、「私の地方民（群馬県沼田）はその頃まだ明治新政府に反感を持っていた。そして西郷隆盛に同情していた」と記している。

「征韓」は目の前の朝鮮に攻め込むことだけを指しているのではなく、神功皇后や豊臣秀吉の先例に倣うことを意味内容として含んでいる。幕末の尊王攘夷運動と明治の自由民権運動は、下級士族や豪農層という担い手に於いても、対外拡張論という思想に於いても、強い連続性を持っている。従って日清戦争当時にも、このような朝鮮侵攻を正当化する歴史意識は社会的に共有化されていたと考えられる。

当時の日本には、反政府の心情から清国に対する武断論が民権派によって主張される雰囲気があり、またその威勢の良さがある程度世間に受けるところがあったものと思われる。

ただし民権派は、一八八八～八九（明治二十一～二十二）年頃に「欣舞節」を作っておきながら、一八九〇～九二（明治二十三～二十五）年の議会では一貫して軍艦建造費を削り続けた。すなわち、反政府という点では一貫していても、対外タカ派政策の実務面では矛盾した行動をとっていた訳であり、当時の対清武断論は政府批判のための「ためにする」議論でしかなかったことの証明にもなっている。

その点政府側は、清国軍と戦えるレベルに陸海軍を強化すべく予算をつけ、実務的にも着々と準備を進めていく一方、その準備が十分なレベルに達するまでは軍事衝突は回避しようと努めた。反政府の民権派が対清硬だったからといって、政府側が対清協調で統一されていた訳ではない。なお、特に政党への姿勢を巡っては、当時の政府内に伊藤博文対山縣有朋の対立があった（伊藤之雄著『山県有朋―愚直な権力者の生涯』）。

東学の乱対策での清国の朝鮮出兵に合わせて、日本は一八九四（明治二十七）年六月二日に朝鮮への出兵を閣議決定、それが九日の新聞各紙に一斉に報じられると、「この日から義勇兵の申請が相次ぐ。日本赤十字社の地方会員からも『朝鮮に赴かんと願い出しもの既に四百余名』があった（『国民新聞』六月二十九日）」（原田敬一著『日清・日露戦争』）。六月二十六日付『時事新報』も、高知での義勇兵の志願が既に八百名に及びなお増加中と伝えた（鈴木孝一編『ニュースで追う明治日本発掘 五』）。

藤村道生著『日清戦争―東アジア近代史の転換点』でも、「日本の新聞論調もまた強硬論であり、自主的外交をスローガンに政府に迫った」として『国民新聞』や『東京日日』の例が引かれていて、「日清開戦を実現するために現内閣を打倒せよと扇動した（七月九日）」という『国民』の例まで掲載している。

七月半ばになると、「清国との開戦の好機なり」（七月十五日『国民新聞』）、「開戦の機すでに迫る…まず向かう所は牙山成るべしといえり」（七月二十一日『東京朝日』）、「今日に至りて押し問答は無益なり。一刻も猶予せず、断然支那を敵として我より戦いを開くにしかざるなり」（七月二十四日『時事新報』）などと、更に過激になっていく（鈴木孝一編『ニュースで追う明治日本発掘 五』）。

以上から見ても、日清開戦は世論に引きずられたという側面が間違いなくあったように思われる。

なお、世間で反清の武断論が持てはやされたという事実があったが、同時に、一般国民レベルでは日清戦争直前まで中国は十分に尊敬をされてもいたようである。

生方敏郎著『明治大正見聞史』によれば、以下のようであった。

—私たちはこの戦〔日清戦争〕が初まるその日まで、支那人を悪い国民とは思っていなかったし、まして支那に対する憎悪というものを少しも我々の心の中に抱いてはいなかった…。

私の家には、父の愛する六枚双の屏風が二つあった。…数人の絵が描かれてあった。…とても私の田舎でなんかどこをどう探しても見出すことの出来ない立派で上品なものである。これが支那人だというのだ。家には緑色の小皿が数枚あった。…父の言うところによると、これは南京皿だというのだ。どうも支那でなくてはこういう良い品はできない。墨でも硯でも、どうも彼地のものでなくっては、と書の好きな父は言いだした。私は父から毎夜漢文を教えられた。…孟子の話も孟母三遷の話も、父母からも聞き先生からも聞いていた。…それが皆支那の人々だ。学校で毎日教わる文字も支那の字だ。…その頃の日本の文明の九分九厘は、由来を訊ねると皆支那から渡来したものだった。夏祭りには各町から立派な山車が引き出されたが、その高い二の勾欄の上の岩の上に置かれる大きい人形の多くは、支那の英雄だった。私等子供の頭に、日清戦争以前に感じた支那は、実はこのくらい立派な、ロマンチックな、そしてヒロイックなものであった。

その時まで、私達が見た物、聞いた物で、支那に敵意を持つか支那を軽んじたものは、ただの一つもなく、支那は東洋の一大帝国としてみられていた。…戦争が始まると間もなく、絵にも唄にも支那人に対する憎悪が反映して来た――

対外硬論者たちの本来の目的は、藩閥政府を倒し責任内閣制を実現することであったはずである。その観点からすれば、日清開戦は彼らが政府を追い込んだ結果ではあるものゝ、彼らの本来目的の実現には何も寄与しない、その本来目的とは整合性のとれない、そういう結果を生じたと言える。

対外硬論者の中の少なからぬ人々にとって、日清戦争を開始することは明らかに彼らが行っていた運動の目的と考えていなかったし、実際に開戦するなどということは直前まで念頭にもなかったことだったのでなかろうかと推定される。対外硬派といっても中にはいろいろな意見があり、日本の独立確保にはこだわるものの対外武力進出は考えず日清開戦には否定的な谷干城のような人もいた。

五　谷干城の対外硬論

対外硬が多様な勢力の寄り集まりであったということの例証として、谷干城にも触れておきたい。谷干城は、既に見た通り、井上外相や大隈外相による条約改正案にも反対した有名な対外硬論者であるが、日清開戦は支持しなかった。

まずは、条約改正反対論者として知られるまでの谷干城の経歴を簡単に確認しておく（小林和幸著『谷干城―憂国の明治人』）。

A　谷干城の経歴

谷干城《たにたてき》は、一八三七（天保八）年土佐に生まれる。坂本龍馬の二歳下、板垣退助は同年である。坂本龍馬の影響を受け、維新前に上海を見て攘夷論を捨てる。戊辰戦争にも参加。一八七一（明治四）年に、高知藩兵統率のため明治政府の陸軍に出仕する。一八七四（明治七）年の台湾出兵に際しては台湾蕃地事務参軍として参加した。一八七七（明治十）年の西南戦争では司令長官として熊本鎮台の籠城戦を指揮し、薩摩士族軍の攻撃に耐え抜いた軍功により翌年陸軍中将に昇進する。

一八七〇年代終わり頃までの干城は、政府分裂や軍分裂の危機があるにも拘らず、国内一致をもたらす外征を実施しない政府に不満を抱いていた。征韓の期日を確定、それに向けて軍備を充実し人心を結束させる。植民地化を避けるには自らも他国を圧する強国にならなければならないと考え、その延長線上に中国・韓国への外征を置いていた。

B　国憲創立議会開設派に

一八八一（明治十四）年、軍行政に対する不満から陸軍に辞表を出した。政治を「公共」のものにするため立憲政治体制にし、議会による政府の監視と政治運営が必要との意見に変化する。同年、干城は鳥尾小弥太、三浦梧楼、曽我祐準の陸軍三将軍と共に「国憲創立議会開設の建白」を提出する。政府が国民生活を圧迫することは穏健な国民を過激な「民権派」に向かわせると考え、天皇を政治的に守るためにも、日本に憲法を制定し国会を開設することを主張した。

一八八四（明治十七）年五月、伊藤博文の依頼により学習院長に就任する。翌年十二月、日本で最初の内閣である第一次伊藤博文内閣が成立すると、干城は学習院長を辞し、初代の農商務相として入閣した。一八

資料4　谷 干城（出典『近世名士写真　其2』）

八六（明治十九）年三月、干城は農商務相在任のまゝ欧米視察に出、翌年六月の帰国までの一年三ヵ月に及ぶ欧米視察をした。

帰国後一ヵ月も経たない七月三日、干城は内閣に、井上外相による条約改正への「意見書」を提出、条約改正を日本にとって真の利益あるものにするためには、一八九〇（明治二十三）年の議会開設後に情報公開と自由な議論による国民の合意に基づいて同改正を行うべきと主張したため、七月二十六日農商務相を罷免された。九月十七日、井上も外相を辞任した。

一八八九（明治二十二）年の大隈条約改正案への反対運動の際も、干城は反対派の糾合を図る。八月二十二日、陸軍中将の退職願を提出し、二十六日予備役に編入され、こゝに完全な政治活動の自由を得た。

谷干城は、幕末期、一八七〇年代末まで、そして一八八〇年代になってから、の三つの時期に、それぞれの時代背景に合った代表的な考え方の間を動いてきたようにも思われる。すなわち、幕末期には幕藩体制の危機の中で攘夷論から開国論に転換した。維新後西南戦争を経て七十年代までは、特権を失った士族が大きな不安定要素であった時期であるため征韓論的な立場であった。そして戦争後に士族の不満暴発の恐れが減じると、国会開設派に転換したのである。

C　大隈条約改正案への反対

条約改正反対運動以降、谷干城は何を考えどう行動したのであろうか（小林和幸著『谷干城―憂国の明治人』）。

一八八八（明治二十一）年四月から、陸羯南主筆の『東京電報』（のち『日本』に名称変更）へ資金援助する。谷干城自身の使命は、天皇のために国家、国民を害する政府を糾弾することである。翌年五月、大隈条約改正案への反対運動が沸騰し、大審院に外国人判事を任用することになる。干城は八月下旬、浅野長勲や三浦梧楼、日本新聞社・乾坤社関係者らを中心に日本倶楽部を結成し、改正反対運動の拠点とする。九月二十六日三浦は学習院長の資格で天皇に拝謁し、大隈の罷免と条約改正反対意見を上奏した。十月二十二日黒田内閣辞表、改正中止を受け日本倶楽部も解散した。

D「新国家主義」により貴族院で活動

干城の意見は、「西洋は政党があっても競争は温和、日本では政党は必ず善悪の両極に分かれ『私利』を優先し自然に私党となる傾向がある。従って民党の個人主義に反対し、政府の専制主義にも反対した。政府も民党も私意私見のみで国民を見ない『個人主義』、国民と国家を思う『新国家主義』が必要」とした。

干城の活動は、政府のみならず政党が支配する衆議院に対しても独自の立場で監察を行い得る上院、すなわち貴族院での活動を中心とするものとなる。一八九〇（明治二十三）年七月の貴族院子爵議員選挙によって、貴族院議員に当選した。

第一議会で干城は貴族院の予算委員長となる。一八九一（明治二十四）年十一月第二議会で干城は「勤倹尚武の建議案」を提出し、政府は大いに行政の機関を改良し政費を節減して民力の養成と国防の完備とに充てるべきと主張。第三議会の貴族院予算委員会では、衆議院による削減のうち海軍軍艦製造費と震災予防調査会設備費について政府原案の復活を図ろうとするなど、衆議院の民党とは異なる主張した。

第四議会後、衆議院にいわゆる「硬六派」が形成された。その硬六派と貴族院内の干城らの懇話会、近衛篤麿の三曜会などが提携した。第五議会・第六議会での条約励行の要求の中、伊藤首相は、励行論は攘夷論としてこれを強く否定し衆議院解散、干城らは内閣が責任を尽くさず停会、解散を行ったと解散を非難した。

E　日清戦争への反対論

朝鮮半島情勢が緊迫化し主戦論が高まる中で、干城は慎重な態度を取るべきと主張。清国との戦争を予想せず期待もしていなかった。干城の対外硬論の特徴は、我が国固有の「国権」維持と独立国としての地位確保には断固たるものゝ、一方で対外的な武力行使には慎重な姿勢を呈し、強硬な主戦論となって行った対外硬派とは一線を画するところにあった。

第七議会は一八九四（明治二十七）年十月十八日に開会された帝国議会（臨時会）で、開催地は広島市の広島臨時仮議事堂であった。これは日本の憲政史上で唯一、東京以外の場所で開かれた国会である。こゝで干城は、戦争は不本意であっても開戦されてしまえば勝利に向け最善を尽くすのが国民の務め、との認識を示した。「条約改正問題、すなわち関税自主権や治外法権という国権の維持・独立国としての地位確保に関わる問題と、日清開戦のような対外的な武力行使は、全く異なる問題である」との谷干城の主張は、論理的にも正しいように思われる。

しかし、谷のこの主張には支持が集まらなかった。民権派は恐らくは、対清硬の方が大衆からの支持を掻き集めやすいと考えて見向きしなかったのであろうと思われる。また政府の一部と陸軍は、過去の状況と異なりこの時点では対清開戦をしても勝てる戦力を既に整備して来たという自信もあって、世論を見ながら開戦に踏み切った。同じように対外硬派と言っても、谷と民権派とで、片方は日清開戦に反対し、もう片方は賛成したという差が生じた原因として、もともと軍や外交のあり方について根本的な認識の差があったのである。

民権派は外交問題でタカ派主張を繰り返しただけでなく、特に対清国方針では武力行使論を声高に主張した。その点では政府・陸軍との考え方の差は小さかったように思われる。政府と民権派の相違点は、政府が軍備拡張の努力を着実に行ってきたのに対し、民権派は対清武力行使論に立つ一方で軍備拡張予算には反対するという行動の矛盾があった。

ところが谷干城や三浦梧楼・鳥尾小弥太・曽我祐準は、もともと陸軍の軍人として実績をあげた人々であったが、彼らは陸軍の中でも、「外征戦争向けに機構・編制を改編する軍制改革を強行しつゝあった山縣有朋・大山巖・川上操六・桂太郎らの主流派に対し、専守防衛の立場から経済的軍備論を主張して軍備拡張に反対し現役を追われた反主流派将軍たちであった」（大江志乃夫著『東アジア史としての日清戦争』）。民権派と異なり、そもそも対清強硬論を主張していなかったのである。

六　三浦梧楼『兵備論』

A　三浦梧楼の経歴

三浦梧楼《みうらごろう》は一八四七（弘化三）年、現在の山口県萩市に萩藩士の陪臣、五十部吉平の五男として生まれる。藩校明倫館で学んだ後、奇兵隊に入隊して第二次長州征伐や戊辰戦争に従軍する。維新後は兵部省に出仕、一八七四（明治七）年には陸軍省第三局長として台湾出兵に反対する。一八七六（明治九）年、萩の乱の鎮定に赴き、翌年の西南戦争では第三旅団長として各地を転戦、城山（鹿児島県）を陥落させた。一八七八（明治十一）年中将となり、西部監軍部長に就任する。

長州出身ながら藩閥政治に反対する立場をとり、また山縣有朋とは奇兵隊時代から不仲であったこともあり、谷干城・鳥尾小弥太・曾我祐準らと共に反主流派を形成、月曜会の中心人物として山縣有朋・大山巌らと対立した。一八八一（明治十四）年の開拓使官有物払下げ事件では、上記三人と連名で議会開設及び憲法制定を訴える建白書を提出し、翌年陸軍士官学校長に左遷される。

一八八五（明治十八）年に陸軍卿の大山と共に欧州の兵制を視察した。一八八六（明治十九）年に帰国、陸軍改革の意見書を提出したが、翌年に熊本鎮台司令長官に左遷される。一八八七（明治二十）年、予備役に編入。同年から一八九二（明治二十五）年までは学習院長。一八九〇（明治二十三）年七月に子爵による互選で貴族院議員に選出されたが、翌年九月に辞職する。

一八九五（明治二十八）年九月一日、在朝鮮国特命全権公使に就任する。公使館付武官で朝鮮政府軍部顧

問の楠瀬幸彦中佐や邦字新聞『漢城新報』社長の安達謙蔵らの協力を得て同年十月八日の閔妃暗殺を指揮したとされ（乙未事変）、事変後、関わったとされる三浦以下四十八名の一人として召還され広島で投獄され、十二月十二日に広島地方裁判所にて予審が開始される。翌一八九六（明治二十九）年一月二十日、広島地裁や同地で開かれた軍法会議の結果、証拠不十分として日本人関係者は全員無罪となり釈放された。

一九〇八（明治四十一）年四月一日、後備役となる。一九一〇（明治四十三）年には枢密顧問官に就任、また宮中顧問官などの要職を歴任する。大正期には「藩閥打倒」を唱え、政界の黒幕としても活動。政党政治期（及びその直前期）の一九一六（大正五）年と一九二四（大正十三）年の二度に亘り、対立する政党間の党首会談の仲介などを行った。特に後者の会談は後に「護憲三派」結成の合意がなされた会談として歴史に名を残している。一九二六（大正十五）年尿毒症のため死去した。

B　経済的軍備論

三浦梧楼の『兵備論』の要約によって、「経済的軍備論」とされるものゝ内容を確認しておく。なお三浦の『兵備論』は、日清戦争の五年前、一八八九（明治二十二）年に有志に頒布されたものであり、その後三浦の『観樹将軍回顧録』にも収録されている。原文はカナ文字で句読点のない難字の多い文章で読みづらいため、修正して読み易くしている。

『兵備論』は「国家の兵備上の計画は、之を其国家の経済に体して必ず実行し得らるゝの度を以て目的とす」という一文に始まり、流布されている積極的軍備拡大論を「未来頼むべからざるの経済に託して、ある

資料５　三浦梧楼（出典『近世名士写真　其２』）

いは旭旗を五大洲に翻すとか、あるいは軍艦巨艦世界を雄飛すとか、漫に大言壮語を放ち、以て我国家百年の長計を誤られては、実に迷惑千万の極と云うべし」と戒め、「勉めて我国土の状況と其経済の均衡とを斟酌して、彼の誇大の造言、机上の空論を避けんとす」と述べている。すなわち「経済的軍備論」の所以である。

『兵備論』の基本的な戦略は、外敵の侵攻を「護郷軍」により海岸で防御するというものであった。

日本の国土は四面環海の中にあり、従って西欧大陸諸国の如く外敵と戦端を開くや否や敵の大兵力が陸続きの国境を越えて怒涛の如く侵攻してくることはない。

「欧州何れの強国と雖も、当時能く懸軍万里大兵を擁して、敢て遠征に従事する能はざるは、誠に疑を容れざる所たり。尚、之を云へば、彼れ出征に属する準備の如き、平素其善く整備する処なるは勿論たりと雖も、其目的実に欧州の近境に在れば、一旦之を転じ、而かも熱帯を通過せしむるの我が絶東の地に用いんとする、豈、容易の事ならんや。特に況んや、食糧たり、被服たり、馬匹、器械たり、其他附属の人員物料を運搬し来るに於いてをや」と実情を勘案し、「其総員は漸くにして二万に達せざるにあらずや」と想定している。ただし、侵攻地点の想定は「其侵略の路や海上なり。然れば陸地の如く其方向、固より一定するなく、彼れ其計の出る処、其利の在る処、西東を限らず、南北を期せず。故に敵艦の現るゝ処を以て其戦場とするなれば、決して欧州対陸戦の如く、予め之が方向を定め、之が配備を為すべきにあらざるなり」と述べている。

侵攻する外敵を撃破するには、その上陸予定地点に兵力を派遣し迎撃しなければならない。その方法について、「所在皆兵の意を以て、護郷軍を編制し、其の数を増加するの外、策なし」と述べている。そして現状の日本の経済力を鑑み、「陸軍定額は先ず、今日の処を以て度となし、而して之が軍備を増加するにあり。是れ頗る至難の如しと雖も、只一の勤倹と実利とを以て、一大主眼とせば可なり」とゼロ・シーリングを主張している。

そして鉄道の機動力については、「現今、某局に主唱せし『鉄道論』の如きは、未来空想の立案にして、一国の経済独り之を鉄道のみに専用し能はざるものあるに於いてをや。好し夢幻の如き設計にして、猶ほ能く之を為し得るとするも、其れ只僅に我が運動の幾分を補助すと云うに過ぎさるなり（略）何ぞ復、完全なる軍用鉄道を望むを得ん。之を聞く。今一師団の兵員を東京より横浜に送らんとするに、現設の鉄道に依るときは、之が為め費す処百四十六時間の概算を要すべしと。以て今日既に我国の鉄道の頼むに足らざるを知るべし」としている。

三浦の言う『鉄道論』とは、モルトケ（ヘルムート・カール・ベルンハルト・グラーフ・フォン・モルトケ＝ドイツ帝国の軍人、軍事学者）の用兵思想である。即ち、通信網と併せ、鉄道網と精密なダイヤグラム編成を活用して野戦師団の機動力を駆使し、開戦と同時に敵の機先を制し、優越した兵力を所要の時期と地点に迅速に展開するというものである。

なお、三浦は鉄道論を「未来空想の立案」と批判しているが、「一八七五年、独のモルトケ氏は国会議場に於いて揚言して曰く。ドイツの兵備を以て全欧の平和を護す。此言誇大なりと雖も、事実の象現、自から此言に出でず。豈、愉快ならずや。顧れば我国の兵備は果して好く東洋の泰平を護持するに足るや否や。是れ只だ為すと為さざるの豈、他あらんや」と、モルトケの議会演説を引用して『兵備論』を結んでいる。

三浦は護郷軍の定数につき、「今我国を以て世界に於ける二三強国の人口及び面積に比較するも、我国陸海の兵備には一百万前後の兵員を養いたきことなり。夫れ対等の地位を保たんと欲すれば、対等の実力無かる可からざるは理数の当然なり」と主張している。

三浦の言う護郷軍の定数が、その要求される即応性のレベルに応じ決せられる事は言を待たない。加えて三浦自身が現状の日本の鉄道の機動力に疑問を呈している以上、その数は当然に多くなる。従って、三浦の主張を実現するには、短期間に多数の予備・後備兵を作らなければならない。徴集数を増やすと共に現役服役期間を短縮することにより、その割合に応じ幾何的にその数を増加する事が出来ることになる。

これについて三浦は、「一人の費用を以て三人を養うと同じく、三年の常備役を減じて一年の役とし、而して戦時多数の兵員を得べき、是れなり」と述べている。こゝで重視すべきは、三浦は現行の服役期間を短縮すべきと主張しているのであって、常備兵力を減ぜよとは一言も述べていない。三浦にとって常備兵とは「国内反乱軍の急に応ずるもの」であり、また服役は「戦闘の教育場」に過ぎず、「此の教育を修業するものこそ真の護国兵たる」のであった。

また、「昔（一八〇八年）プロイセンがナポレオンの約により常備の兵数は四万人を超過す可からずとの制限を受く。当時、欧州の形勢に在りては、又如何ともす可からず。是に於いてプロイセンは上下挙て千辛万苦孜々として、只管勤倹と実理とを執るを勤め、毎三ヵ月に新兵を募り、訓練粗々熟すれば之を放ちて、更に新兵を募り是くの如くにして大いに予備の兵数を増し、以て予め動員の日に於ける増兵の策を作せしと云う。是れその後の挙国皆兵の基礎にして、又回復戦の大捷を得たる所以なり」と、かつてシャルンホルスト（ゲルハルト・ヨハン・ダーヴィト・フォン・シャルンホルスト＝プロイセン王国の軍人、軍制改革者）によって実施されたプロイセンの事例を論拠として挙げている。

更に三浦は、「今三年の役を一年と為せば教育上甚だ不熟練の価値を来すべき恐れあるか如しと雖も、若虚を去り実を採りて教育其の宜しきを得ば、実理上決して現況と大差なかるべし。元来、現時日本軍隊の教育は最も多忙にして、其の隊付将校の如きは、晩鴉朝鳥と相出入し、汲々日も亦た足らざるの況あり」と将校の兵教育の高負担を憂慮し、その根本的原因を「今我が軍隊の教育は其戦闘以外の事、最も多し。就中、兵卒の暗記に属する規則法令の如きは、其文字は徒らに高尚に、往々学者が技能を貪りて成りしものも、亦少しとせず。故に僅に文字を記し得る底のもの、若しくは全く記し得ざる多数の成人に在ては、此等随分難渋極まる事柄なりとす。如何となれば彼れ口は能く己の意を言うを得、又た能く人の其意を言うを解するを得るも、而かも文字によりて其意を悟る能はざれば、止むを得ず、先ず之に字を教へ書を読ましめ、而して梢々其意味を解するに至れば、尚、暗記を以て之を服膺（忘れない）せしむる等、実に其手数、面倒なること言うに堪へざるものあればなり。況んや法令規則は日に多きを加へ、更に節減する処なきをや。畢竟、此の面倒教育の十中八九は、更に敵前戦闘に価値を有するものあることなし。豈、教育の本旨ならんや」と喝破している。

これについて三浦は回顧録に於いても、「その頃の民間の壮丁は、今とは違うて、教育が不十分である。従ってこれを教育する必要がある。兵営内はほとんど小学校を見たようである。文字から教えてかゝらねばならぬ。天皇陛下ということを教えるにさえ、いろいろの説明がいるという時代である。然るに室内のさゝたる規則まで、漢学者が寄って書いたものであるから、ちんぷんかんぷん、まるで訳がわからぬ。それを将校がいちいち汗水をたらして、教えてやらねばならぬ。実に馬鹿げきった話である。兵隊は戦闘さえすれば、それでよろしい。それが目的である。訳もわからぬことを書いて、それを教える必要がどこにある。天皇陛下ということでも、天子様と言えば、すぐわかる。すぐわかることを、殊更にわからぬように書く。それを又わかるように教える。こんな馬鹿げたことがあるものか」と非難し、更に続けて「軍法会議の判決文でもその通りである。『何月何日、外出の節、略衣袴を典し云々』と書いて、それに爪印をさせる。そんなことは兵卒にはわからぬ。兵卒ばかりではない。誰でもわからぬ。略衣袴を典すとは、ズボンを質おきするということである。室内の規則にも、『賊風云々』ということがある。賊風とは隙間風ということである。隙間風と言えばすぐわかることを、わざわざ賊風と書く。実に非常識もはなはだしい」と喝破している。

三浦は護郷軍を「所在皆兵の意を以て」編成するものと述べ、「士は従前の士に非ず民は従前の民に非ず均しく皇国一般の民にして国に報ずるの道も固より其別なかるべし」「全国四民男児二十歳に至る者は尽く兵籍に編入し以て緩急の用に備うべし」の告諭を以て日本は一八七三（明治六）年に徴兵制を導入した。

更に三浦は「軍紀なる者は愛国の感情より発達するものなるを、然るに今其本を明にせず、其根を究めず盲然呼号して、単に軍紀々々と是れ勅諭するときは、終に此軍紀なるものは機械の如く足かせの如く、徒らに人をして惨酷の感情を惹起せしめんのみ。法の厳なる即ち曰く、軍紀なり、令の密なる即ち曰く、軍紀なりと。而て真の軍紀なる者、豈、斯の如く涸瘦（痩せ劣らせる）冷淡なる者にして止まんや。蓋し欧州強国の軍紀や単に軍隊のみに限るにあらずして、一国の人民、常に愛国の忠誠を抱持し、而して国家兵役の義務に服従す。故に、此平素涵養する処の愛国心は、軍に入りて直に森厳（おごそかな）の軍紀となり、正整の規則となり、精密の号令となる」と述べた。

本来軍紀の基礎となるべき戦時に於ける国民の愛国心について、ゴルツ（ヴィルヘルム・レオポルト・コルマール・フォン・デア・ゴルツ＝プロイセン王国の軍人、軍事学者）は「若例外に争闘する両政府の措置其当を得さるか為め斯の如きことあらば国民激怒して直に愛国心を顕はし執政者をして全戦役の運命を挙げ僅少なる兵力の勝敗に委せしむるか如きことを許さず与論は兵力の増加を迫り敵も亦斯の如くして其兵力を増加し漸次最初の予期に反し終に全力を挙げて使用するに至らん」と、まるで三浦に呼応するが如く述べている。

三浦は戦略について「戦略は商略と政略との支配を受けるを以て、普通とす」と述べている。三浦にとり戦争とは、まさにカール・フォン・クラウゼヴィッツ（プロイセンの将軍。『戦争論』の著者）の述べた如く「他の手段をもってする政治の継続にほかならない」のである。更に三浦は「我東洋に生ずる関係は必ずや商略にあり、而して商略の主眼は利益にあり。此に於いて戦争も自ら其利益を同じにする者と連合せざるを得す」と述べている。そし連合に際して供出する兵力を「大約常備一師団にして、事足る」とし、それは「現時の近衛を以て完備せる一師団」で対応すべしと述べている。

その理由について三浦は、「欧州各国と雖も、我が東洋に一軍団の兵を出すは、既に前言する如く勢い能はざるものあり。若しあるいは之を能くし得るとするも、我と連合するを得ば、我出征師団外、恰も我国家を挙げて連合軍に加わる者に等しい。尚、之を言へば東洋に事あるに当りて、其東洋に国を為す者の連合を得るは、実に最大優勢なる一強艦の軍事須需の材料を積載し、之に依て補給を取るものの如し。是に由て之を言へば東洋の事の成否は実に我日本の連合を有すると否とに関すること大なり」と述べ、更に出征に近衛師団を充てる事については「世界強国の兵に対して毫も羞ずるなきを要する」と述べている。なお、こゝで三浦は近衛師団を外征に適したものと評しているのであり、常設師団を近衛一個とすべしと主張しているのではない。

要するに、アジア極東地域に於ける日本の地政学的優位性を最大限活用する事による効率的な外征と利権獲得とを主張していた。そしてこの連合政策と前述の一百万人の兵力保持及び西欧の兵と比べて見劣りのない近衛兵の活用とを併せて「条約の改正の如きも亦た実力の照応に依てあるいは容易なるを得ん」と、条約改正への布石となり得ると述べている。

以上を総合すると、三浦の主張は以下の通りとなる（村中朋之著『三浦梧楼『兵備論』考察―国防戦略という観点からの「護郷軍」概念の分析―』）。

一、四面環海の日本の国土防衛を考えた場合、敵の侵攻は当然に海上からとなり、敵の目標の予測は立て難い。現状の鉄道敷設では迎撃に要する機動力が担保されないため、モルトケ理論の模倣は時期尚早である。まずは海岸要塞砲台を完備し、兵力の配備は近在兵による護郷軍を編制し、機動力不足を補完する。

二、総兵力は一百万人を公称し得るものとする。これは国土防衛という主目的と併せ、西欧諸国と締結した不平等条約の改正に当たり、締約相手国に「日本も西欧諸国並の国力を持った。もう我々と対等である」という認識を持たせる政治的な意味合いも持つ。

三、現状の日本の経済力では、これ以上の軍事費の負担は国民生活に悪影響を及ぼす。従って、ゼロ・シーリングの枠内で上述の兵力を充実させなくてはならない。
四、従って、護郷軍は財政負担の小さい予備・後備兵となる。その数を短期間に増加するには常備服役期間を短縮しなければならない。更に一切の無駄を省き、それを砲台配備に回さなければならない。
五、統帥権独立、師団制、常備兵力などこれまでに導入された軍制は否定しない。
六、外征への対応に於いては、日本のアジア極東地域に於ける地政学的優位性を最大限利用し、最も利権を共有し得る国家との同盟政策を採れば、派兵の負担は一個師団程度で済む。その際には上述二の目的を達成するための対外的な心証形成の観点から、選抜エリート集団である近衛師団を充てる。

三浦は、日本が軍事的に攻勢を駆けなければならない事態が将来は「必然的に到来」すると見ていて、専守防衛だけでは済まないことも解っていた。ただ、現時点では日本の経済力がそこまでに至っていないとの認識であっただけであり、その点でも日本の経済力の状況を適切に理解していたように思われる。更に、そうした事態では日本の単独行動とせず、欧米との連合軍を組むことによって費用効率の良い軍備を行いながら国益を達成するのが良いと考えていた訳である。

この「経済的軍備論」が当時の日本の軍備の考え方になっていたなら、まずは日清戦争は発生していなかったであろうし、そうであれば日本だけでなく清国も朝鮮も、その後の歴史が大きく変わっていたであろうと思われる。日本自身も軍備への資金と人材の集中配分が避けられ、その分の資金と人材が民生分野に投入されていたなら、経済成長の過程も相当に異なる道を辿ったことであろうと推測される。昭和前期に見られたような不幸な歴史の方向に歩むことはなく、もっと早い段階からその経済力・技術力が高く評価される国になっていたかもしれないし、そうであれば現在の中国や韓国との心理的な関係も異なるものになっていたのではないかと思われる。

第二節　経済の状況について

日清戦争当時の日本の経済力がどの程度であったのかを知ることは、日清戦争の時代背景を理解するのに必要であると思われる（石井寛治著『日本の産業革命』、大江志乃夫著『日本の産業革命』）。

一　松方財政

松方財政は、松方デフレーションともいわれ、西南戦争による戦費調達で生じたインフレーションを解消しようと大蔵卿・松方正義が行ったデフレーション誘導の財政政策（デフレ不況）のことである。

A　インフレの発生と議論

一八七七（明治十）年、西南戦争の戦費調達のために不換紙幣（信用の低かった太政官札など）が濫発された事によって、戦争後に大規模なインフレーションが発生していた。当時の大蔵卿・大隈重信は、このインフレーションの原因を「経済の実態は紙幣流通量に近く、本位貨幣である銀貨が不足しているだけだ」と考え、『積極財政』を維持して外債を発行し、そこで得た銀貨を市場に流して不換紙幣を回収すれば安定する」と主張した（大隈財政）。

一方、次官である大蔵卿・松方正義は、「単に明治維新以来の政府財政の膨張がインフレーションの根本原因であって、不換紙幣回収こそが唯一の解決策である」と唱えた。松方の主張は長年財政に携わってきた大隈の財政政策を根幹から否定するものであり、大隈の激怒を買う。

この対立を憂慮した伊藤博文は、松方を内務卿に抜擢するという形で財政部門から切り離し、一旦は事態収拾を図った。ところが、一八八一年の「明治十四年の政変」で大隈が政府から追放されると、松方が大蔵卿に任命され、インフレーション対策の責任者となる。

B　松方財政による対策

松方は不換紙幣を回収・消却し、一八八二（明治十五）年に日本銀行条例を公布して日本銀行を設立する。国内的に余裕があった銀貨に基づいた銀本位制の導入を目指して「緊縮財政」を実施した。また、これに要する政府資金調達のために政商への官営模範工場の払い下げ、煙草税や酒造税などの増徴による歳入増加策、軍事費を除く政府予算の縮小などにより紙幣発行量を縮小していった。

対策の結果、一八八一（明治十四）年度の紙幣発行高一・五億円に於ける本位貨幣（銀）の準備高が〇・一億円（準備率八％）だったのに対し、一八八五（明治十八）年度には紙幣発行高一・五億円に於ける本位

資料6　松方正義（出典『近世名士写真　其1』）

貨幣（銀）準備高は〇・四五億円（準備率三十七％）まで回復し、銀本位制導入への基礎が成った。同年には満を持して銀兌換紙幣（日本銀行初の発行紙幣、大黒図案）が発券され、銀本位制が導入された。また、一八九七（明治三十）年には日清戦争の賠償金による金準備を元に、松方念願の金本位制が導入されることになる。

C　松方財政の影響

これらの緊縮財政や紙幣整理政策により物価が安定し、産業革命が開始された。企業勃興ブームとなって紡績や鉄道業が盛んに起こり、政商から財閥へと成長していく企業が多くなる。その後日本に資本主義が本格的に成立することになった。

ただ、松方財政によるデフレーション政策は繭の価格や米の価格などの農産物価格の下落を招き、農村の窮乏を招いた。このデフレーション政策に耐え得る体力を持たない窮乏した農民は、農地を売却し、都市に流入し、資本家の下の労働者となったり、自作農から小作農へと転落したりした。一方で、農地の売却が相次いだことで、広範な土地が地主や高利貸しへと集積されていった。

一部の農民は経済的困窮から蜂起活動に走り、各地で自由党による激化事件に参加して反政府的な暴動を引き起こすようになった（当時、農村は自由党の支持基盤であった）。

二　明治日本の産業革命

明治になって文明開化と言っても、経済の近代化、産業の工業化が即座に急速に進行していった訳ではなく、明治の最初の二十余年間は本格的な近代化、工業化の「準備期間」であったと言える。

もちろん開国により海外との交易を行うようになって以降、日本の国内産業が、特に商品生産の側面で大きな影響を受けてきたことは間違いない。しかし、蒸気機関、鉄道、工場制工業などの言葉で表される「工業化」について言えば、一八八〇年代前半の松方デフレ期までは、まだまだ非常に限定的であった。

日本の「産業革命」は、一八八六（明治十九）年頃に始まり、日清・日露の二大戦争を経験したのち、一九〇七（明治四十）年恐慌前後にひとまず完了する。これが学会の定説であると言われている。内閣・憲法・国会という近代政治三点セットの最初のもの「近代内閣制度」が成立し、伊藤博文が初代内閣総理大臣に就任したのは一八八五（明治十八）年のことなので、産業革命と近代的政治体制の整備とは同時並行して進んだと言える。

内閣が活動を開始し、産業革命も始まった一八八六（明治十九）年頃の日本経済のイメージを具体的に描いてみると、以下のようになるではなかろうか。明治になって二十年近く経つのに、まだまだこういう状況であったと理解するのが良いように思われる。

東京から駕籠がなくなってすべて人力車に代わったのは一八七〇（明治三）年だった。数年後に、馬車鉄道が東京の新橋から浅草まで通った。

鉄道は、一八七七（明治十）年頃までに官設の新橋―横浜間と京都―大阪―神戸間が開業した。その後は、私設で北海道小樽（手宮）―札幌―幌内間（幌内鉄道、北海道炭鉱鉄道の前身）、上野―前橋・大宮―宇都宮間（日本鉄道）が開業しただけである。官設の東海道線は建設が開始されていたが、一八八六（明治十九）年までに開業したのは愛知・岐阜・滋賀県内の一部区間のみで、東海道線の全線開通はそれから三年先のことである。

だから、お伊勢参りや善光寺参りはもちろんのこと、国内のほとんどの地域では、旅行と言えば二本の足か水上輸送が頼りだった。

銀座にガス灯が初めてついたのは一八八二（明治十五）年で、電燈会社の開業は、一八八六（明治十九）年が東京、翌年が名古屋・京都・大阪などで、電気が一般的に使われ出すのは未だこれからのこと。だから夜は暗かった。

産業では、輸出向けの養蚕業、生糸業、お茶の栽培などという分野が開港以来急成長してきた。生糸業では器具が発達して生産性は上がったものゝ、手工業の町工場レベルだった。

当時の大金持ちといえば、江戸時代から続く大商人、開港で富を為した新興商人、維新期に急成長した政商などであり、この商人たちがようやく鉱工業にも金を出すようになってきた。

一八八六年頃の日本は、まだまだそういう状況であった。これからいよいよ産業革命が始まり、日清戦争が勃発する八年後までだけでも相当な変化が生じていく。そういう時代だった。

当時は児童の就学率もまだ高くはなかった。

明治になって二十年近く経った頃の日本はまだまだこれからという状況だったことを別の観点から示すデータの一つとして、当時の全国学齢児童就学率のグラフを見てみたいと思う〔愛知県総合教育センター編纂『愛知県教育史』資料編六巻　明治（近代Ⅰ・Ⅱ)〕。

一八八六（明治十九）年の就学率は男子が六十二％、女子二十九％、全体では四十六％と、全員が教育を受けている状態の実現には程遠いところにあった。日清戦争が勃発した一八九四（明治二十七）年には男子七十七％・女子は四十四％、全体六十一％と、いずれも一八八六（明治十九）年と比べ十五ポイント向上しているが、やはり全員就学にはまだ距離があった（資料7)。

日清戦争に出征した兵士や従軍した軍夫は、就学していたとすれば十年かそれ以上前のはずであったから、彼ら自身の就学率は一八八六（明治十九）年の男子六十二％という数字と同等かそれ以下だった可能性が高いように思われる。言い換えれば、軍隊に来ている兵士や作業を行っている軍夫のほぼ二人に一人は教育を全く受けておらず字もろくに読めなかったものと推定される。ほぼ全員が義務教育を受けていた昭和前期の軍隊とは大違いであり、そういう集団を使って訓練を実施し、戦争を行い、戦闘で勝利したというのは相当の苦労があったに違いないと思われる。

なお、男子の就学率が七十％を越えたのは一八九二（明治二十五）年、八十％越えは一八九七（明治三十）年、一九〇〇（明治三十三）年に九十％越えになった。他方、女子が五十％を越えたのは一八九七（明

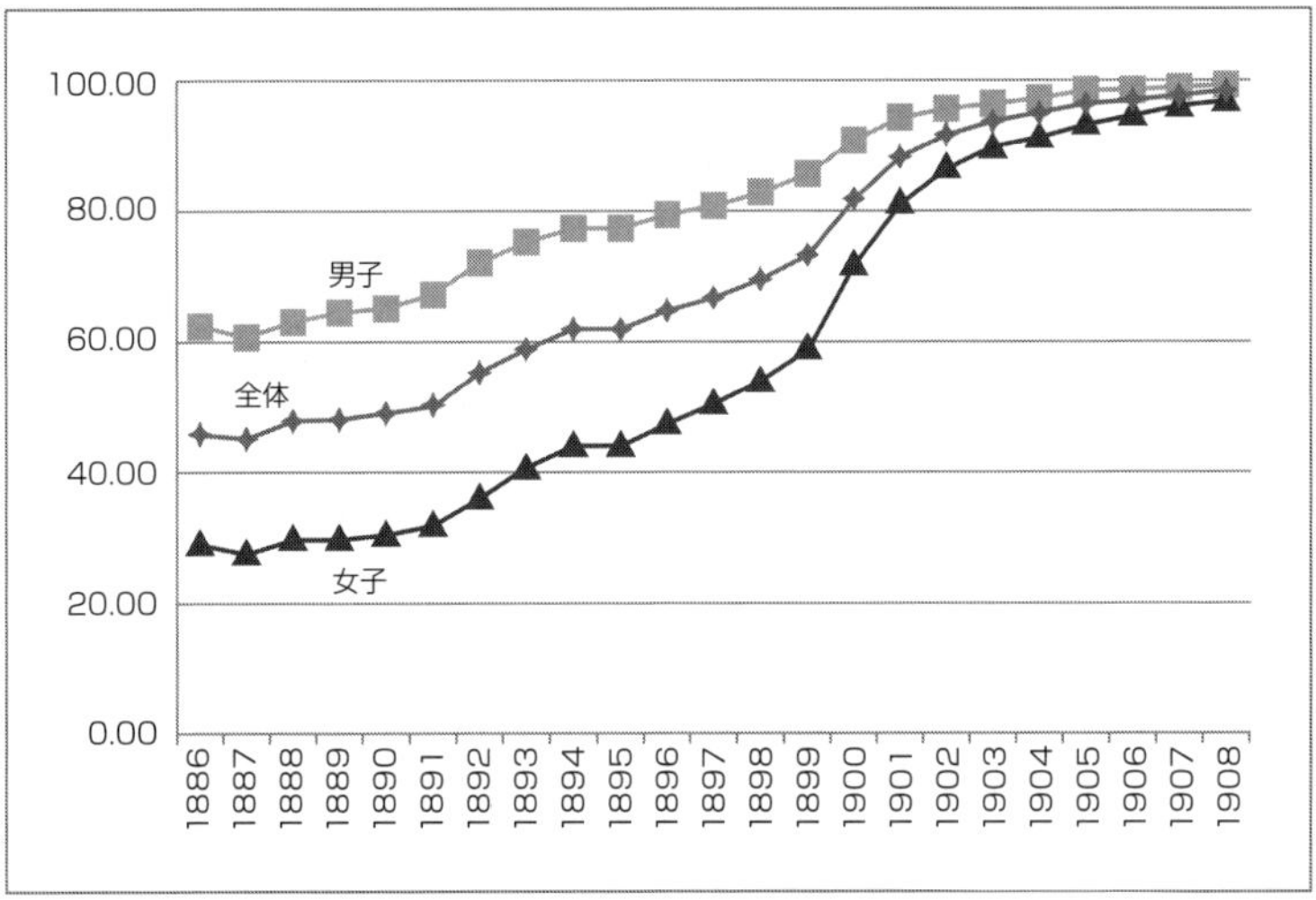

資料７　当時の全国の学齢児童の就学率（単位：％）

治三十）年と時間がかかったが、そこからは向上のペースが速くなり、一九〇〇（明治三十三）年には七十％を越え、翌年に八十％越え、一九〇四（明治三十七）年には九十％を越えた。

産業革命が明治も二十年頃になってようやく開始され明治四十年頃にひとまず完了したのと同様、学齢児童の就学率も時代が進むほど向上のペースが速くなっていき、義務教育対象年齢の児童のほぼ全員の就学は産業革命の一応の完了とほぼ同時期に達成されたと言える。

三　日本の産業革命の特徴

日本は、外資を排除しながら産業革命を進めた点に大きな特徴があった。インフレを避けながら殖産資金を生み出すには、当時は外資導入に頼る道しかなかったが、日本政府は、鉄道建設や秩禄《ちつろく》処分（華族や士族に与えられた家禄と維新功労者に対して付与された賞典禄の全廃政策）のために一八七〇（明治三）年と一八七三（明治六）年に合計三百四十万ポンド（＝千六百六十万円）の外債をロンドンで発行した以降は一切外資依存を停止、民間への外資導入も禁止した。返済難に陥った場合、国家の独立を損なう危険があったためであり、大久保利通の征韓論への反対論拠の一つもイギリスへの外資依存の増加は内政干渉を受けてインドの二の舞になるという点であった。

更に、関税自主権を奪われていた条件下で、自国船以外による輸入及び運輸を禁じ、海運保護を通じて国内産業の育成を図ろうとした。そのため海運保護が優先され、鉄道が後回しにされた。

四　鉄道の勃興

まずは工業化の象徴とも言うべき官営の鉄道建設を見てみると、一八七〇年代に開通したのは一八七二（明治五）年開業の東京─横浜間と、一八七七（明治十）年全線開業の京都─大阪─神戸間（うち大阪─神戸間は一八七四年から開業）のみ。明治維新から十年経っても日本の鉄道はこの程度であった。この背景の一つとして、大久保利通以来の明治政府の有司専制の政策があった（石井寛治著『日本の産業革命』、大江志乃夫著『日本の産業革命』）。

しかし、一八八〇年代後半に状況は変化する。日本産業革命の開始を告げる資本制企業の本格的な勃興は、鉄道業からスタートした。

一八八六（明治十九）年から一八九二（明治二十五）年にかけて十四の鉄道会社が開業した。一八八九年度末には私設鉄道の営業線は九百四十二キロとなって、官設鉄道の八百八十五キロを上回り、一九〇六（明治三十九）年に主要私設鉄道が国有化されるまで私設鉄道がキロ数で優位を維持した。北海道炭鉱鉄道・関西鉄道・山陽鉄道・九州鉄道・日本鉄道が五大私設鉄道である。

ただし、私設というものゝ事実上の官設または官主導で設立され、外国人株主は禁止であったため、資本は地域の資産家に出資を強制、あるいは銀行が株式担保金融で支援して設立された。例えば日本鉄道の場合、実務上も建設時の用地買収は政府の地方官が当たり、建設工事は政府鉄道局が実施、日本鉄道が行うのは会計業務だけ、開業後も当初二年間は運転・保線車両修理などを政府鉄道局に委託していて自社では営業業務のみという実態だった。

一八八六（明治十九）年以降、日清戦争開戦直前の一八九四（明治二十七）年七月までに開業した路線を北から見ていく。

- 北海道では空知太―岩見沢―室蘭間（北海道炭鉱鉄道）など
- 東北では宇都宮―青森間（日本鉄道）が開業して東北本線が全通
- 関東では前橋―小山―水戸那珂川間（両毛鉄道及び水戸鉄道、のち日本鉄道）
- 信越方面では高崎―直江津間（官設）が開業して東京―直江津間が全通
- 東京周辺では新宿―八王子間（甲武鉄道）など
- 東海道は横浜―京都間が開業し新橋―神戸間が全通したほか、敦賀（金ケ崎）―関ケ原間も開業（すべて官設）
- 関西では草津―津―桑名間（関西鉄道）、湊町―奈良間（大阪鉄道）、難波―堺間（阪堺鉄道）など
- 山陽方面では神戸―広島間（山陽鉄道）
- 九州では門司―熊本間（九州鉄道）などが開業

現代の新幹線のカバー率よりも若干低い、という程度であった。

東海道線（新橋―神戸間六百五キロ）が全通したのは一八八九（明治二十二）年のこと。翌年の第一議会に間に合わせるよう突貫工事で進められた。一八九二（明治二十五）年にはまだ三原までだった山陽鉄道も、日清戦争開戦直前の一八九四（明治二十七）年六月十日には広島まで延長され神戸―広島間が開通。このため広島に大本営が置かれただけでなく、兵員輸送の拠点となった。その先の鉄道は未だ出来ていなかったので、宇品港から船に乗って戦地に向かった。北は青森まで開通していたから、仙台の第二師団からの出征でも鉄道が活用されている。日清戦争の兵員・物資輸送の実務上、開業したばかりの鉄道が果たした役割は極

めて大きなものであった。

五　工業化は軽工業から

大規模な工場制工業は綿紡績業から始まった。綿と絹の繊維工業の状況を見てみる（石井寛治著『日本の産業革命』、大江志乃夫著『日本の産業革命』）。

A　綿紡績業

開港以来最大の輸入品だった綿布は、一八七三（明治六）年をピークに輸入量が減少していき、輸入綿糸を使って国内で綿布を織る方式に移行した。一八七〇年代中葉は、在来織物業が地域的な盛衰を伴いながらも全体として再生、発展し始めた。

一八八〇年代後半になると、綿花だけ輸入して綿糸も国産化する新しい動きが急激に拡大した。一八八七（明治二十）年から一八八九（明治二十二）年にかけて一万錘規模の紡績会社が続々と設立される。のちの三大紡績の源流（大阪紡績・三重紡績→東洋紡、鐘淵紡績→鐘紡、摂津紡績・尼崎紡績→大日紡）は、いずれもこの時点までに活動を開始している。大規模紡績会社は輸入機械を据え付け、電燈も設備し、二十四時間稼働する大規模紡績工場を運営した。

国産の綿作は一八八六（明治十九）年がピークで以降は衰退、輸入綿花への依存度は年々激増していった。

一八八〇（明治十三）年に岡山県倉敷で生まれた山川均（社会主義者・社会運動家・思想家・評論家）の

回顧によれば、機械製の綿糸が売り出される前の一八八七（明治二十）年頃までは、同地の人々の普段着は手織り木綿で、やがて機械製の綿糸が出回るようになると各家の糸車は納屋や天井裏へ追いやられ、綿の栽培はめきめき減少、さらに日清戦争前後の時期になると既製品の反物を買って済ます時代となり、今度は手織り機が納屋や天井裏へ追いやられたとのことである。

なお、豊田佐吉などの人々により力織機が発明され、織布が機械化されたのは日露戦争後のことである。

B　大規模紡績会社の設立

大規模紡績会社の設立には、新興の商人資本や大阪の問屋商・両替商などが出資して、商業資本から産業資本に転化した。また地主層も株主として投資した。他方、こうした大規模紡績工場が出来たので、零細小作農・貧農層では家族が紡績工場に働きに出て、家計補充的賃金収入を得ることが一般化した。

すなわち、大規模紡績工場は国産綿糸を大量に製造できるようにしただけでなく、株式会社として運営されることで資金の集め方、企業運営の仕方、働き方などにも大きな変化をもたらすことになった、まさしく産業革命であった。

大規模紡績が始まったのは日清戦争前だったと言っても、日本の綿糸輸出が急増したのは日清戦争後のことで、大部分は中国向け、地域別では華北向けが主であった。華北以外の中国市場を独占的に支配したのは、イギリスが供給したインド綿糸であった。こうした事実からも、日本にとって日清戦争が朝鮮の経済的従属、市場確保を目的としたものではなかったことが解る。

C　生糸・絹織物について

開港時から日本の重要輸出品の一つであった生糸については、綿紡績よりも機械化が遅れた。生糸について、器械糸（機械制工業）が座《ざ》繰《くり》糸《いと》（手工業）を量的に凌駕するのは一九〇〇（明治三十三）～一九一〇（明治四十三）年の後半と日清戦争後のことである。ただし、絹織物業は一八八七（明治二十）年前後から一八九三（明治二十六）年前後にかけて生産額が二・三倍に急増し、同時期の綿織物消費数量も毎年一人当たり六％増大した。すなわち、日本で産業革命が始まった一八八〇年代後半から日清戦争にかけては、平均的生活水準が確実に上昇しつゝあった時期であった。

横山源之助著『日本の下層社会』は、日清戦争終結から三年後の一八九八（明治三十一）年に出版された。同書の焦点は工場労働者や職人・日雇い・小作人など社会の下層の人々に当てられているものゝ、そうした人々が置かれている経済環境、すなわち産業の状況について、当時活用できた農商務統計表などのデータに基づき客観的定量的な分析も行っている。従って同書は、当時の産業革命の進行状況を簡潔に整理した報告書となっている。

同書に引用されたデータによって、農業など第一次産業以外では当時の日本の最大の産業であった繊維産業、すなわち織物業と紡績業の状況を確認したい。元データは農商務統計表（農林水産省図書館のウェブサイトで電子化公開）である。

「内閣と議会」のところで述べた通り、第一議会が開催された一八九〇（明治二十三）年は不況の年だった。このグラフは、その翌年からの景気回復・経済成長の状況を示している。

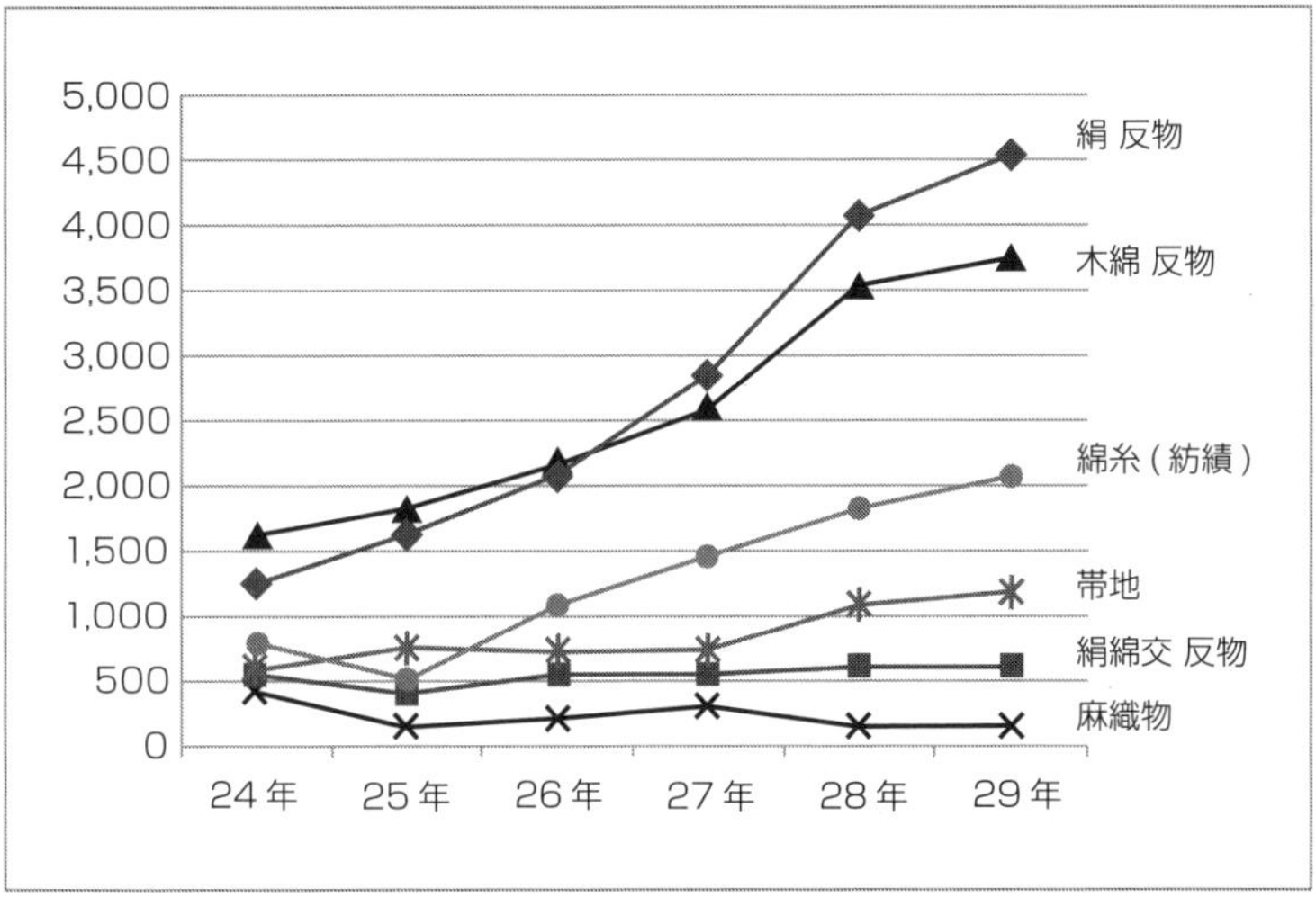

資料8　日本の繊維産業の産額推移（単位：万円）

この期間に最大の成長を示したのは絹織物業の分野であり、一八九六（明治二十九）年には一八九一（明治二十四）年の三・六倍の産額に急拡大しただけでなく、繊維産業中の最大分野にもなった。綿織物と綿糸紡績は、どちらも同じ期間に二・五倍前後の成長をしている。絹・綿とも日清戦争の前年である一八九三（明治二十六）年から回復が鮮明となり、日清戦争と重なった二年間の成長が著しかった。ただし、絹綿交織や麻織物のように、ほとんど規模が変わらなかったり、はっきり縮小した分野もあった（資料8）。

D　日本の輸出入に占める朝鮮向けのウエート

日本の産業革命は日清戦争の直前の時期に開始され、そこから日本経済が成長路線に乗り始めた、ということを確認してきた。では、その当時の日本にとって朝鮮はどういう経済的存在であったか、ということを見てみよう（石井寛治著『日本の産業革命』、大江志乃夫著『日本の産業革命』）。

日清戦争の開戦直前の五年間である一八八九（明治二十二）年～一八九三（明治二十六）年の資料によれば、朝鮮向け輸出が日本の輸出総額に占める比率は、一八九〇（明治二十三）年の二・二％を最高としてせいぜい一・四～一・八％という数字であり、日本の主要輸出先ではなかった。また、一八九二（明治二十五）年度の、日本から朝鮮への輸出品の最大のものは鋳貨材料としての銅など金属類であって工業製品ではなかった。この当時勃興しつゝあった日本の紡績業界が着目していたのは、中国市場であって朝鮮ではなかった。

朝鮮から日本への輸入では、朝鮮からの米穀輸入は日清戦争より後の時代には重要となるが、輸入米が国内産米の一割を超えるのは一八九八（明治三十一）年のことである。当時の日本経済にとって朝鮮が果たしていた最大の役割は金地金の確保であり、一八六八（明治元）～一八九三（明治二十六）年の輸入金貨及び金地金の累計額の六十八％余りが朝鮮からの輸入であった。

結論として、当時の日本資本主義にとって、日清戦争に至るまでの朝鮮市場は産業資本の市場としても、農産物供給元としても大きな役割を果たしていず、また期待もされていなかった。

すなわち、当時の日本の経済にとって、朝鮮を日本の市場としての確保することはまだ重要課題となっていなかったという状況であった。必然的に、朝鮮市場の確保を目的に日清戦争が開始されたのではなかったと言える。

ただ、当時の日本経済にとって朝鮮市場が大きな存在ではなかったからと言って、当時の朝鮮にとって対日貿易の影響が小さかった訳ではない。日本と朝鮮では経済規模が違うため、朝鮮からの米穀輸入は、日本の消費総量にとっては相対的に小さい量であっても、朝鮮経済にとっては影響が生じる量であり、現に米価高騰を生じ社会騒乱の原因となっており、この点は注意が必要なように思われる。

また日清戦争当時、日本と朝鮮の経済発展度には大きな差が存在しており、その差を生み出す原因として政府の経済政策にも大きな相違があった点は、極めて興味深いところがある。

一八九〇（明治二十三）年の第一議会で、当時の山縣有朋首相が「主権線・利益線」演説を行った。国家独立自営の道は、一に主権線を守禦、二に利益線を防護すること。主権線とは国境であり、利益線とは我が主権線の安全と堅く関係し合う区域であると言って、利益線である朝鮮の防護のための軍備支出への理解を求めた。

「利益線」という言葉は経済的利益を思わせる響きを持っているが、朝鮮はこの当時まだ重要市場としての位置付けを得ていた訳ではない。日本の隣国であるだけに、もしこゝが外国勢力によって支配されると必ず日本に大きな影響がある、地勢上で国境の安全に大いに影響のある地域である、という位置付けだったと理解すべきと思われる。

日本から朝鮮への経済進出は、日清戦争後に本格化していく。経済進出は、戦争の結果として拡大したことであり、経済進出の拡大を主要目的として戦争が行われた訳ではない。その点でも、日清戦争は確かに帝国主義の時代に勃発したが、日清戦争自体は経済史学的な意味で帝国主義戦争であったとは言えないように思われる。

第二章　朝鮮の状況

朝鮮の状況については、『中華思想』と『小中華思想』、『事大主義』での近隣諸国との葛藤、ならびに朝鮮文化に於いての思考様式の一つである『恨』の文化を理解しなければ語れない。

第一節　李王朝の思想

一　中華思想

「中華思想」とは、中国が宇宙の中心であり、その文化・思想が神聖なものであると自負する考え方で、漢民族が古くから持ち続けた自民族中心主義の思想をいう。自らを夏、華夏、中国と美称し、漢民族とは異なる周辺の辺境異民族を文化程度の低い禽獣《きんじゅう》であるとして卑しむことから「華夷《かい》思想」とも称す。そして、四方の異民族について四夷《しい》という蔑称を付けた。

東夷《とうい》—古代は漠然と中国大陸沿岸部、後には日本・朝鮮などの東方諸国。貉《むじな》の同類。
西戎《せいじゅう》—いわゆる西域と呼ばれた諸国など。羊を放牧する人で、羊の同類。
北狄《ほくてき》—匈奴・鮮卑・契丹・蒙古などの北方諸国。犬の同類。
南蛮《なんばん》—東南アジア諸国や南方から渡航してきた西洋人など。虫の同類。

宮家邦彦（外交政策研究所代表）の『語られざる中国の結末』によると、一般の中国人には、自分たちが「中華思想」なるものに基づいて行動しているという意識は全くなく、それどころか中国語には「中華思想」という言葉すら存在しない。「中華思想」とは、おそらく日本人の造語であろうとしている。

そして、中国思想史や中国政治論などの学術的、専門的立場から十分検証することなく「中華思想」なる概念を定義し、それに基づいて現代中国の行方を一方的に語ることは空虚な議論であるとし、「真の問題は、古代から続くいわゆる『華夷思想』が近代以降変化しつづけていることだろう」と結論付けている。

夷である満洲人が作り上げ、中華圏を支配した清は、漢人の王朝とはやや異なっていた。儒教も仏教もイスラムも単独で絶対視せず、支配地域それぞれの世界観に基づく王権像と秩序論を踏まえ、共通する価値を拾い上げながら、しかも個別の世界観とは一定程度の距離を置いて統治していた。

政策としても、弁髪などの胡俗の強制や反清勢力の鎮圧と並行して、科挙の存続やかつて反清運動の中心となった者たちに明史の編纂をさせるなど、中華の文化を尊重して漢人知識人に対し名誉と利権に与る道を開く懐柔政策を行い、清朝への夷狄視を減らしていた。ただし漢人の科挙官僚が政治を担えたのは旧明領だけである。また、北方から来たロシアとは対等なネルチンスク条約を締結しているが、乾隆帝の時代に中華として南方経由で来たイギリスとの対等外交は拒絶した。日清戦争で敗れた後、中華思想は後退する。

近代国際法を見てみるに、その発展の端緒となり元祖ともいうべき条約であるヴェストファーレン条約があり、これは一六四八年に締結された三十年戦争の講和条約で、ミュンスター講和条約とオスナブリュック講和条約の総称である。この条約によって、ヨーロッパに於いて三十年間続いたカトリックとプロテスタントによる宗教戦争は終止符が打たれ、条約締結国は相互の領土を尊重し内政への干渉を控えることを約し、新たなヨーロッパの秩序が形成されるに至った。この秩序をヴェストファーレン体制ともいう。

最も重要なのは、国家に於ける領土権、領土内の法的主権及び主権国家による相互内政不可侵の原理が確立され、近代外交及び現代国際法の根本原則が確立されたことである。

近代以降の世界は、「平等な主権国家の平和共存」の基礎を築いたヴェストファーレン条約によって導き出されている。第一次、第二次世界大戦の破局の上に建設された国際連合の世界秩序が、その現代的な成果である。欧州連合（EU）もまた、ヴェストファリア秩序を地域同盟の形へ拡張したものである。そして米国文明は、欧州由来のヴェストファリア秩序を米国式に再構成した米国的世界秩序（パクス・アメリカーナ）を導き出している。

今日、ヴェストファリア秩序と米国的世界秩序の最大の競争相手は、イスラム的世界秩序と中華的世界秩序だと見られている。しかし二十一世紀の世に、中華秩序の復元は時代錯誤的な思考であり不可能である。それはヴェストファリア的世界秩序が、中華秩序とは比較にならない、人類史に於ける普遍的な訴求力と正当性を持っているからである。

「平等な多数の国の平和共存」というヴェストファリア的理念は、中国文明には馴染みのないものであった。

イスラム文明を除くと、東アジアに生きる者にとって最大の関心事は中華的世界秩序ということであったが、十六世紀以来独自の世界秩序を叫んできた日本は中華的世界秩序を受け入れるはずがなかった。

しかし朝鮮半島、わけても朝鮮王朝は、こうした中華秩序の磁場へ最も積極的に溶け込んだケースであった（尹平重《ユンピョンジュン》韓神大学政治哲学教授『朝鮮日報』二〇一五年五月）。

二　小中華思想

高句麗、百済、新羅など朝鮮歴代王朝は朝鮮半島の北西部で中国と直接国境で接しているため、中国王朝の皇帝から冊封《さくほう》を受けて臣下の礼をとることにより独立の保障を得たり、また、朝鮮半島内の敵対国との抗争に有利な立場を得るため、積極的に中国王朝に事大してきた。

冊封国とは、前近代の東アジアに於ける中国王朝を中心とした冊封体制の下で中国王朝を宗主国とした従属国のことである。朝貢国、藩属国、服属国、附庸国などとも言われる。

紀元前三世紀頃、前漢初期に衛氏朝鮮《えいしちょうせん》が冊封されて以来、一八九五年に日清戦争で日本が清を破り、下関条約によって朝鮮を独立国と認めさせるまで、朝鮮はほぼ一貫して中国の冊封国であった。

朝鮮は中国王朝に従い、積極的に中華文明つまり儒教及びそれに伴う華夷観を受容し、中華に同化することで自国の格上げを図る道を選択した。このような朝鮮の態度から、中国は朝鮮を「小中華」と呼んだ。朝鮮は本来の華夷秩序に於いては夷狄《いてき》に相当するものであったが、自らを「中国王朝と共に中華を形成する一部（小中華）」と見なそうとしたのである。

朝鮮の中国王朝に対するこうした姿勢は、政治的には事大《じだい》（自分の信念を持たず、支配的な勢力や風潮に迎合して自己保身を図ろうとする態度・考え方）、文化的には慕華（中華を慕う思い）となり、政治的文化的に中華に従うものとして整合性の取れたものであった。しかし朝鮮は、時には漢民族以外の中国王朝（金や元、清など）に事大を強いられたこともあり（これを事夷と呼ぶ）、華夷観と政治的現実の狭間で苦しめられることゝなった。

一方、自らを小中華と見なすことは、周辺諸国を野蛮な夷狄、禽獣として他者化することも意味していた。

このように朝鮮を理解する上で非常に重要な概念が「小中華思想」である。

李氏朝鮮はその建国の由来からして、慕華崇明の念を強く持つものであった。高麗の一武官であった李成《りせい》桂《けい》は、明の遼東半島攻略を命じられるが、親明事大を標榜し軍を翻して政権を掌握し（威化島回軍）、李朝を建国する。また、元の年号や風俗を廃止して明のそれに変え、文化面に於いても積極的に中華文明を取り入れていった。

李朝前期の小中華思想では、高麗期と同様、文化的には中華に次するもしくは並ぶとされていたが、歴史の長さや儒教の伝統でも中華に張り合おうとする主張が見られるなど、朝鮮の文化的優秀性は既に中華王朝と等しいと自己を評価していたふしがある。その一方、政治的には明に事大し臣下の礼を尽くすことになる。これは建国時の親明事大政策に併せて、朝鮮性《せい》理《り》学《がく》（付参照）の確立により朱子学が朝鮮社会の支配理念になったことにも影響されている。つまり朱子学の大義名分論を受け、明と李朝の関係を明確に君臣関係と位置づけ、「今夫以小事大、君臣之分已定、則不度時之難易、不催勢之利害、務盡其誠而已」（事大は君臣の分、難易利害に関わらず誠を尽すのみ）と、外交上の一手段であったはずの事大政策それそのものが目的に昇華されることになる。

（付：朝鮮時代の性理学）

儒学の一つの分流である性理学が高麗末期に入ってきて、朝鮮時代には国を治め、社会秩序を維持する基本的な学問として定着し、性理学の研究も活発に展開された。性理学は高麗末期と朝鮮初期には政治理念としての役割を担っていたが、研究が進展するにつれて学問的、哲学的原理を説くための努力がされた。特に人間と自然の本質が何であるかについて大きな関心が抱かれた。事物の本質で人間と自然の動きを支配する内部の力を意味する「理」と、外に現れた現象で人間と自然を動かす外向的な力を意味する「気」の関係をもって高い水準の研究と論争が展開された。

朝鮮の性理学の研究水準には、発祥地である中国の水準を超えるものもあった。韓国の性理学は李滉と李珥によって整理され学派を形成した。彼らの理論は日本にも伝えられ日本の性理学の発展にも大きな役割を果たした。

しかし、水準の高い性理学理論は一般人が理解するのは難しく、一般人の生活に大きな影響を及ぼすことはできなかった。性理学の研究は次第に抽象的な理論に集中し、民衆たちの現実生活とは遠く離れたまま執権層の間で政治的論争の材料になった。（本章第九節二『朝鮮の儒教』が経済に及ぼした影響」を参照されたし）

小中華思想に於ける他者化の面も顕在化する。李朝は周辺諸国を文明化されていない夷狄と蔑み、通交する諸勢力を東の日本、南の三島倭（対馬、壱岐、松浦の日本人のこと）、西の琉球、北の野人（女真族の蔑称）と分類し、自身を（小）中華に見立て〝「李朝の徳を慕って四夷は入朝」しているのだと解釈しようとした。これは明中心の冊封体制では同格であるはずの日本国王（室町幕府）や琉球王朝すら「徳を慕い服属した」とする極端な解釈で、現実にはこうした扱いが出来た訳ではない。しかし周辺諸勢力を夷とみなそうとする志向は確実に存在し、李朝実録にも「北に野人の来朝する者あり、東に倭奴の通信する者あり。（中略）皆我が類族にあらず、その心必ずや異ならん」といった差別観念が表れている。

李朝の元日の儀礼にはこうした小中華思想の二つの面が表れ、国王はまず冕服《べんぷく》（明帝から下賜された国王の礼服）を着て望闕礼《ぼうけつれい》（明の皇居を遥拝する儀礼）を行った後、絳紗《こうしゃ》（赤いうすぎぬ）袍《ほう》に着替えて倭人、野人などの朝賀を受けていた。

しかし実際には李朝は小中華として振舞えた訳ではなかった。新羅以降の伝統的朝鮮観の下に朝鮮を下国視していた日本からは、日本の年号を使用していないことをもって国書の受理を拒絶される。対馬に一万七千人もの大軍を動員して攻め込んだが逆に撃退され（応永の外寇）、あるいは女真族を冊封体制下に組み入れた明から李朝が女真族を藩属扱いしていることについて譴責を受けるなど、その小中華的世界観の具現化は叶わなかった。

小中華思想の持つ包容政策、つまり「向化」と「教化」も行われた。李朝初期は前期倭寇が活発に活動し、中には朝鮮半島に居住する者も存在した。李朝は倭寇有力者に官位官職を与えて懐柔し、あるいは居住者に土地を与えて朝鮮人の中に分散して定住させ、同化させていった。一四〇九年にはこうした向化倭人は二千人に達していた。女真族についても、咸鏡道、平安道を征服して国境を豆満江、鴨緑江まで押し上げ、五鎮を設置して国境内外の女真族の押さえとし、同時に国境外の女真族との交易場とした。また、国内に取り込んだ女真族を向化野人と呼び、朝鮮人の間に居住させ同化させた。こうした向化倭人、向化野人は外部の情報や新たな技術をもたらすなど、軍事、外交、技術、医療など様々な面で活躍し、李朝の発展に大いに貢献した。

一方、教化政策としては独自の朝貢体制による通交が主となり、通信使の派遣は限定されたものに留まった。李朝は農本主義を国策としていたため、国内で産出しない物資の入手を除けば本来交易は不要なものであったが、倭冦抑制政策の一環といった側面もあり、建国初期は積極的に通交者を受け入れていた。そのため日本国王使、琉球国王使、女真族に止まらず、西日本各地の諸勢力が通交することになる。

李朝初期には倭寇の襲来に悩まされていたことや、世宗《セジョン》大王や申叔舟《シン・スクチュ》のように現実主義的な政治家の活躍もあり、小中華主義的政治観はあまり強く現れなかった。しかし前期倭寇の終息と国力の安定化により次第に国外への関心は薄れ、十五世紀半ばを最後に朝鮮通信使の日本への派遣が一旦途絶えることになる。同時に、初期の向化倭人、向化野人の同化も進み、新たな向化者も減少する。

さらに日本各地からの室町幕府、西日本諸勢力、琉球王朝といった多様な通交者も対馬に一本化され、李朝に入る情報は対馬の情報操作を受けたものに限定されることになる。こうした結果、小中華主義的政治観、特に日本小国論の台頭を招くことになる。これは、李朝を訪れる日本国王使の低姿勢化、特に李朝国王を皇帝を指す「陛下」と呼ぶことすらあったこと、日本国王使が外交より交易に熱心であったことで、応仁の乱によって室町幕府の求心力の低下が伝えられたことの影響も受けたものである。今日では、こうした日本国王使は対馬から交易目的で遣わされた偽使であったことや、そのような偽使にしても朝鮮王に対して皇帝を指すような文言を使用すること、対馬が明国に通交出来るよう李朝に取りなしを頼むような特別な願い事をする時に限られていたことが知られている。李朝もこうした事情は察していたが、それでも日本小国論の見直し、修正には繋がらなかった。

琉球国王使が通交しなくなった後、李朝と国交を持っていたのは明、日本、女真族に限定されていた。その中の女真族は建国初期から李朝の藩属として扱われていたため、残る日本を小国視することで、李朝は当時の東アジアの政治情勢を、明を頂点とし李朝は小中華として日本及び女真族を夷狄として従せるとする、小中華的政治観の枠に当てはめて認識することになる。

李氏朝鮮後期の十六世紀末から十七世紀半ばにかけて、李朝は文禄・慶長の役（壬申倭乱《じんしんわらん》）、丁卯《ていぼう》の役、丙子《へいし》の役及び明清交代と、立て続けに国難に晒され続けることになる。

まず壬申倭乱では、それまで小国視していた日本に一時は国土の大半を占領されるまでの敗北を喫し、対日優越意識が打ち砕かれることになる。こうした滅亡の危機を明の援軍に救われることで李朝は事大の意義を再認識し、「再造の恩」と呼んで崇明の念を新たにすることになる。

一方、女真族の後金（後の清）が台頭すると、李朝はそれまで夷狄視し藩属扱いしてきた女真族に従い難く、丁卯の役、丙子の役と二度にわたり抵抗するが大敗を喫し、三田渡（現ソウル特別市松坡区蚕室洞）に於いて国王自ら三跪九叩頭の礼をもって清へ臣従を申し出て、事大、事夷を強いられる破目に陥る。さらには明清交代によって、文化的にも政治的にも心の支えであった明の滅亡を経験する。

これら一連の動乱により、李朝の小中華的政治観は根底から覆されることになる。また文化的観点からも、崇拝の対象であった明が滅亡してしまい、一方、新たな中華帝国の支配者である清国は李朝にとっては夷狄であり中華文明の後継者とは認め難く、小中華思想は文化の面でも見直しを迫られる。こうした中、「中原の中華文明は明と共に滅び、中華文明の最優等生である朝鮮こそが正統な中華文明の継承者でなければならない」として、李朝は自身を残された唯一の中華文明の後継者と認識するようになる。

この新たな小中華観では、ひとり李朝のみが唯一の華とされ、当時の李朝と国交を持っていた日本と清国を文化的に強く差別してしまい、両者からの文化や技術の流入を拒絶したため、強い文化的鎖国状態に嵌り込むことになる。一方、同化すべき対象を失い外部からの文化の流入を拒絶したこの時期、独自文化の発展が見られるようになる。李朝後期に活発だった国学研究と風俗画、珍景山水画などはこの文化的鎖国の時期に発展したものである。また、この時期の小中華思想は、一連の動乱の後の国土が荒廃し国家の威信が失墜した中、民族的自尊心を高め復興へ向かわせる役割を果たした。しかし一方で、文化的鎖国により社会的停滞を迎えたため、科学や技術の面では日本や清に大きく立ち後れることになる。

この「小中華思想」と同様、朝鮮を理解する上で非常に重要な概念が「事大主義」である。この二つの概念は一見相反するようで、実は精神分析の用語でいう「感情複合（強い感情やこだわりを持つ内容で、普段は意識下に抑圧されているもの）」というものである。この醜い劣等感、優越感の感情複合こそが、朝鮮人の心の叫びなのかもしれない。

三　事大主義

「事大主義」は「華夷思想」「冊封体制」「朝貢関係」などと共に、民族史観を考えるに際し必須の概念だと言えよう。

それは、「小」が「大」に事える、つまり強い勢力には付き従うという行動様式であり、語源は『孟子』の「以小事大」である。国語辞典によれば、「はっきりした自分の主義、定見がなく、ただ勢力の強いものに付き従っていく」という意味である。

朝鮮には、大国に仕える事大主義の伝統が抜き難くある。日本が近代化に懸命に汗を流している頃も、官僚らは惰眠をむさぼり、経済も軍事力も衰亡していった。

宮家邦彦氏の著書『哀しき半島国家　韓国の結末』によると、朝鮮半島の事大主義がかくも変幻自在であった最大の理由は、歴史的に朝鮮半島北西部に自然の要塞がなく、地政学的に脆弱だったからだ。高句麗・渤海滅亡後の朝鮮半島の諸国家は、中華王朝の一部や満洲・蒙古の遊牧帝国など半島北方からの攻撃に抗し切れなかった。

特に、高麗が元に降伏して以降は、中華王朝は朝鮮半島独自の皇帝号の使用を厳しく制限するようになった。更に、李氏朝鮮末期になると、国内で政変が起きるたびに事大先が清国、ロシア、日本、米国と代わって行った。これが朝鮮の事大主義の柔軟性とその限界を示すものとして挙げられる。

いかに安全保障を確保するための已むを得ざる措置とはいえ、李朝末期の高宗や閔妃が事大先を次々に変えた行動は余りに場当たり的な対応であった。

韓国の朴正熙元大統領は自著『朴正熙選集2　国家・民族・私』で、「我が半万年の歴史は、一言で言って退嬰と粗雑と沈滞の連鎖史であった」「姑息、怠惰、安逸、日和見主義に示される小児病的な封建社会の一つの縮図に過ぎない」と述べている。

朴氏はまた、朝鮮史に於ける事大主義を自覚し、自著『韓民族の進むべき道』で韓国人の「自律精神の欠如」「民族愛の欠如」「開拓精神の欠如」「退廃した国民道」を批判し、「民族の悪い遺産」の一つとして事大主義を挙げ、その改革を真剣に模索していたという。

四　『恨』の形成

恨《ハン》は、朝鮮文化に於いての思考様式の一つで、感情的なしこりや痛恨、悲哀、無常観を指す朝鮮語の概念である。朝鮮に於ける文化、思想に於いてすべての根幹となっている。

ソウル大で学びつつ延世大学、漢陽大学等で日本語教師を経て筑波大教授となった歴史学者で朝鮮問題に詳しい古田博司氏は著書『朝鮮民族を読み解く』の中で、朝鮮文化に於ける恨を「伝統規範からみて責任を他者に押し付けられない状況の下、階層型秩序で下位に置かれた不満の累積とその解消願望」と説明している。

朝鮮民族にとっての「恨」は単なる恨みや辛みだけでなく、無念さや悲哀や無常観、（虐げる側である優越者に対する）あこがれや妬み、悲惨な境遇からの解放願望など様々な感情を表すものであり、この文化は「恨の文化」とも呼ばれる。

恨の文化は、代々の王権や両班による苛斂誅求を極めた階級的支配に対する民衆の抵抗意識と、漢代の昔より幾度となく繰り返された中国からの異民族（漢族・モンゴル族・女真族ほか）による侵略・征服で永続的な服従を余儀なくされた国辱を引きずり、日本（大日本帝国）による併合以降の長い抑圧と屈辱の歴史から生まれたという反日教育のもと、内外の圧倒的な力に依存せざるを得なかった朝鮮半島独特の文化である。

また恨の形成の裏には、儒教の教えや習慣が本来の形を変えエスカレートしていったことがあったと言われ、それは上位者の下位者に対する苛烈な扱いを正当化する解釈や、下位の者は過酷な立場を受容しなければならないとする解釈になった。

朝鮮の独立が民族運動として失敗して弾圧され、自らの力でなく第二次世界大戦の講和交渉として頭ごなしに連合軍の力によって達成されたことは、後の世代の「恨」となっているのである。

付　朝鮮王朝時代の用語の主なもの

A　身分・階級、王と王族等

（一）身分の分類

◇両班《ヤンバン》：元々の意味は、科挙に合格した文官（東班）と武官（西班）を合わせたもの。特権階級。

◇中人《チュンイン》：朝鮮王朝時代に於いて技術職等に従事する事が出来た階級。医官、画員、通訳官等がそれに当たる。

◇良人《ヤンイン》：一般庶民。納税義務を負った。

◇賤民《チョンミン》：最下層に属する者の総称。大半を奴婢《ぬひ》が占めていた。

（二）階級

朝鮮王朝時代、官職にはそれぞれ品階があった。正と従に分かれ、十八段階あった。

正一品〜正二品の間の官職を持つ者は大監《テガム》、従二品〜正三品堂上官の間の官職を持つ者は令監《ヨンガム》、正三品堂下官以下の者はナウリと呼ばれていた。

（三）王と王族等〈王の後継ぎとそれ以外の息子等〉

◇世子《セジャ》：王世子《ワンセジャ》の略称。次期王位を継ぐ者。
◇世孫《セソン》：王世孫《ワンセソン》の略称。世子の後を継ぎ、次々期王位を継ぐ者。
◇世弟《セジェ》：王に後継ぎがいない場合、その弟であり、王位を継ぐ者。
◇大君《テグン》：王と王妃の間に生まれた王子に与えられる称号。大君の前に漢字二文字を付ける。
例↓首陽大君《スヤンテグン》（朝鮮王朝第七代国王・世祖）
◇君《クン／グン》：王子、王族等に与えられた称号。王と側室との間に生まれた息子、大君の息子等の王族に与えられた。例↓陽明君《ヤンミョングン》

（四）内命婦　正妃

内命婦《ネミョンブ》：宮中の女性で、品階のある者の事を指す。
正一品～従四品が王の側室、正五品～従九品が宮女《クンニョ》（女官の事）。
従四品と正五品の間には王の側室と官女という厳格な区別があった。
王妃や大妃は無階だが、正一品よりも高い地位にあった。

◇正妃
・世子嬪《セジャビン》：世子《セジャ》（王の後継ぎ）の正妻。次期王妃。別称は、嬪宮《ビングン》。
・王后《ワンフ》：王の正妃の称号。追贈される場合に使われる。
・中殿《チュンジョン》：朝鮮王朝時代の王妃に対する呼び方。中宮殿《チュングンジョン》の略称。
・媽媽《まま》：王族等身分の高い人に対して使う敬称。王族の女性に対して使われる事が多い。高官の愛妾に対する尊称でもあった。

B　官庁

〈議政府・六曹〉

＊議政府《ウィジョンブ》：朝鮮王朝に於いて、すべての役人を総括する国の最高官庁。

＊六曹《ユクチョ》：国政を担当した六つの中央官庁の総称。吏曹《イジョ》、戸曹《ホジョ》、礼曹《イエジョ》、兵曹《ピョンジョ》、刑曹《ヒョンジョ》、工曹《コンジョ》の六つ。

・吏曹　文官の人事を担当。
・戸曹　国家財政、戸籍、人口等を担当。
・礼曹　婚礼、儀式、外交、祭事、教育等を担当。
・兵曹　国の防衛や、武官の人事等を担当。
・刑曹　司法、法律、刑罰等を担当。
・工曹　土木工事、建設等を担当。

C　科挙

朝鮮半島の高麗や李氏朝鮮でも、中国式の科挙が導入されていた。李氏朝鮮の科挙は、法的には特別な場合でなければすべての良民が受験可能だったが、実際には経済的理由で貴族層である両班ではなければ受験が難しかった。朝鮮後期には、三代の間に科挙の及第者を出せなければ両班と認められなかった。

科挙の実施は礼曹が行い、及第者からの官僚への人選は、文官は吏曹が、武官は兵曹が担当する。これは唐以来の中国の制度を準用したものである。

第二節　日朝の歴史的経緯

この時代の朝鮮の状況を理解するためには、もちろん、日本との関係は重要な要素となる。ところで三百年前にあった秀吉の朝鮮侵攻は、この当時の朝鮮にも対日感情面で少なからぬ影響を与えていた。そこで当時の日朝双方の心理面を理解するため、本題に入る前に、秀吉の朝鮮侵攻が三百年後の朝鮮にどういう影響を与えていたか、また三百年後の日本側はどう認識していたのかを見てみる。

一　豊臣秀吉の朝鮮侵攻

日清戦争は日本と清国との間の戦争だが、開戦の理由は朝鮮への影響力を巡っての当時の両国の関係にあり、開戦時の戦場も朝鮮国内であった。一八九四（明治二十七）年というタイミングで日清戦争が勃発した原因を理解するためには、当時の朝鮮を巡る状況そのものを再確認しておく必要があることは明らかである。最初に、一五九二〜一五九六（文禄元〜慶長元）年の秀吉の朝鮮侵攻とその影響を取り上げたい。

Ａ　なぜ、三百年前の秀吉の朝鮮侵攻から始めるのか

課題が一八九〇年代の朝鮮の状況であるのに、その三百年も前から始めるのは、秀吉の朝鮮侵攻が余りにも大きな事件であり、十九世紀後半の朝鮮や日本にも依然強い影響を与えていたということをあらかじめ考慮に入れておく必要があるように思われるからである。

資料９　豊臣秀吉

秀吉が関白太政大臣となり姓も豊臣となったのは、一五八五（天正十三）年七月。この時秀吉はまだ天下統一を完成しておらず、一五八七（天正十五）年に九州を征伐、さらに一五九〇（天正十八）年に小田原の北条を滅ぼし、東北も平定して、ようやく天下統一を完成した。

朝鮮侵攻（文禄・慶長の役）は、この天下統一から二年後の一五九二（天正二十・文禄元）年に始まり、一五九六（文禄五・慶長元）年の秀吉の死と共に終わった。足かけ五年間の秀吉の朝鮮侵攻が朝鮮側に与えた被害は余りにも甚大で、朝鮮側に極めて強い反日感情を生じさせたのは当然であった。

一八九四〜九五（明治二十七〜二十八）年の日清戦争は、秀吉の朝鮮侵攻からちょうど三百年後である。この三百年間に日本側は、豊臣政権〜徳川幕府〜明治政府と二度の政治体制変換を行っているが、朝鮮側では李氏王朝がそのまゝ継続していた。同一王朝での被害であったから、朝鮮側が十九世紀後半に至っても強い反日感情を持っていたのは当然であった、と認識しておく必要がある。

他方、日本側ではこの秀吉の朝鮮侵攻について、徳川幕府は然るべき反省を行い朝鮮との善隣関係を再構築したものゝ、幕末期に至るとその反省が忘れられ、むしろ征韓論の補強にも使われるようになって行った、という流れがあった。

なお、こゝでは「朝鮮侵攻」という言葉を使っておく。「文禄・慶長の役」では具体的なイメージが湧き難いこと、また、結果は確かに「朝鮮侵略」なのだが、当初は「唐入り」のステップとしての侵攻で、朝鮮自体が目的ではなかったことも事実であることから、事件の全体像をより表現していると思われる言葉を選んだ。

B　侵攻から三百年後の朝鮮の対日感情

秀吉の朝鮮侵攻から三百年後の朝鮮は、どのような対日感情を持っていたのか、まずはその点から確認したいと思う（姜在彦著『玄界灘に架けた歴史』）。

秀吉の朝鮮侵攻の失敗は、その死後、豊臣家滅亡の原因となったばかりではない。それから三百年を経てなお、朝鮮の津々浦々に残したその爪跡は、いつでも反日感情をかきたて得る時限爆弾となって現存し続けていたのである。

〈徳冨蘇峰が書いた、秀吉から三百年後の「禍の記憶」〉

朝鮮に対する日本の植民地支配の初期、いうところの一九一〇年代の武断政治の時期に、朝鮮総督府の御用紙『京城日報』の編集を指導した徳冨蘇峰は次のように書いている。

―「朝鮮役は、その発頭者たる秀吉及びその子孫に禍した。しかしてこれと同時に、今日に至るまでその禍を残した。日本が朝鮮を併合しつつ、これを統治する上に於いて最も困難を感ずる一つは、朝鮮役の記憶だ。およそあらゆる朝鮮人は皆この役を記憶している。しかして朝鮮のあらゆる地方には、この役を記憶せしむべき石碑とか、額とか、墳墓とか、書籍とか、もしくは口碑伝説とか数えきれぬほどある。これら記念物を逐一湮滅せしめんとしても、到底手のつけようがない程沢山ある」（徳富猪一郎著『近世日本国民史』第九巻「朝鮮役」下巻　民友社　一九三四年）―

秀吉の朝鮮侵攻のために生じた強い反日意識は、三百年後でも、日本による朝鮮の統治の障害になっている、秀吉の行った行動が三百年後の自分たちにも禍となっているという事実を、一九一〇年代の蘇峰は的確に認識していたことを示している。

蘇峰が、韓国併合を進めようとしている段階で「今日に至るまで禍を残した」と感じたのは、現代でも中国や東南アジアで日本企業から派遣された出向者や駐在員が仕事をする時に、時として昭和前期の日本軍の悪行が未だに自分たちの仕事に悪影響を与えていることがあると感じるのと類似の心情であろうと思われる。

二十世紀初めの朝鮮に三百年前の秀吉の朝鮮侵攻の記憶を呼び起こすものが多数残っていただけでなく、実際に反日感情が高かったことは、当時朝鮮を訪れたイギリス人によっても記録されている。イザベラ・バードの『朝鮮奥地紀行』は、「三世紀にわたる憎悪を抱いている朝鮮人は日本人が大嫌いで、主に清国人と取り引きしている」と書いている。

C　朝鮮侵攻は、なぜ行われたのか

強い反日感情を三百年後にまで伝えることになった秀吉の朝鮮侵攻について、こゝからはその内容を具体的に再確認して行きたい。

まずは出発点として、秀吉はなぜ朝鮮侵攻を行ったのか、侵攻の目的を再確認しておきたい。

当時、日本に居留していた宣教師のルイス・フロイス〔ポルトガルのカトリック司祭・宣教師。イエズス会士として戦国時代の日本で宣教し、織田信長や豊臣秀吉らと会見。戦国時代研究の貴重な資料となる『日本史』（中央公論社刊）を記したことで有名〕は戦争前夜の事態を、

―それは（明征服）もろもろの（話題の）中で、日本中を未曽有の不思議な驚きで蔽い、人々の判断を狂わせ、考えを一点に集中させ、まるで何かにとり付かれた様に口にせずにはおかれない事であった―

と、国中を揚げての異常な興奮状態として記している。権力者とそれに群がる人々の欲望は限りなく、国内

統一に集約される富の収奪と権力掌握が終わると、その欲望は国民を巻き込み海外へと向かったのである。豊臣政権の海外侵略は、国家的プロジェクトであったと考えられる（金洪圭編著『秀吉・耳塚・四百年』）。

小和田哲男氏はその著書『豊臣秀吉』で、「秀吉の朝鮮侵攻の理由づけ」について、愛児死亡の悲しみから逃れるためとか、日明貿易再開要求論とか、秀吉個人の名誉心・功名心論、ポルトガルとの対決論など、さまざまな説を整理、反駁した上で、最も有力なのは「恩賞を与えるための領土拡張論」であると述べている。同氏はその著書『秀吉の天下統一戦争』の中でも、「秀吉は、小田原攻め、奥羽攻めが終わったあとも、諸大名に恩賞を与え続けるため、常に領土拡張戦争を用意しておかなければならなかった。秀吉にとっては、朝鮮侵攻は天下統一戦争の必然的帰結であった。その強行により、豊臣政権そのもの〻崩壊も始まった」として、この恩賞原資のための領土拡張論に立っていることを、さらに明確にしている。

また、中村栄孝氏の主張する「領土拡張論」もある。中村氏はその著書『日鮮関係史の研究』の中で、一五九二（文禄元）年五月、京城が陥落した時に秀吉が明・朝鮮を含めた征服地国割方針を出したことを以って、朝鮮侵攻は秀吉の領土拡張をねらったものと結論づけた。

結局、武士たちが秀吉の旗の下に集中し、全国統一の戦いに足並みを揃えて出て行ったのは、秀吉からの恩賞が期待できたからであった。しかし九州征伐が成り、小田原征伐が終わった後のことを具体的に考えられるようになると、「与えられる恩賞がなくなった時、諸大名は果たして自分についてくるだろうか」という不安を否定できなかったのではなかろうか。

秀吉は、他領侵略→恩賞宛行→従属関係の継続という循環を断ち切るだけの力はなく、勢い、他領侵略の対象として朝鮮が選ばれたのではないかと考えられている。

北島万次著『秀吉の朝鮮侵攻と民衆』も、「秀吉は関白に就任した年の九月、領地加増を望む子飼いの家臣らに、お前たちのためならば、やがて大明国まで手に入れると豪語した」としている。やはり、恩賞原資獲得のための領土拡張論である。

D　秀吉は、転換の時期に不適切な対応策を選択

しかし、天下統一を果たしてしまった秀吉が、国内での新規領土獲得の限界をみて恩賞原資となる領土拡張を海外に求めたことは、秀吉の当時の状況に対して適切な解決策であったかといえば、適切ではなかったように思われる。

恩賞には領土、という仕組みを維持しようとする限り、政権維持のために永遠に領土拡張を続けざるを得ないという無理が生じるからである。対象は、状況をよく承知しているとは言い難い他国の土地であり、兵站線も大幅に伸びることになるため、武力による領土獲得の難度は格段に跳ね上がることになる。一時的にはうまくいっても最終的には必ず失敗を招く策であったと言えることになる、と考えられる。

E　朝鮮侵攻の経過

（一）文禄の役

恩賞原資となる領土獲得を目的とした朝鮮侵攻の具体的な経過はどのようなものであったのか、実際の行動はその目的と一致していたと言えるのか、を確認していきたい。中野等著『文禄・慶長の役』に基づき、秀吉の朝鮮侵攻の経過の概略を整理してみる。

まずは、一五九〇（天正十八）年からの「唐入り」準備の開始から一五九二（文禄元）年四月の侵攻開始、そして同年末までの、まだ明国が参戦していなかった時期の状況である。

（イ）「唐入り」の準備入り

豊臣秀吉は一五八七（天正十五）年に九州を平定した後の一五九〇（天正十八）年、奥州伊達政宗を服属させ、北条氏直を降ろし（小田原征伐）、徳川家康を関東に移封し、天下統一を成し遂げた。

国内統一を果たした秀吉は世界に目を転じた。「高麗」つまり李氏朝鮮に、服属と明征伐への協力を要請したが、朝鮮は拒絶した。その後も対馬の宗義調らが複数の交渉を重ねるが、朝鮮側は拒絶の意志を変えなかった。なお秀吉は、同様に琉球や呂宋《ルソン》、高山国（台湾）にも使者を出した。

八月二十日に秀吉は、小西行長、毛利吉成らに大陸侵攻の具体的準備に着手するよう命令した。十一月七日に聚楽第《じゅらくてい》で朝鮮使節と接見。秀吉にとって既に朝鮮国王の日本への服属は達成されたも同然で、朝鮮国王に宛てた国書に「征明嚮導《せいみんきょうどう》（明征服の先導）」を要求した。が、礼使は「征明嚮導」を「仮途入明《かとにゅうみん》（明へ攻め入る際に道を貸せ）」に緩和した。

一五九〇（天正十八）年九月から出羽・奥州で一揆が続発し、一五九一（天正十九）年一月には異父弟の秀長が、八月には子の鶴松が三歳で死没した。こうした状況から、大陸派兵の期日は結果的におよそ一年延期された。同年十二月二十八日、秀吉は関白職を甥の秀次に譲り、「唐入り」専心体制を採った。秀吉は「太閤」となり、秀吉の意識のなかでこの戦いは「大明国」を相手とするものであった。

（ロ）　名護屋城

対馬領主宗義智から交渉決裂を聞いた秀吉は一五九一（天正十九）年八月、「唐入り」を翌年春に決行することを全国に告げ、肥前の名護屋に前線基地としての城築造を九州の大名に命じた。

名護屋（古くは名久野）は海岸線沿いに細長く広がる佐賀県松浦郡北東部の小さな湾内に位置し、中世には海賊・松浦党の交易拠点の一つであった。こゝにはもともと松浦党の旗頭・波多氏の一族である名護屋氏の居城・垣添城があったが、豊臣秀吉は大陸への進攻を企図した際、こゝを前線基地として大掛かりな築城を行った。それが名護屋城である。

名護屋城は波戸岬の丘陵（標高約九十メートルほど）を中心に十七万平方メートルに亘って築かれた平山城の陣城である。五重天守や御殿が建てられ、周囲約三キロメートル内に百二十ヵ所ほどの陣屋が置かれた。城の周囲には城下町が築かれ、最盛期には人口十万人を超えるほど繁栄した。

秀吉は自分の地元名古屋と同じナゴヤという地名を奇遇に感じ、城の立つ山の名前が勝男山と縁起が良いことにも気を良くしこの地への築城を決めたのだが、この地の領主であった波多親はこれに反対したため不興を買った。また、甥の内大臣豊臣秀次に関白を譲って自らは太閤となった一五九一（天正十九）年九月には、平戸城主松浦鎮信に命じて壱岐の風本に勝本城を築かせた。その築城の担当は、松浦鎮信、日野江城主有馬晴信、大村城主大村喜前、五島城主五島純玄（宇久純玄はこの年、姓を五島に改める）であった。工期約四ヵ月というごく短期間に築かれ、文禄・慶長の役を通じ利用された。なお、城跡から出土した瓦に「天正十八年」の銘があるものが発見されたことから、築城開始時期が通説の天正十九年より早かった可能性も考えられている。

築城に際し、縄張りを黒田孝高、そして黒田長政、加藤清正、小西行長、寺沢広高らが普請奉行となり、

資料１０　名護屋城祉　(著者撮影)

九州の諸大名を中心に動員し、突貫工事で八ヵ月後の一五九二（文禄元）年三月に完成した。規模は当時の城郭では大坂城に次ぐ広壮なものであった。

ルイス・フロイスが「あらゆる人手を欠いた荒れ地」と評した名護屋には全国より大名衆が集結し、「野も山も空いたところがない」と水戸の平塚滝俊が書状に記している。唐入りの期間、肥前名護屋は日本の政治経済の中心となった。

築城にあたっては、本丸数寄屋や旅館などの作事奉行を長谷川宗仁が担当した。大手門は御牧勘兵衛尉が担当し、各所の建築が分担された。

〈名護屋城の構造〉

本丸・二の丸・三の丸・山里曲輪《くるわ》などを配し、本丸北西隅に望楼型五重七階の天守が築かれた。城跡からは金箔を施した瓦が出土しており、天守に葺かれていたものと考えられている。城郭の周辺には各大名の陣屋が配置された。

曲輪とは、城の内外を土塁、石垣、堀などで区画した区域の名称である。

- 本丸は東西五十六間、南北六十一間、総高さ三十二間一尺五寸であった。
- 乾《いぬい》（北西の方角）の角に天守台があり、高さ十五間。海より池まで十二間一尺、池より三の丸まで十四間三尺五寸。三の丸より本丸まで五間三尺五寸、以上高さである。池の長さ百六十三間、巾十一間より三十一間まであった。
- 二の丸は東西四十五間、南北五十九間。
- 遊撃曲輪は東西二十六間、南北二十四間。門の礎石が発見されている。

・弾正曲輪は長さ九十五間、横四十五間または三十間。
・水の手曲輪は十五間四方。本丸などから流れ出る水をこの曲輪に集めたと伝わっており、水関連の施設があったとされる。
・山里曲輪は東西百八十間、南北五十間、横二十間四方。茶室などがあったとされる。
・城の廻りは十五町。城への入口は五ヵ所あり、大手門、西ノ門、北ノ門、舟手門、山里通用門だった。
・三の丸は東西三十四間、南北六十二間。
・このほか腰曲輪・小曲輪・合而十一曲輪があった。

完成後も度々改築を繰り返したとされ、本丸西側は築城後に石垣部分を壊すことなくそのまゝ埋め立てゝ増築された事が判明し、旧石垣も発掘展示されている。三の丸櫓台北側では築城後に改造を受けて門が設置され、その後また撤去された事が発掘調査で判明している。本丸大手、大手口、東出丸周辺も構造や櫓、城門に大きな相違が見られ、残された「肥前名護屋城図屏風」でも二枚とも現状と異なる部分が確認されている。

〈出兵後〉

西国衆を中心に総勢十五万八千の兵が九軍に編成され、一五九一（天正十九）年四月一日に小西行長・宗義智率いる第一陣が朝鮮半島へ出兵したのを皮切りに、名護屋を出発した諸隊は壱岐、対馬を経て朝鮮に渡って行った。秀吉は京都聚楽第を三月二十六日に出発し、四月二十五日に当地に到着している。以後大政所の危篤時を除いてこの地が本営となる。在城中、秀吉は渡海した諸将に指示を出す一方で、山里曲輪に築いた茶室で茶会を楽しんだり、瓜畑で仮装大会を催したりした。

十月上旬、全国の諸大名が名護屋へ到着し、城普請に取りかかった。『松浦古事記』によれば、二十万五千五百七十名余りの兵が高麗へ渡り、名護屋在陣は十万二千四百十五名の兵で、総計三十万七千九百八十五名の兵で陣立てされた。

文禄の役では、最終的に二十万以上の兵が名護屋から朝鮮に渡った。当地には西国衆の渡海後も、東国衆と秀吉旗本衆の約十万の兵が駐屯している。多くの人員を養うには水源が足りなかったようで、水不足が原因の喧嘩が絶えなかったという。

朝鮮半島で戦線が膠着すると、翌一五九三（文禄二）年四月には講和交渉が開始されるが、交渉が破談すると秀吉は再び一五九七（慶長二）年二月から十四万人を朝鮮半島へと上陸させた。

この慶長の役でも、名護屋は補給、連絡の中継地として重要な役割を果たした。一五九八（慶長三）年八月十八日、秀吉が没したために全軍撤収し、名護屋城もその役割を終えた。出兵の期間中、秀吉が当城に滞在したのは延べ一年二ヵ月であった。

〈文禄・慶長の役以後〉

朝鮮撤退後、この地は肥前唐津藩主寺沢広高の治めるところとなった。関ヶ原の戦いの後の一六〇二（慶長七）年、広高は唐津城の築城を開始した。この際に名護屋城を解体し、その遺材を使用した。これ以降に、二度と城が利用できないように要となる石垣の四隅を切り崩すなどの作業が行われたが、その理由と時期については明確でない。

〈陣屋跡〉

名護屋城周辺には百十八ヵ所の陣跡が確認されており、うち六十五ヵ所に遺構が残っているが、特別史跡に指定された陣跡は以下の二十三ヵ所である。

・生駒親正陣跡　・伊達政宗陣跡
・上杉景勝陣跡　・徳川家康陣跡
・片桐且元陣跡　・徳川家康別陣
・加藤清正陣跡　・豊臣秀保陣跡
・加藤嘉明陣跡　・鍋島直茂陣跡
・木下利房陣跡　・長谷川秀一陣跡
・木下延俊陣跡　・福島正則陣跡
・木村重隆陣跡　・古田織部陣跡
・九鬼嘉隆陣跡　・堀秀治陣跡
・黒田長政陣跡　・前田利家陣跡
・小西行長陣跡　・毛利秀頼陣跡
・島津義弘陣跡

（八）　侵攻の開始、漢城までの破竹の進撃

一五九二（天正二十）年正月五日の軍令で、諸大名が続々と肥前名護屋へ向け進発開始した。三月十三日付「高麗へ罷り渡る人数の事」の軍令、あくまで朝鮮国王の服従を前提としていた。小西行長は三月十二日

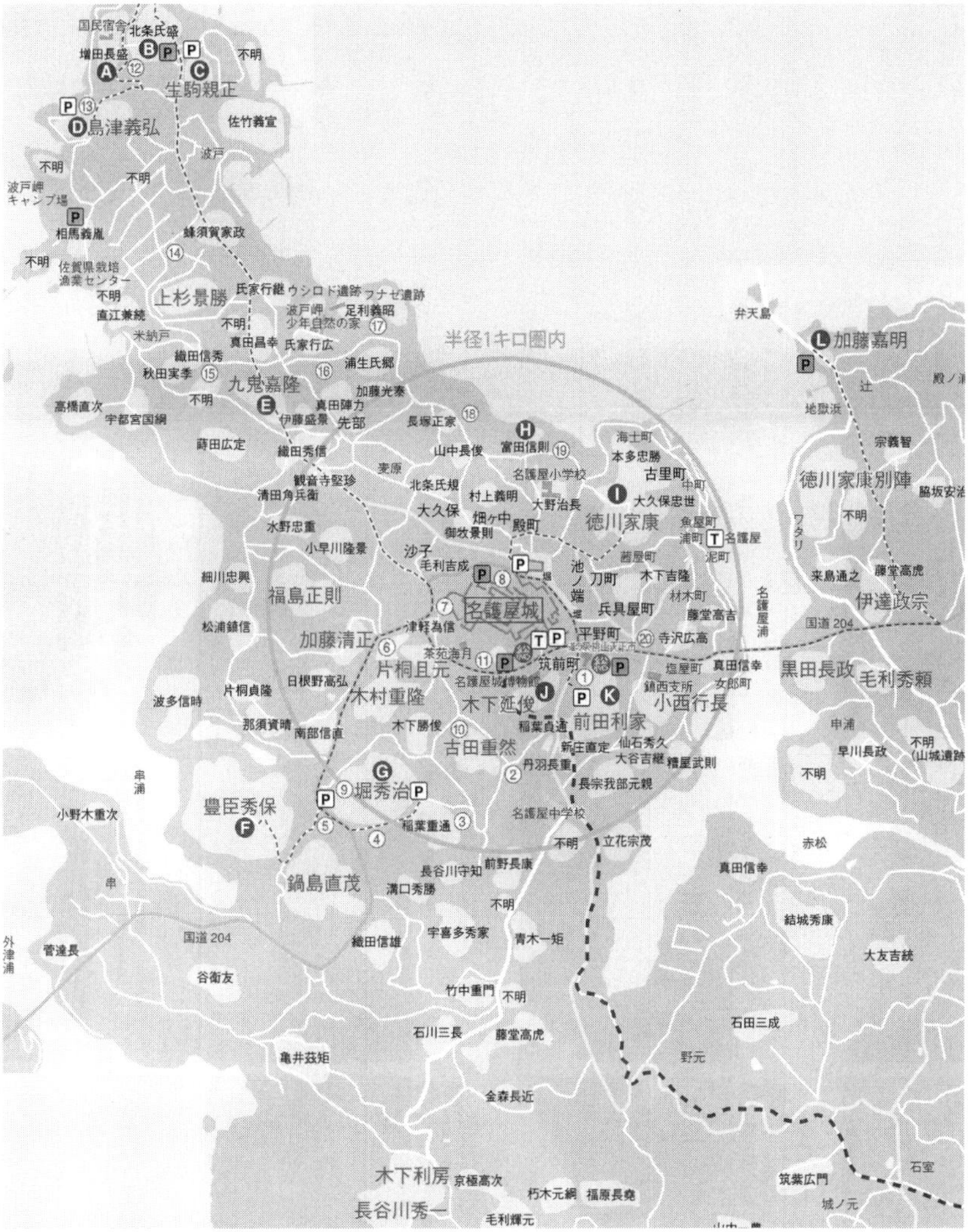

資料１１　肥前名護屋城跡・陣跡位置図
（名護屋城博物館提供資料を改変・加筆された唐津市観光課作成資料からの抜粋　平成二十六年三月）

には対馬入りし、使者を朝鮮に派遣し「仮途入明」交渉を行うもまとまらず、四月十二日に朝鮮半島への上陸を開始した。秀吉も、朝鮮半島での戦闘を前提とする新たな軍令を出した。

四月十三日、小西行長らの軍勢が釜山城を囲み、大陸侵攻を開始した。二十七日には忠州《チュンジュ》で朝鮮軍を破る。加藤清正、鍋島直茂らの軍勢は十七日に釜山に上陸し、慶州《キョンジュ》へ向かう。慶州の朝鮮軍は戦わず逃亡し、清正らの軍も二十八日には忠州に至る。両軍は二十九日に忠州を発って漢城《ソウル》に進発した。小西行長らが東路、加藤清正らは西路をとり、黒田長政らの軍勢も十七日に釜山に至り、西に進む。

忠州の敗戦により、朝鮮国王の漢城からの脱出、平壌退避と明朝廷への援兵要請が決定された。四月二十九日の払暁、国王らの一行は宮廷を脱出した。五月二日、小西行長、加藤清正らが入京。続いて宇喜多秀家、毛利吉成、黒田長政らの諸将がほとんど無血で漢城に入城した。

（二）初戦の秀吉軍の大勝利と朝鮮軍の大敗北の原因

応仁の乱（一四六七年）以来約百年間弱肉強食の戦国時代を経て、血みどろの抗争の結果下剋上の乱世を統一したのが、豊臣秀吉及び彼の指揮下の豊臣軍団であった。

豊臣軍は戦乱の中で鍛え抜かれた戦争のプロフェショナル軍団であり、豊臣政権は完全な軍事政権であった。この政権は兵農分離を完成させ、常時数十万の軍隊を自由に動員できる体制にあり、当時の世界でも有数の強力軍事国家を形成した。

一方、朝鮮王朝は一三九二年に建国し、二百年間平和な時代が続いた。建国当時、朝鮮政府は二十万の軍兵を擁していたが、二百年後の戦争当時は徴兵制度も軍布代納制などによって形骸化し、数万の兵を擁するに過ぎなかった。その軍団の主力も女真族の蜂起鎮圧のため北方防衛に配置され、南方の豊臣軍に対しては無防備状態に等しかった。

政治体制は文武の両官僚から成っていたが、圧倒的に文官優位の文治政権であった。中央、地方軍を問わず外官職は文官が兼務していた。彼らは儒教的な素養は有るが戦略・戦術さらには気力に欠け、それが実戦で露呈した。平和な時代が長く続くと支配者階級は国内の派閥争いに明け暮れ、特に宣祖朝《せんそちょう》（李氏朝鮮時代の第十四代国王）になるとそれが一層顕著になった。各官僚は東西南北の派閥に属し、重要な国政も派閥の優劣で決定するほど腐敗凋落していた。

戦争の始まる直前、豊臣軍の状況視察に来た朝鮮使節の帰国報告では、正使・黄允吉が「侵略の恐れあり」とし、副使・金誠一は「その心配なし」と正反対の主張を固持して曲げなかった。結果的には、副使の派閥南人派が政界の主流であったためその報告が採用されるという始末であった。当時の支配者たちは内外の情勢を正確に把握することを嫌い、難局を遷延させる消極的・保守的姿勢が蔓延していた。このような時代背景から、戦争当初は軍事的には豊臣軍が朝鮮軍を圧倒したのである。

この段階での秀吉の意図は、自らが軍勢を率いて速やかに明国へ攻め入ることであった。朝鮮半島はその経路であり、前線将兵の兵站を支えるという重要な役割を担った。こゝに至る日本の占領政策はそうした戦略を背景に構想された。

具体的には、朝鮮士民の還往《かんおう》と生業復帰を軸とする社会秩序の回復である。朝鮮半島上陸後、日本の軍勢が各地に残された兵糧を確保、それらを厳重に管理し、兵糧の現地調達と貧窮に喘ぐ朝鮮民衆への「扶助」を図ることである。

秀吉は五月十八日付で「覚書」を発した。

秀次は翌年に朝鮮から中国に入って「大唐の関白職」に就く。翌々年には後陽成《ごようぜい》天皇（第一〇七代天皇）も北京に移す。換言すると、日本の天皇を明国皇帝の地位に就ける。明王朝の打倒を前提とする非常に壮大な国家拡張計画である。

すなわち秀吉が朝鮮に要求したこと、華夷秩序の中にあった朝鮮が対明攻撃を目指す日本に服従することなどありえない訳で、そういう認識がそもそもなかったことが、秀吉が如何に国外の状況についての知識を欠いていたかを示していると言わざるを得ない。ともあれ、秀吉が朝鮮侵攻の準備に天下統一の直後から入ったこと、朝鮮は秀吉に服属しているとの思い込みから侵攻前には朝鮮と戦闘する意図はなかったこと、漢城まで進んでも目的はあくまで大明国だったこと、日本軍は釜山から漢城まで四百五十キロ余りを四月十三日から五月二日までの二十日間ほどで進んでしまったこと、すなわち朝鮮軍側は戦わず逃亡したことが多かったこと、が解かる。

しかし、漢城で日本軍側はこの大陸侵攻作戦の軌道修正に入る（中野等著『文禄・慶長の役』）。

（ホ）「唐入り」より朝鮮八道の経略優先へ

毛利輝元が家臣に宛てた書状には、「広大な朝鮮半島を支配するには今の軍勢では少なすぎる、加えて言葉も通じない。朝鮮の士民による反抗、朝鮮の人々は日本の軍勢を『ばはん衆』、すなわち倭寇と見なして一旦は山に逃れるが、日本勢が少人数で行動を始めると半弓によって攻撃してくる」とある。

こうした実態に鑑み、漢城に参集した諸将は朝鮮半島の安定支配を優先することに決定（第一回漢城会議）。漢城に総大将宇喜多秀家を残しつゝ、朝鮮八道に諸将を分遣した。すなわち『八道国割』の朝鮮統治政策を選んだのである。

朝鮮八道は、李氏朝鮮が朝鮮半島に置いた八つの道（行政区画）である。「首都近郊」を意味する京畿道を除く七つの道の名は、主要な二つの都市の名を並べたものである。

八道	語源
京畿道《キョンギド》	首都近郊を意味する
忠清道《チュンチョンド》	忠州＋清州
慶尚道《キョンサンド》	慶州＋尚州
全羅道《チョルラド》	全州＋羅州
江原道《カンウォンド》	江陵＋原州
平安道《ピョンアンド》	平壌＋安州
黄海道《ファンヘド》	黄州＋海州
咸鏡道《ハムギョンド》	咸興＋鏡城

朝鮮王朝によって、道には外官職（地方役人）が置かれた。長官は観察使（監司、巡察使とも）と呼ばれ、次官である都事の補佐を受け、軍司令官である兵使・水使の協力を得て地方統治を行った。

また八道のうち、首都の漢城《ソウル》（漢陽）及び開城《ケソン》・江華《カンファ》・水原《スウォン》・広州《クァンジュ》の各地（四都）は中央行政の直轄地であった。いずれも地理的には京畿道に属するが、この地の役人は「留守職」といゝ、京官職（中央役人）が

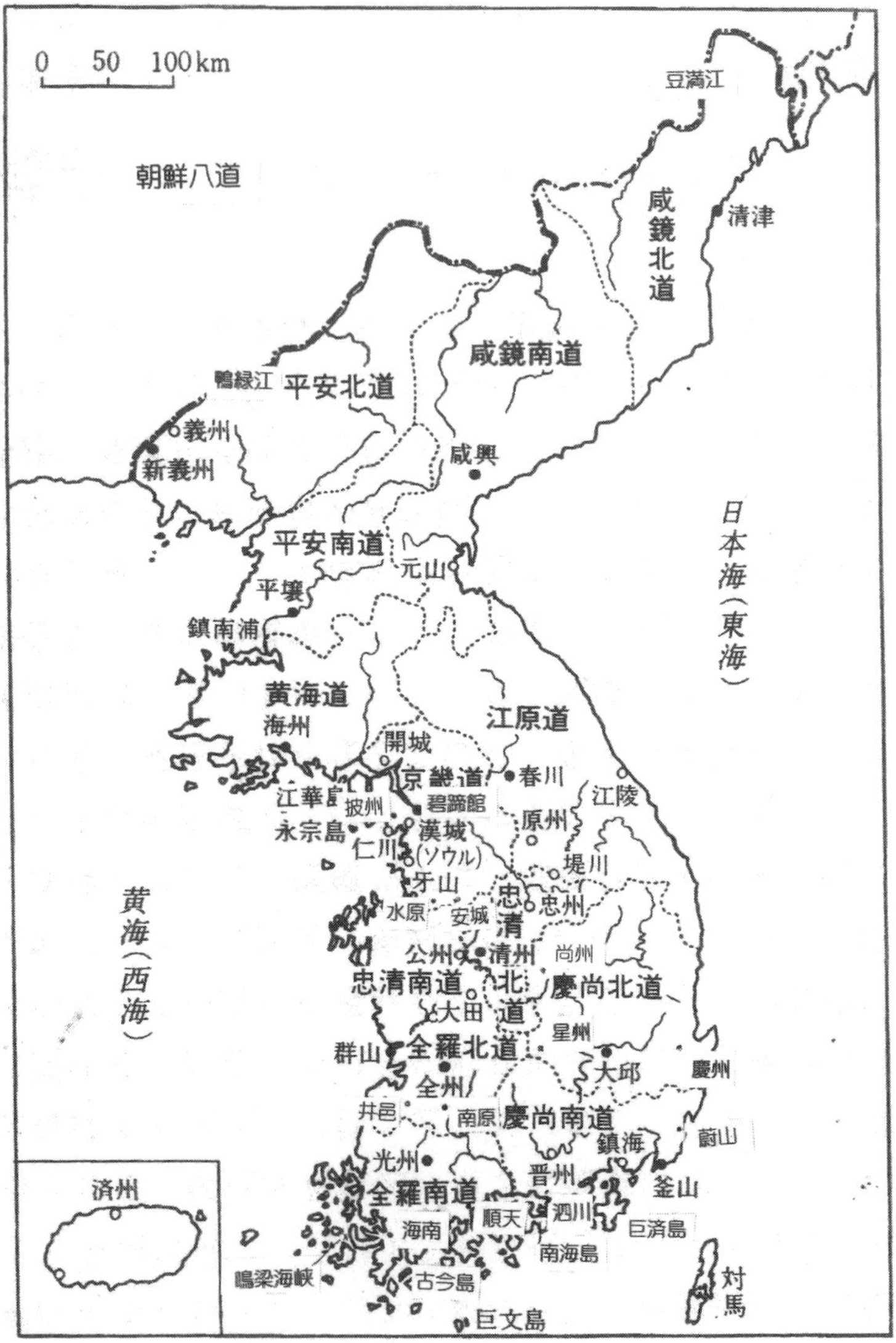
0　50　100km
朝鮮八道
豆満江
清津
咸鏡北道
咸鏡南道
鴨緑江
平安北道
義州
新義州
咸興
日本海（東海）
平安南道
元山
平壌
鎮南浦
黄海道
海州
江原道
開城
京畿道
春川
江陵
披州
碧蹄館
永宗島
漢城
原州
仁川
（ソウル）
堤川
牙山
忠清
忠州
黄海（西海）
水原
安城
公州
清州
尚州
忠清南道
北道
慶尚北道
大田
星州
群山
全羅北道
大邱
慶州
全州
井邑
南原
慶尚南道
蔚山
鎮海
光州
晋州
釜山
済州
全羅南道
海南
順天
泗川
巨済島
南海島
鳴梁海峡
古今島
対馬
巨文島

資料１２　朝鮮八道

置かれた。

慶尚道（毛利輝元）：開寧以北を粛正、釜山―開寧間はほぼ制圧が済んだと考えられた。

全羅道（小早川隆景）：忠清道錦山城で朝鮮義兵の波状的な攻撃にさらされ、全羅道への入道は阻止された。

忠清道（蜂須賀家政）と京畿道（戸田勝隆・長宗我部元親）：細かな補足はできていない。

江原道（毛利吉成）：およそ二ヵ月半で江原道のほぼ全域を廻った。

咸鏡道（加藤清正）：流刑地ということもあって朝鮮王朝に反抗的な風潮強く、あちこちに朝鮮王朝に謀叛する勢力があり、そうした勢力の帰順を許し朝鮮王子二名の身柄も引き受けた。咸鏡道でも他地域と同様、朝鮮王朝の下の地方官吏、六伯の存在に依拠しつゝ地方支配。加藤清正は咸鏡道経略を一旦鍋島直茂に委ね、自らは軍勢を率いて豆満江を越え、女真族の「おらんかい（ウリヤンカイ：モンゴル高原北部周辺にいた民族集団の一つ）」へ。「おらんかい」は極めて難治であることを確信した。

平安道（小西行長・宗義智）：平壌は国王が逃げ守備は薄くなった。六月十四日の未明、朝鮮軍が日本勢を急襲、日本側は敗走する敵勢の動きから大同江徒渉点を知り、同日夕刻大挙して渡河を決行、朝鮮側軍民は城外へ退避。翌六月十五日に無人の平壌に入城した。

黄海道（黒田長政）：六月の末には海州を占領した。

（へ）　李舜臣の朝鮮水軍の活躍などから方針修正

慶尚道の朝鮮水軍はほぼ壊滅し、全羅左道水軍節度使の李舜臣《イ・スィシン》に救援を要請した。一五九二（文禄元）年五月七日、巨済島玉浦沖の海域で藤堂高虎らの船手と李舜臣の水軍とが衝突し、日本側は多くの船を焼亡した。さらに五月二十九日の泗川沖の海戦でも李舜臣の水軍が日本側を撃破し、このあと六月の上旬にかけて、李舜臣の水軍は日本側の船手衆を次々に破っていく。

朝鮮水軍は釜山浦近海にまで出没する戦況で、物資輸送の大動脈である玄界灘も安全な航路ではなくなった。朝鮮への航路確保が俄然問題となった。秀吉やその周辺が渡海計画の延期を受け入れる過程で、秀吉の船隊が海上で攻撃される危惧が大きく影響したことは間違いない。

大谷吉継、増田長盛、石田三成らの奉行衆が朝鮮半島に携行した諸将宛ての秀吉の六月三日令では、秀吉は彼らに朝鮮半島の奥地さらに明国へ侵攻することを要求した。「朝鮮八道には『御代官衆（御小姓衆）』を派遣するので、諸将は朝鮮半島のことは気にかけず明国への侵攻に専念すべし。現実的には計画通り軍勢を移動することは容易ならず」とした。

朝鮮半島では八道経略が義兵の全国的な拡がりとなり、慶尚道南部の海域では引き続き朝鮮水軍の優勢が続いた。奉行衆からの朝鮮半島情勢に加え、海上での敗退という報に接した秀吉は、七月十五日の朱印状《しゅいんじょう》（花押の代りに朱印を押した文書）によって、当年中に明国境に迫るようにせよとした軍令を改め、まずは朝鮮半島内の支配を優先するように指示した。

（ト）　明の朝鮮救援決定、沈・小西会談による五十日間休戦の成立

しかし、開戦後四ヵ月を経た八月に入ると、五月初旬に決定した日本側の朝鮮統治計画は停滞し始めた。同年八月中旬、総大将宇喜多秀家、後見役黒田孝高、軍奉行石田三成らは前線の諸将を漢城に召集して、第二回目の漢城会議を開催した。

同会議では、秀吉の命令した明進攻計画は論議もされず、漢城死守と釜山から漢城を経て平壌に至る幹線路確保を当面の最大目標とした。この決定を受けて、石田三成たち軍奉行は本営の秀吉に宛て、前線日本軍の窮状を訴え、明への進撃は無謀な計画であることを説いた。すなわち、

—前線の軍には食料はなく、路（輸送路）を守る兵もおらず、無人の状態である。その上、占領地は安定していない。（明への）進撃は止めて占領地を固め、その政務に力を注いだ方がよい—〔一五九二（文禄元）年八月付、石田三成文書〕

前線豊臣軍の窮状を眼の当りにした三成たちは、リアルに苦戦の状況を秀吉に報告した。秀吉の朝鮮進攻の帰趨は、八月に帰着していたと言える。

明朝廷は同年八月、宋応昌を総指揮官（軍務経略）に、李如松を軍務提督に任じ、中央兵力を朝鮮に派遣することを決定した。一方、かつて倭寇であった人物と親しかったという沈惟敬《チェンウェイチン》という人物に、「京営添住遊撃」という官職を許し朝鮮に送り込んだ。

平安道を担当した小西行長軍は平壌で進撃を止め、和平の手がかりを探していた。八月二十九日沈惟敬と小西行長が初めて平壌城の近郊で会談し、日明間に五十日間の休戦協定が結ばれる。実際には明側が体勢を立て直すための時間稼ぎであった。

（チ）朝鮮側の抵抗、日本軍に兵糧問題

朝鮮側はいかなる和平にも反対、この間にも日本勢への反攻を続ける。当初順調にみえた咸鏡道支配ですら武力抵抗が見られるようになる。

木村重茲らの軍勢が十月六日、慶尚南道の晋州城《チンジュソン》を包囲した。全羅道経略にも展望が開け、朝鮮水軍を陸上から牽制して攻撃することも可能になると判断されたためである。しかし城方は数日間に及ぶ戦闘の後、遂に数万の日本勢を押し返した。この敗戦は日本側にとって朝鮮経略の失敗を象徴するものであった。

母大政所危篤の報により、七月二十二日に肥前名護屋を離れ京へ戻った秀吉は、十一月一日再び名護屋城に入る。この前後から、「来春三月御渡海」へ向けて侵攻の体制立て直しが図られた。具体的には船舶の糾合と兵糧米の集積である。十一月頃から朝鮮半島では兵糧問題が顕然化した。再び名護屋に入城した秀吉の下には、続々と兵糧枯渇の情報がもたらされる。

上陸からわずか二十日間で漢城まで侵攻してしまった日本軍だが、そこで大明国に一気に進むのではなく、まず朝鮮の八道経略を優先するという方針修正がなされる。朝鮮義兵によるゲリラ戦抵抗が始まり、「朝鮮士民の還住と生業復帰」が容易には進められないことが実感されたためと思われる。

とはいえ、この時期は抵抗がまださほどではなく、日本軍は全羅道を除く他の七道に進出、加藤清正に至っては、一旦は朝鮮の国境の豆満江を越えておらんかい（女真族）にまで進んでいる。その後抵抗が激化し、兵站補給も不足して兵糧問題を生じてくる訳だが、とにかく一五九二年内はこの最大進出領域を概ね維持し

たものと思われる。

秀吉の朝鮮侵攻での朝鮮義兵による抵抗の具体的な状況は、貫井正之著『豊臣政権の海外侵略と朝鮮義兵研究』、金洪圭編著『秀吉・耳塚・四百年─貫井正之「豊臣政権の朝鮮侵略と朝鮮義兵闘争」』に詳しく出ている。正面から戦いを挑んだ義兵は撃破されたが、ゲリラ戦を行った義兵は成功率が高かった。義兵による抵抗が広がるにつれ、日本軍の兵站線が各所で切断されていく。ただし、この朝鮮侵攻では「義兵将の多くは戦死し、生き残った将たちの処遇は、時の支配者たちから義兵闘争の成果は評価されたものゝ概して不遇であった」とのことである。

加えて、李舜臣の水軍の活躍によって、日本軍は日本から釜山への海上補給路を確保できているとも言い難くなった訳で、朝鮮軍の大多数が戦わずに逃亡していた当時にあって、なぜ李舜臣の水軍だけが日本に連戦連勝できたかについては、戦争開始前に李舜臣が船の整備や兵の訓練など適切な準備を行っていたという理由があった（金洪圭編著『秀吉・耳塚・四百年─朴容徹「壬辰戦争における朝鮮側の対応」』）。また、李舜臣の水軍の戦いぶりや水軍に参加していた人々などについては、北島万次著『秀吉の朝鮮侵略と民衆』に詳しく書かれている。

（二）明軍の参戦と講和交渉の開始

年が明けると明国救援軍との戦闘が開始され、状況が一変する（中野等著『文禄・慶長の役』）。

（イ）明軍との戦闘開始、日本は平壌を失い戦略を大幅に変更

一五九二（文禄元）年十二月二十三日、明の李如松《りじょしょう》は四万三千の兵を率いて鴨緑江を渡り、翌年一月五日には朝鮮政府軍八千余、義兵二千余と共に小西行長らの拠る平壌城を三方から囲んだ。七日黎明には明・朝鮮軍による総攻撃が開始された。日本側の兵力はおよそ一万五千程度、衆寡敵せず、その夜日本勢は夜陰に乗じて南方へと逃走、平壌を奪われることゝなった。

小西行長、宗義智らは南へ逃れ黒田勢と合流、共々小早川隆景、吉川広家らの拠る開城《ケソン》へ退く。しかし戦線を立て直す意味から、程なくこぞって漢城へ移動した。

晋州城《チンジュソン》攻略の失敗によって釜山―漢城のルート保持が危ぶまれるようになり、咸鏡道・江原道の軍勢には京畿道内への陣替えの命令が出される。朝鮮半島を全域的に支配しようとする戦略は放棄され、戦略の基本は漢城と釜山とを結ぶ経路の絶対的確保に移った。

（ロ）明軍も碧蹄館で敗戦して戦意喪失

漢城には一月二十一日までに、日本側のほとんどの軍勢が集結、その数およそ五万に達した。日明両軍は一月二十七日に漢城から北に十六キロほど離れた碧蹄館《へきていかん》で衝突した。この戦いで日本側は六千余の首級を挙げて勝利を得るが、深追いは避け夕方には漢城へ退いた。李如松は二十九日開城まで退く。この碧蹄館での敗戦によって、李如松は全く戦意を喪失し、漢城奪還の意思も消散し、平壌守備を名目としてさらに後退した。

（ハ）日本軍は幸州山城攻略に失敗し、漢城の兵糧問題が深刻化

朝鮮政府軍や義兵が集結した漢城西方約十四㎞に位置する幸州山城《こうしゅうさん》攻略が、二月十二日宇喜多秀家以下三万余の軍勢で行われた。切り立った断崖や狭隘な通路に阻まれての城攻めは困難を極め、兵を漢城へ退ける。日本側にかなりの死傷者が出る。朝鮮軍も幸州山城を守り抜いたものゝ消耗は甚だしく、漢城の北西部の坡《パ》州《ジュ》に退く。以後、朝鮮側の坡州からのゲリラ的な攻撃によって日本側は漢城郊外での活動が困難となり、城内では薪や秣《まぐさ》が払底し多くの軍馬が餓死した。

平壌の敗報は二月中旬頃名護屋に届いた。秀吉の「来三月御渡海」計画は直ちに再延期され、二月二十八日発給の朱印状で宇喜多秀家を現地の「大将」に任じ、開城付近を防衛線と考えて戦線の立て直しを計ろうとした。

三月に入ると、幸州山城の敗報などにも接したのか、秀吉は漢城からの撤退も已むなしと考えるようになる。尚州《サンジュ》までの後退を認める三月十日付の朱印状が出される。この頃になると厭戦気分は朝鮮半島だけのものではなく、肥前名護屋に駐留する諸将の間にも渡海を忌避し帰郷を願うような空気が生じていた。

（ニ）明軍と日本との講和交渉開始、日本軍は漢城から撤退

朝鮮半島では明軍の内部にも厭戦気分が漂い、三月頃から再び沈惟敬が日本側の小西行長と講和の可能性を探る。しかし、朝鮮側は国王以下一貫して講和には絶対反対の立場であった。

日本側支配の漢城は地獄の有様で、日本勢退却の二日のちに漢城に入った李如松が目にしたのは、「城中

の遺民は百に一・二で、その存する者は皆飢餓疲困、…人馬の死するもの相枕し、臭穢城に満ち、城の内外に白骨が堆積していた」という惨状であった。三月中旬に明軍の策略によって漢城の南にあった竜山館の積糧が焚焼し、城内の食糧事情は悪化の一途を辿り、漢城保持は殆んど不可能な状態であった。漢城での自滅、自壊を防ぐ手立てとしては、沈惟敬の提案を受け入れ休戦状態に持ち込むほか、日本側には選択肢はなかった。

旧参謀本部編『「朝鮮の役」日本戦史』によると、両国間の交渉は①明から講和使節を日本に派遣②明軍の朝鮮からの撤退③日本軍の漢城からの撤退④朝鮮の王子二名と従臣の身柄返還—の四条件が最終的な妥結内容とみてよいであろう。明軍は出来るだけ小さな犠牲で漢城を奪還し、日本は追撃を受けることなく南下できるという保証であった。

日本側は、明側から使節が派遣されることで、秀吉に対する説明も可能となる。講和使節の派遣は取りも直さず明の降伏を意味した。秀吉の軍勢は「征明」こそ果たせなかったものゝ、見事に明軍を「降伏」させた。しかし、講和使節なるものもでっちあげの偽物であった。

四月十七日、偽りの勅使二名を受け入れた日本勢は漢城からの撤退を開始。この行軍中には朝鮮の王子二名の姿もあったが、彼らはいずれも追撃を防ぐ人質としての意味合い。こうして、その場しのぎを偽りで粉飾したような講和交渉が開始された。

日本軍のこの戦略の変化の原因は、明国救援軍の参戦及び朝鮮の軍と義兵の抵抗拡大の結果生じた兵站維持すなわち戦線維持の困難化にあったと言ってよい。また、小西行長は、広い占領地域の維持は極めて困難という現実をよく承知していたので、秀吉からの指示通りではないのにも拘らず日明の現地合意を急いだと思われる。

（ホ）明使の名護屋への到来、七条件の提示

実質的な休戦が成立し、日本軍が朝鮮半島南端の沿岸部まで引き下がっただけでなく、在朝鮮日本軍自体が縮小されていった一五九三（文禄二）年末までの過程について見てみる。

明の「勅使」が漢城の小西行長の陣に入ったという注進状は、一五九三（文禄二）年四月末には肥前名護屋に到着する。五月上旬、秀吉は晋州の攻略を厳命し、更にその後全羅道進出を指示した。秀吉の基本姿勢は、漢城と北四道以外は自らの領域として確保するという強い意向であった。

漢城での交渉で沈惟敬が領土割譲に言及した際は、具体的には漢江以南を日本領とする内容であったとも言われている。〔南四道内の〕晋州城の攻略は、講和交渉と矛盾するものではなかった。現実的な計略対象は全羅道・慶尚道とに限定された。

五月十五日には、偽りの「明使」一行が肥前名護屋に到着。秀吉は六月二十八日付で、三奉行と小西行長に宛て〻「大明日本和平条件」を提示した。①大明皇帝公主の降嫁②勘合《かんごう》（明が諸外国との通交に於いて、正式の朝貢船に所持を義務づけた渡航証明書）復活③両国朝権の大官の誓詞④朝鮮への四道と漢城の返還⑤朝鮮王子・大臣人質⑥朝鮮王子二人返還⑦朝鮮国王の権臣《けんしん》の誓詞─など七条件を使節の離日に際して提示した。

晋州城陥落の報せに、明軍首脳は日本側の真意を厳しく問い質す。一方、小西行長は密かに朝鮮二王子の身柄を解放し、七月末両名を釜山から発向させ、八月中旬漢城に到着させた。明側が日本勢の完全撤退と二

王子の身柄解放を強く求めている旨、漢城の内藤如安（小西行長の家臣）が報せてきたため、一部でもその要求を容れることで交渉の破綻を避けようとしたのであろう。

（ヘ）晋州城攻略戦で大規模軍事衝突は終了

晋州城《チンジュソン》は六月二十一日から攻撃開始され、六月二十九日陥落した。明の使節が名護屋を離れた翌日に当たる。大規模な軍事衝突はこの晋州城攻略戦をもってひとまず集結した。

こゝに至るさまざまな戦闘を総括するに、ルイス・フロイスの言によれば「兵士と輸送員を含めて十五万人が朝鮮に渡った。そのうち三分の一に当たる五万人が死亡。しかも敵によって殺された者はわずかであり、大部分の者は労苦、飢餓、寒気及び疾病によって死亡した。朝鮮人の死者と捕虜、その数は日本人のそれとは比較にならぬほど膨大であった。なぜならば、都その他の地方に連れて行かれた者を除き、この下（＝九州）にいる捕虜の数は数え切れぬほど多いから」ということである。

すなわち、最終的な渡海人数は十五万人を少し下回るくらいで、凱旋計画で日本に帰還する将兵は約五万人、そのまゝ朝鮮半島での在番に移行し帰還将兵には含まれない人数を四万人程度と仮定すると、朝鮮で消息を絶った者の数は六万人を超える。逃亡、投降した者を除いた戦没者は五万人強である。朝鮮士民の犠牲者は「日本人のそれとは比較にならぬほど膨大であった」とする他ない。

（ト）「御仕置の城」の普請と将兵五万の帰還

晋州城陥落を受けて、日本勢は朝鮮で「御仕置の城々」の普請を開始した。晋州陥落後の秀吉の朱印状によると、「御仕置は、領地を相抱えらるべきためにはこれなく」という理由から、内陸部ではなく沿岸部の然るべき所に設けられた。

答礼使として明へ向かった小西行長の家臣内藤如安が講和交渉の結果を持ち帰るまでの間、九州、中四国の諸大名は半島沿岸部に設けられた仕置きの城で在番を続ける。この段階で設けられた日本型城塞は、釜山を中心として左右両翼に展開した。今日「倭城」と通称されている。要となる釜山浦には本城の他いくつかの端城がある。仕置の城の建設に費やされた期日は半年程度である。ほぼ同時に並行して構築した。一連の城塞工事が、かなり過酷な条件のもとで遂行された。酷使されたのは日本人の軍卒、圧倒的多数に及ぶ朝鮮士民である。

一方、「御仕置の城」の警衛から外された諸将は日本へ帰還した。帰還が許されたのは東国勢や「奉行衆」「御小姓衆」などの他、宇喜多秀家、細川忠興らの軍勢で、将兵の数は都合五万人に及んだ。一五九三（文禄二）年九月上旬までには最終の奉行衆も帰還を果たした。

（チ）明軍も朝鮮から撤退

明への答礼使または講和交渉を進める使節として、一五九三（文禄二）年六月二十日に釜山を発った小西行長の家臣内藤如安は、七月七日に漢城に入る。これを受けて明将李如松は漢城を発して帰途につき、八月には明兵三万人も漢城を発ち、九月には鴨緑江を越えている。

内藤如安も九月には明国に入ったが、ほどなく古代より遼東に於ける中華帝国の軍事上の重要都市である遼陽で足止めされる。年末からは忠清南道の熊川《ウンチョン》に於いて小西行長と沈惟敬が会談、沈惟敬は小西に対して

資料１３　倭城（西生浦城）

「関白降表」すなわち明皇帝に上表する秀吉の降伏文書の作成を要求したと伝えられる。

この頃の秀吉が朝鮮南四道の領有を講和の条件にしていたということからすれば、秀吉は、大明国まで進むことは非現実的と了解したものゝ、依然海外での領土獲得という戦争目的は維持していて、その対象地域を朝鮮の南四道に変更しただけであったと言えるように思われる。ただし、秀吉の七ヵ条の和平条件は「握りつぶされた」ようである（北方万次著『秀吉の朝鮮侵略と民衆』）。


他方、この期間の日本側の実際の行動として、晋州城は攻略したものゝ、南四道どころか全羅道、慶尚道の経略すら具体的には実施していないこと、また「御仕置の城」の立地でも内陸部には一ヵ所も選定せずに、結局全部隊を沿岸部の、而も割合に狭い地域にまで後退させていることは、目的である「領有」を実現するための合理的な行動とはとても思われない。秀吉が本当のところは何を考えていたのかが分かり難いように思われる。

（三）休戦状況から講和交渉の決裂まで

こうして、一五九三（文禄二）年の六月には大規模な軍事衝突も終わり、以後三年ほどは休戦の状況となる。

また中野等著『文禄・慶長の役』に戻り、休戦状況下の朝鮮国内及び在番日本軍の状況を確認したい。

（イ）朝鮮の著しい飢餓状況

明暦の十月一日、朝鮮国王宣祖が漢城へおよそ一年半ぶり帰還した。宮殿は既に焼亡していた。大規模な戦闘は収束したものゝ、朝鮮全土には飢餓が蔓延し、加えて民衆は軍糧輸送などの労役が課せられた。『懲毖録《ちょうひろく》』（註参照）によれば、「老弱の者は溝に転がされ、壮者は盗賊となり、そのうえ伝染病が流行して、（罹病者は）殆んど死亡してしまった。父子、夫婦の者が相食み、野ざらしになった骨が野草のように打ち捨てられていた」。

国土を蹂躙された結果、文禄二年の朝鮮は深刻な飢饉に襲われ、この飢饉は数年継続する。飢えをしのぐために人肉を食らうという深刻な飢餓状態は文禄三年まで続き、とりわけ京畿道と忠清、全羅、慶尚道の下三道が厳しい状態であった。

（註：十七世紀前後に書かれた李氏朝鮮の史書で、著者は同王朝の宰相柳成龍。文禄・慶長の役を記録したもので、重要な資料として韓国の国宝第百三十二号に指定されている）

（ロ）在番日本軍の状況

ルイス・フロイスの著書『日本史』によると、「彼の地で日本人たちが経験した労苦、貧困、極度の食糧不足、疫病、不便は疑いもなく計り知れないほど」であった。

小早川隆景に従って渡海した経験を持つ梨羽紹幽の証言によれば、「近隣の集落を襲って乱取りや刈り田、あるいは朝鮮民衆が秘匿しているものを暴き出して収奪するといった手立てによって不足分の兵糧は補填。在番日本勢が襲おうとする朝鮮社会自体が既に飢えていた。在番将兵がその日常を維持することも決して容易ではなかった」としている。

日本からの軍勢は水当たりによって多くの病死者が出、さらに冬季になると朝鮮半島の厳しい寒さが日本勢を襲い、多くの将兵が凍傷で手足や耳などを失っていった。こうした状況下、将兵の逃亡が相次ぐ。将兵の陣営離脱問題は、既に政権中枢のレベルでも充分な認識がなされていた。逐電将兵が日本へ逃げ戻るとは限らない。明、朝鮮軍へ投降する者たちも多かった。

一五九四（文禄三）年、備蓄米を新米と入れ替えることを前提に、在番将兵の糧食として流用することが認められた。城米の入替は十月末から十一月初頭にかけて完了。「半分」ないし「三分の一」召し置き、在番将兵の一部帰還が認められる。秀吉は明後年、つまり一五九七（慶長二）年には軍勢の再渡海、さらには関白秀次の名護屋出馬を表明し、この再派兵を支えるため改年後早々に更なる「御兵糧」廻漕を実施する計画であった。

秀吉が始めた朝鮮侵攻が朝鮮では極めて深刻な飢餓状態を惹き起こしていたこと、在番していた日本軍側の状況も将兵の陣営離脱を生じさせるほど深刻であったこと、がよく分かる。

領有する、という目的達成のためには、むしろ日本から糧食を大量に送り込んで兵糧の不安を解消するだけでなくそれを経略に役立てる、といった方策が試みられる必要があったように思われる。そうしていれば将兵の離脱防止になっただけでなく、朝鮮士民の懐柔、義兵運動の鎮静化にも多少は効果があったのではなかろうか。

現実には、そのような目的達成に整合性の高い対策は全く採られていなかった。そうであれば、この時期の秀吉は、建前上は朝鮮南四道の領有を主張し続けながらも、実はそれが実現困難で取り下げざるを得ない課題であることを分かっていた、という推定が成り立つようにも思われる。

中野等著『文禄・慶長の役』から、一五九五（文禄四）年の講和交渉と、その決裂の結果としての秀吉の再派兵の決断を見てみる。

（ハ）明国使節派遣の正式決定

一五九五（文禄四）年に入っても、日本では明国に派遣した内藤如安に関する何らの消息も得られず。正月十五日付の「高麗国動御人数帳」では、合せて十六万人が再び朝鮮半島へ投入される計画がなされた。

明側では日本の降伏という「結末」によって戦争の終結を計ろうとした。恐らく「関白降表」を携えることで、内藤如安はようやく北京への入城を許された。内藤如安が北京に入ったのは一五九四（文禄三）年十二月初旬、ほどなく明国使節の日本派遣が決定した。明からの使節派遣の報を受けて、秀吉は新たな派兵計画の撤回を決断する。

一五九五（文禄四）年四月下旬、正使・李宗城の意を受けた沈惟敬が釜山に入り、小西行長との間に面談がなされた。こゝで明国皇帝の使節派遣が正式に日本側に告げられたと思われる。

（ニ）秀吉の和平条目の構想

こうした動きを受けて、秀吉は一五九五（文禄四）年五月二十二日付で「大明・朝鮮と日本和平の条目」を発した。それは①朝鮮王子一人の人質、朝鮮八道中四道は日本に帰属するもその朝鮮王子の封地とする②

日本の軍営十五城のうち十城の破却③勘合復活—であった。

すなわち、朝鮮国服従の証として日本に至った朝鮮の王子は、ほどなく秀吉によって「大名」に取り立てられ、その封地として朝鮮の南四道を与えられるというものであり、異国を服従させ海外に領土を拡大したという名分を保ちつゝ、実態としては朝鮮半島の南四道を朝鮮王朝の王族が支配する形が構想された。

翌五月二十三日付で秀吉は、朝鮮半島に於ける日本型城塞の過半についてその破却を命じる。講和に至る環境整備である。結果的には九州の諸大名のみが朝鮮半島に留まり、残された城塞を護る。十月段階で拠点としての残存が確認されるのは「城六ヵ所」である。

一五九五（文禄四）年七月三日、豊臣秀次は秀吉から謀叛の疑いをかけられて関白と左大臣の官職を剥奪され、高野山に追放され自刃した。

（ホ）明国使節・朝鮮使節の来日

一五九五（文禄四）年九月、明国使節一行は漢城を出発、副使の楊方亨は十月、正使の李宗城は十一月に釜山に到着した。一五九六（文禄五）年四月二日、正使の李が日本側の陣営から逃亡し、副使であった楊方亨が正使に「格上げ」され、新たな副使には沈惟敬が就いた。六月半ば、楊方亨は釜山を発って対馬に至った。

また、朝鮮からの使節として正使・黄慎、副使・朴弘長がこれに従う。元来、朝鮮王朝としては和平に反対で、交渉そのものについても中止し打ち切るべきであるという立場であったが、明廷からの圧力もあって朝鮮の主体的立場は放棄を余儀なくされた。

秀吉は伏見城で使節を迎える予定で準備を進めていたが、七月十二日の深夜に畿内一帯を襲う大地震が発生。八月中旬には明国及び朝鮮の使節が堺に到着するが、地震の被害は極めて甚大で、結果的に明国勅使との対面は大坂城で九月朔日に変更された。

（へ）和平の決裂、秀吉の再派兵決意

大坂城での謁見自体は無事終了した。しかし、堺に戻った明使の歓待の際のやり取りが、和議決裂の引金になった。秀吉が遣わした僧侶たちに、明使は日本側城塞の完全破却と軍勢の撤退などを要求する書翰を言付け、これを知った秀吉がひどく激怒した。

ただ、秀吉の怒りの鉾先は明国ではなくむしろ朝鮮に向けられる。王子の不参を含め朝鮮側の講和への「非協力的」な対応に秀吉は激しく立腹し、朝鮮使節との対面を拒んだ。

［秀吉の］権威を維持し政権の命脈を保つ上では、朝鮮半島に領土を確保することが不可欠であり、秀吉としては単に名目のみの海外領土でも構わなかったが、明側の態度はそれすらも許容しないものであった。朝鮮国王の王子は、降伏の証として来日を要求され、秀吉に近事《ごんじ》したのち朝鮮南四道を宛がわれることになっていた、いわば講和成立の「鍵」となる存在であった。こうした重要な役割を担うべき人物の不参は、それだけでも大問題であった。秀吉は対明関係については一旦成立した「友好」を保ちたいと考えていた。豊臣政権は講和交渉破綻の責任を一方的に朝鮮側に帰し、朝鮮半島への再派兵を命じる。

秀吉は、明と朝鮮の使節が来日した段階では侵攻の無理は既に判っていて、とにかく明と和平を結ぶこと

を目的としていた。小西行長はしっかりと秀吉の意向を踏まえて明と交渉していたと言われている（熊本県宇土市教育委員会編『記録集 小西行長を見直す』、鳥津亮二著『小西行長―「抹殺」されたキリシタン大名の実像』）。

（ト）和平決裂、再派兵は避けられなかったのか？

交渉決裂の最大の原因は、朝鮮王朝の判断にあったように思われる。朝鮮王朝側はもともと講和には反対なので朝鮮国王の王子を連れてくることもなく、秀吉のヘソを曲げさせたという点では首尾一貫していたとも言える。

ただし、朝鮮王朝は秀吉に圧力をかけられるだけの自前の軍事力を欠き、日本軍を駆逐する能力はなかったのだから、講和反対論を徹底主張しても被害を増やすだけで目標達成の現実性がない訳で、逆に日本軍には再派兵の能力があり、再派兵されゝば被害は一層拡大する訳である。朝鮮王朝側が判断する際、日本からの再派兵、戦乱再拡大のリスクを考慮に入れていたのかどうか。リスクを考慮することなく、とにかく正邪論的な判断に凝り固まってしまっていたのではないかと思われる。

そもそも侵攻が起こるのか起こらないかの判断でも、朝鮮王朝は希望的観測から侵攻は起らないと決め込み、重大な判断ミスを犯した。加えてこの和平交渉での判断ミスである。二つの重大局面でどちらも判断を誤った、と言わざるを得ないように思われる。

戦乱再拡大を生じさせないよう、秀吉のメンツを名目上だけ多少は立てる解決策を朝鮮王朝側も工夫していたなら、慶長の役での朝鮮侵攻再発はなかったであろう。そうなっていれば鼻斬りも起こっておらず、朝鮮の悲劇を縮小できていた可能性が十分にあったように思われる。

（四）慶長の再侵攻

秀吉が再派兵を決断した結果、再び朝鮮侵攻が行われる。慶長の役である（中野等著『文禄・慶長の役』）。

（イ）再派兵の決定～朝鮮との和平交渉決裂

一五九六（文禄五）年九月、秀吉は朝鮮半島への再派兵を決定した。再派兵の当面の目的は、全羅道の制圧、その後忠清道その他への侵攻である。慶尚道には、講和交渉期も沿岸に日本側の在番が継続していた。朝鮮政府は日本の再派兵を知り、明朝廷に対して再び救援要請し、明朝は援軍を決定した。

一五九七（慶長二）年正月に朝鮮に再上陸した加藤清正と、朝鮮側の「義僧兵」の総指揮官惟政《いせい》との間で、三月下旬から三度折衝が行われた。清正は改めて朝鮮の日本への服従を要求、具体的には、王子一名の来朝か、もしくは貢物の献上のいずれかを提案した。しかしこの和平交渉も決裂し、こうした成り行きを受け、秀吉も遂に軍勢の侵攻を命ずる。

（ロ）巨済島海戦

慶長の役に於ける最初の大規模な衝突は、七月十四～十六日の巨済島《きょさいとう》海戦（漆川梁海戦）である。日本側の勝利で、この海域の敵船は残らず焼き捨てた。この海戦で朝鮮水軍の三道水軍統制使・元均《げんきん》も戦死した。

（ハ）南原城攻略、日本軍は略奪と鼻斬り

八月に入ると、日本の軍勢は二方向から全羅北道の南東部にある要衝南原《なんげん》を目指す。行軍の途次、日本の軍勢はさまざまな侵掠行為を行った。従軍真宗僧の日記に「人に劣らじ負けじと物を盗り、人を殺し、奪い合う」とあるが、更に放火、拘引、殺戮と、まるで地獄絵のような戦場の実態であった。

日本側は八月十二日から南原城の包囲を開始、十五日の夜襲によって南原城を陥落させた。この戦いで明・朝鮮連合軍は甚大な被害を受けた。「城中前後の死者、殆んど五千余」。明・朝鮮軍は「南原既に陥つ、しかして全州以北瓦解す」という事態であった。南原城陥落についての秀吉の「感状《かんじょう》」には、それぞれの部将の軍功の証として「鼻」が届けられたことが記してある。

全州の守将は遁走し、小西行長ら左軍は八月十九日、戦わずして全州《チョンジュ》入り。数日後、右軍の諸将も合流し「全州会議」が行われた。この後、右軍の主力は北進して忠清南道中央部に位置する公州《コンジュ》方面へ。左軍は南下して全羅道経略を開始した。

こうした行軍の途中でも残虐行為は続き、「行く道すがら、路次も山野も男女のきらいなく切り捨てたるは、二目とも見るべき様なきなり」とされる。

（二）李舜臣朝鮮水軍の撤退、陸上では全羅道・忠清道制圧戦

南原城陥落後、藤堂高虎らが水上での作戦を担当する。船手の諸将は、陸上での左翼と呼応して全羅道の南岸を西に進もうとする。朝鮮水軍では李舜臣が再び水軍統制使となり、反攻の体制である。双方の水軍は九月十六日に鳴梁《めいりょう》海峡で衝突したが、朝鮮水軍が根拠地及び制海権を放棄し撤退した（鳴梁海戦）。日本水

軍は水路に不案内なため、帆を上げて戦場を離脱する朝鮮水軍を追撃することは行わなかった。これにより朝鮮水軍の撤退した鳴梁海峡は、日本水軍の制圧下に置かれた。

一方、毛利、黒田らの軍勢は北上を続ける。目的は、秀吉が講和条件として提示した朝鮮南四道の割譲を実態化することである。九月七日、忠清南道の稷山《ショクサン》の西で黒田勢は明軍と遭遇、毛利勢も加わったため明軍は水原《スウォン》まで撤退した。毛利、黒田の軍勢は九月十日に安城《アンソン》に入り、更に竹山《チュクサン》付近を掃討して、再び忠清道に戻る。

この後、毛利、黒田は加藤清正と会し、南下を決定する。これを受けて諸将は沿岸地域の拠点まで退き、全州での合議に従ってそれぞれの城郭の築造に着手した。

（ホ）朝鮮民衆への軍政、拉致・拘引

宇喜多、小西、島津らに長宗我部、鍋島、吉川らを加えた左軍は、全州を発し忠清道へ向かい、行軍の途中に鼻削ぎや拘引を盛んに行った。九月十六日に左軍の諸将は全羅北道の南部の井邑《チョンウプ》で軍議、全羅道の制圧をはかるべく軍を展開した。また、「海陸共に撫で切り」という殲滅戦は退けられ、一般の朝鮮民衆（土民、百姓）に居邑への還住を促す一方、「上官」たるものに対しては仮借ない殺戮の方針をとり、指導者層を根絶やしにすることで義兵活動のような反攻の芽を摘もうとした。島津忠恒が駐留した全羅南道海南《ヘナム》にあっては、大量の朝鮮民衆が山から降りて恭順し、更に彼らが「上官」の隠伏情報を日本側に提供するに至ったという。

資料１４　京都方広寺（鼻供養）

一五九七（慶長二）年九月二十八日、秀吉は京都方広寺で僧侶四百名による大々的な「鼻供養」を行なった。導師・西笑承兌はこれを秀吉の慈悲心の発露というが、真意は戦意高揚、戦勝を記念したイベントであった。しかし、この頃前線では日本軍の敗走が始まっていたのである。

（へ）略奪していった人、物と朝鮮文化

十一月二十九日付の秀吉の朱印状には、「今度朝鮮人捕え置き候うち、細工仕り候者、並びに縫官《ぬいかん》・手の利き候女有るに置いては、これを進上あるべく候」とあり、秀吉は細工人や縫官女の献上を求めた。

秀吉の時代、日本は戦国の動乱を経て武力に長け、武器などの戦争技術は進んでいたが、文化に於いては朝鮮の方がずっと先進国であった。知的水準もまた朝鮮の方が上であった。

南原の一帯は白磁を焼くのに質の良い白土が出たため、陶磁器の中心地であった。こうした陶工たちを日本の大名たちは競うように日本へ連行した。島津義弘によって連行された陶工がのちに薩摩焼を立ち上げたように、西南諸藩に於ける、のちの有田焼、伊万里焼、唐津焼、豊前上野《あがの》焼、筑前高取焼、平戸焼、萩焼などの陶磁器文化開花の要因になった。鍋島直茂が持ち帰った異国情緒豊かな染色技術による鍋島更紗や、長宗我部元親の豆腐の製造技術導入、また、僧侶・縫官女・少年少女たちの拉致など、当時の朝鮮の文化とその担い手を根こそぎ略奪したのである。

文禄期の侵攻時は、少なくとも原則的には朝鮮士民の拉致や拘引は厳に戒められていた。しかし慶長期は朝鮮人の拉致、拘引を体制として承認もしくは容認していた。慶長の役に於ける朝鮮の人的被害はきわめて甚大なものとなった。鄭希得《ていきとく》の著書『月峯海上録』（月峯は鄭希得の号である）によると「丁酉再乱（慶長の役）に於ける三南地方（慶尚・全羅・忠清道）の被虜人は壬辰倭乱（文禄の役）に十倍す」とされ、感覚的な比較であろうが被害の大きさが看破される。

加藤清正ら軍勢の軍中の僧慶念が見たのは人買いに奔走する日本商人の姿であった。彼らは軍勢の後に従って朝鮮の老若男女を買い集めていった。大河内秀元の著書『朝鮮記』には「人取り」の他にも、いろいろな物品の略奪に関する記事がある。

宣教師フロイスの著書『日本史』には、朝鮮に武将たちを送る下支えとして動員された水夫や下賤の者たちが、貧困の苦痛から逃れようと戦いをそっちのけで戦利品で私腹を肥やそうと略奪を欲しいまゝにした、とある。

実は朝鮮侵攻戦争に従軍したのは将兵だけではなかった。いやいや動員された農民、漁民らが大勢いた。本来は非戦闘員と言えるこの者たちは、水夫として船を動かし、農民は攻城の際などの土木要員として従軍させられていたのである。

だから従軍大名から従軍農漁民までもが、人さらいに血眼になったのである。人さらいはこうして組織的にも、また物欲に凝り固まった人々の個人的動機によっても大々的に、また公然と行われたのである。

こゝで人さらい戦争とも言われた秀吉の侵攻戦争の実態を直視してみよう。

日本に連行されてきた人々のうち、最大の悲劇は何と言っても奴隷としてヨーロッパなどへ売り飛ばされた人々である。

長崎、平戸、博多の港には奴隷市場が出来た。十六世紀、大航海時代を迎えて植民地帝国のポルトガル商人たちはアジアに殺到した。銀と奴隷を求めてである。利益になると見た日本の商人もこれに結託して、膨大な数の朝鮮の人たちが主にポルトガル人の手を通してマカオ、インドを経てヨーロッパに売られた。奴隷は日本では、男は炭鉱の坑夫として、女は遊女、飯盛女として売り飛ばされた。なぜ朝鮮の人々を奴隷として売り飛ばしたのか。それは、日本人の身代わりと言える側面を持っていたからである。

秀吉は自ら縫官など手先の器用な人の略奪を命じ、自ら人さらいを奨励する事になった手前、ポルトガル商人を中心とした、日本人が大介入した奴隷市場を見て見ぬふりをしたのであろう。

朝鮮侵攻の再乱で虐殺の地となった南原の府使・柳夢寅《リュウモンイン》が、再乱終結十四年後の一六一二年に書いた実話小説に『紅桃伝《ホントジョン》』がある（金洪圭編著『秀吉・耳塚・四百年―楠戸義明「略奪していった人、物と朝鮮文化について」』）。

―夫婦はあの南原城の戦乱で引き裂かれた。妻は日本軍に捕らわれて九州に連行され、奴隷船に売り飛ばされる。夫は生きるために故郷を捨て、明軍について浙江省に行き、主人に仕えた。港に入って来た船から聞こえてくる悲しげな笛音に男は息を飲む。遠く船上の人影を見詰めれば、男装しているが紛れもなく妻が故郷を偲び吹く笛の音であった。男が主人に頼んで金を出して貰い、奴隷船から妻を取り戻して、やがて故郷に帰る物語である。

この物語は、戦争の恐怖が未だ心に沁みついた朝鮮の人々の心を揺さぶらずにはおかなかった。そして悪夢の戦争に消えた戻らぬ肉親、また友を偲んで、悲しくも辛い思いを読む人に蘇らせるベストセラーになったのである――

日本が略奪したのは、「人」と「技《わざ》」だけではなかった。「物」もまた奪った。その数は計り知れない。秀吉の義母・朝日の遺品に李朝の壺と香炉、千匹猿を彫った桜桃の実、五百羅漢の天竺菩提樹数珠がある。これらは朝鮮から持ち帰り秀吉に献上された品々である。こうした品々は、渡海した大名家に数多く残されている。

秀吉を始め各大名は虎を珍重した。秀吉はその肉が老化防止に良いとして送らせもした。また毛皮を喜んだ。武将たちは、余暇と戦闘訓練を兼ねて虎狩りに懸命になった。

朝鮮から様々な物が日本にもたらされたが、この中で眼にあまったのは文化財の収奪である。先にも触れたが、当時、日本と比べ朝鮮は文化の先進国であった。

おびただしい書籍が日本に運ばれてきた。秀吉の侵攻以前に朝鮮で出版された書籍の大部分が日本にあると言われる。

朝鮮本は関ヶ原の合戦後、秀吉、更には西軍の武将の下にあったものを家康が没収した。家康はこの書籍の一部を京都の伏見学校や足利学校に寄贈し、僧侶にも与えた。しかし多くは将軍のいた江戸城の富士見亭文庫と自分が隠居した駿河文庫に所蔵した。

印刷技術もまた、朝鮮から奪ったものである。朝鮮では、中国は勿論、ドイツのグーテンベルグよりも二百年も早い一二三四年に、銅活字版よる本『詳定古今礼文』五十巻が印刷された。十五世紀には「鋳字所」

が設けられ、木活字で鋳型を作り、そこに溶かした金属を流して出来た数十万個の活字が生まれ、多くの書籍が印刷されたのである。

仏教への親交が厚い日本の武将たちは、また優れた仏画も略奪してきた。経典もまた朝鮮の寺々から奪われた。

日本軍はこの侵攻戦争で、目に触れるありとあらゆるものを奪い取って帰国した。扁額、朝鮮鐘、更には門、石橋までも略奪したとされている。

秀吉の侵攻戦争は、朝鮮文化を根こそぎ日本へ運んだ「文化の略奪戦争」でもあったのである。

（ト）日本軍は沿岸地方で越冬体制に

一五九七（慶長二）年十月中旬頃から沿岸地方に移動した日本の軍勢は、越冬の駐留拠点となる城塞の普請にかかる。新たに築かれる城は、東から蔚山《うるさん》城、梁山城、昌原（馬山）城、唐島瀬戸口（見乃梁）城、固城城、泗川城、南海城、順天城の八城である。既存の西生浦城・釜山城・金海竹島城などは増強修復された。

慶長の役に従軍を強制された豊後臼杵の真宗僧侶・安養寺慶念の『朝鮮日々記』によると、蔚山城の拠点普請は昼夜を問わず突貫工事で行われ、喧騒で夜も眠れない事態とされ、工事には鉄砲衆から船子、人足に至るまであらゆる労働力が動員された。油断すれば暴行を受け、また敵の攻撃を受ける。ミスを犯した者は首を刎ねられ、更にその首が晒されるようなこともあり、朝鮮の被虜人たちは過酷な使役を余儀なくされていたと考えられる。味方の陣営から逃亡する者も相次いだ。

（チ）明・朝鮮軍による蔚山城への攻撃の失敗

日本の軍勢が南方・沿岸部へ退いたことを知った明・朝鮮軍は、蔚山を攻撃すべく軍議した。蔚山城は普請工事の真っ只中であり、勇猛をもってなる加藤清正の軍を破ることで日本側の戦意を挫くという意図である。

明・朝鮮軍は十二月二十一日夜半に蔚山の北方に到着し、二十二日未明、蔚山城に攻撃の第一波がなされた。この攻撃によって蔚山の城外の守りは崩れ、城方は惣構えの内に退く。西生浦《ソセンポ》に居て急を聞いた清正は、わずかな供を従えただけで二十二日の夜、蔚山城に到着する。包囲を固めた明・朝鮮軍は二十三日以降、連日の攻撃を繰り返した。城内の兵糧や水の欠乏で城方から投降する将兵も出、城内は次第に「地獄」の様相を呈し、馬を殺し、焼けた米を拾って食べる、食べ物の代わりに紙を食む有様であった。攻城軍からの降伏勧告に二十九日、清正は交渉に応じることを決断した。

ところが救援の日本軍勢が陸続で西生浦に集結し、城方も士気を回復する。明軍は救援軍の遮断を試みるが失敗、翌年一月四日の総攻撃も城方によって撃退される。明軍は攻略を諦め、兵を収める決断がなされ、逆に退路を断たれることを恐れて逐次退却を開始した。これを察知した籠城軍は、明・朝鮮軍の追撃を開始し、退却する明・朝鮮軍は大混乱に陥る。蔚山攻防戦での明・朝鮮軍の死者は二万人、負傷者も数千人に達したと言われている。明・朝鮮軍を指揮する楊鎬は日本側の追撃を恐れ、結局は漢城に帰還する。

（リ）日本軍の陣容立て直し

蔚山籠城戦の経験を踏まえ、宇喜多、毛利、蜂須賀、生駒、藤堂らの諸将が協議したのが一五九八（慶長三）年一月下旬のことである。城塞網の最も外側に位置する蔚山城・順天城・梁山城の三ヵ所を放棄して、拡がりすぎた城塞網をコンパクトに縮小する方針が検討された。

二月に入ると、加藤清正や小西行長らはそれぞれ和平交渉を模索し始めた。清正は、文禄の役後の和平交渉は無効と考え、こゝでの交渉は日・明・朝鮮の三国間で行うとしたのに対し、行長は、先の講和はそれなりに有効であると認識し、当面の和平交渉は日本と朝鮮の二国間で行うとの考え方であった。

現地からの報に接した秀吉は激怒し、三ヵ所の城の放棄を受け入れず、五月に入って蔚山城の修復も目途がつくと、東海岸の拠点構成について新たな布陣を発表した。亀浦《クポ》城一ヵ所が破棄されて連鎖的な移動がなされ、かなりの将兵に帰還命令が出された。しかし未だ、翌年（慶長四年）を期して大規模な派兵を実施するという目論見は堅持された。

（ヌ）明・朝鮮軍側は再攻勢の計画

一方、明・朝鮮軍が大挙して攻勢に転じようとする。日本の軍勢が相互に救援できないように、分散して日本側の拠点を攻略する計画である。

東路軍（明兵二万四千人、朝鮮兵五千五百人）は蔚山《ウルサン》、中路軍（明兵一万三千人、朝鮮兵二千三百人）は泗川《サチョン》、西路軍（明兵一万三千六百人、朝鮮兵一万人）は順天《スンチョン》に向かう。各軍は八月、それぞれ慶州、星州《ソンジュ》、全州に到着した。また、明軍の水軍は七月中旬の段階で、全羅道の康津《カンジン》湾頭に位置する古今島《コグムド》で朝鮮の李舜臣と合流した。

（五）秀吉の死

一五九八（慶長三）年八月十八日、秀吉はその生涯を閉じる。秀吉没後の豊臣政権は、その死を隠したまゝ朝鮮との和議を締結することでこの戦争を終結させるという選択を採ろうとする。ただし、和議の内容は朝鮮王朝の日本への服従を想定したものであった。

九月に至り、重臣連の連署状では和平交渉の推進役としてまず加藤清正が指名され、和条件の第一はやはり朝鮮王子の来日であったが、多少の調物《みつぎもの》でも構わない、ともかくも日本の外聞が起つことだけに配慮された。日本側としては、本格的な冬を迎えないうちに全将兵の撤退を完了させたかったのである。

（イ）明・朝鮮軍による順天・泗川への攻撃

小西行長の拠る順天《スンチョン》新城は三方が海である。十月二日の早朝から水陸三方面からの攻撃に曝される。しかし、城方の力戦によって陸上の攻城軍は撃退され、水軍の夜襲も失敗した。

島津義弘・忠恒父子が拠る泗川《しせん》新城も三面が海である。中路軍は十月上旬を期して総攻撃を開始した。だが、ここでも島津勢の守りが固く、反攻によって結果的に攻城軍は崩れ、新城の包囲を解いて退却を開始した。島津勢はこれを追撃して明・朝鮮軍に打撃を加えた。ただし、この後も明・朝鮮軍は遠巻きに島津勢包囲を継続し続けた。そのため戦闘の直後から泗川から撤兵を計るため、島津義弘は城外の明軍と交渉を開始せざるを得なかった。

（ロ）本国からの撤退指示、釜山浦への集結

前線の将兵に秀吉の死を伝えるため和平案を携行して朝鮮に向かった徳永寿昌、宮木豊盛は、十月上旬に釜山に入る。両名は泗川の島津義弘、順天の小西行長、更に蔚山の加藤清正を訪れ、十一月十日までに釜山

まで撤退するように指示を与えた。

蔚山・西生浦・梁山《ヤンサン》・竹島など東部方面に展開していた日本の軍勢は、十一月中旬から漸次釜山浦へ集結した。これに対し、西部方面の泗川や順天ではその後も両軍対峙し続けた。泗川の撤兵交渉は、島津方が明兵捕虜数百を送還すれば、明軍も撤兵路の確保に応じるという形で成立し、更に撤兵に際して追撃を逃れるため明軍の人質を要求し、明側はこれを認めた。十一月十七日、島津軍は泗川新城を離れる。

朝鮮水軍を率いる李舜臣は、和平には徹底的に反対の立場であった。明・朝鮮の水軍は再び順天沖に進出し、日本側の帰路遮断を試みる。一方、島津義弘・忠恒父子、宗義智、立花宗茂らは巨済島まで撤退していたが、小西行長が未だ順天から動けないでいることを知り救援に向かう。十一月十八日、日本側と明・朝鮮水軍との朝鮮出兵最後の会戦「露梁津海戦《ろりょうしんかいせん》」が行われた。この激戦のさなか、朝鮮水軍の名将李舜臣は陣没、日本側も島津軍がとりわけ甚大な被害を蒙るが、宗、立花勢の支援を受けてようやく巨済島に退く。海上封鎖の隙間をぬって小西行長の将兵撤退も完了し、日本軍は釜山浦に集結する。

（八）日本への帰還

対明・朝鮮交渉に何の進展もないまゝ、日本の軍勢は十二月にかけて浅野長政、石田三成らが待つ博多へ帰還する。十一月二十三日には日本勢は釜山の城塞を自焼して、加藤清正らが朝鮮を離れた。次いで二十四日には毛利吉成らが、二十五日には小西行長、島津義弘らも釜山を発した。島津氏の博多着岸が十二月十日、翌十一日には小西行長らも帰着している。

秀吉のメンツだけの問題で開始された再侵攻では、「鼻斬り」や拉致、拘引などの残虐行為が、最初の侵攻と比べ著しく増加してしまった。朝鮮側の強い反日感情の原因として、秀吉の責任は重大であったと思われる。

結局、秀吉が死んで侵攻は中止された。もしも秀吉がもう五年、十年と長生きをしていたら、どうなっていただろうか。

二　秀吉の死後

A　朝鮮侵攻の戦後処理

一六〇六（慶長十一）年十一月、対馬藩は家康の偽造「国書」と共に、「豊臣秀吉による朝鮮出兵の際に王族の墓を暴いた犯人を差し出せ」という朝鮮からの請求に応えるため、対馬の罪人を犯陵賊（陵墓を暴いた犯人）に仕立て朝鮮側への引き渡すという講和条件を整え、ようやく朝鮮から日本への使節派遣が決定された。

翌年、朝鮮の「回答兼刷還使」が大阪、京都を経て江戸に入り、五月六日には将軍秀忠に接見して朝鮮の国書を渡し、日本と朝鮮との戦争状態にも終止符が打たれた。

また、日明間については、一六一〇（慶長十五）年に至って広東の商船が長崎に入港、それ以降日明間の通商は実質的に回復するが日本と明国との間に講和は結局成立せず、厳密な意味に於いて戦争状態は終結しなかった。

朝鮮との「和好」実現を期して、日本国内にいた被虜人の送還が行われた。最終的にその数はおよそ七千五百人と言われているが、被虜人全体からするとほんの一部に過ぎない。数多くが海外に奴隷として売却され、更に数万規模の朝鮮人が日本列島内に留められた。

B　秀吉の朝鮮侵攻は、目的を果たせず失敗であった

秀吉の朝鮮侵攻は、先に確認した通り「恩賞を与えるための領土拡張」を目的として開始されたが、目的をどこまで達成できたかという観点から客観的に総括してみると、

①当初目的であった「唐入り」は全く果たせなかった。

②修正目的だった朝鮮の南四道の領有も果たせなかった。

③侵攻期間中、実際に実効支配できたと言えるのは慶尚道、全羅道の沿岸地の一部だけだった。

すなわち、目的の達成度からみれば、ほぼ完全に失敗した企てであったと言える。

目的と結果が著しく乖離した最大の原因として、第一には、事前の調査が全く不足していた無理な作戦であったということが挙げられる。朝鮮が明征伐に協力するはずがない、という当時の国際常識も弁えずに作戦を開始した位だから、圧倒的に事前調査が不足していた。

第二に、侵攻期間中、日本軍は朝鮮の士民を日本側に取り込むことが出来ず、朝鮮側からの協力があまり得られなかったという現実があった。日本軍の現地での施策に問題があり、適切な処置がされなかったと言

える。

第三には、それどころか朝鮮側の抵抗によって兵站維持が困難化したことにあった。確かに、陸上の正規軍同士の戦いでは朝鮮に力はなく、明軍の助けを借りても日本軍との戦闘に勝利することはなかなか困難だったが、李舜臣の水軍とゲリラ戦では日本軍を苦しめた。

日本軍は侵攻期間の大部分が沿岸部に張り付いているだけだった、という現実からすれば、ほぼ負け戦だったと評価すべきではないかと思われる。

C　日本軍の残虐行為が強い反日意識を招いた

朝鮮側は、単に侵攻されただけなら、その後三百年も続くような強い反日意識は生じていなかったのではないかと思われる。その点、この朝鮮侵攻には鼻斬り、拘引、拉致など日本軍の残虐行為が頻発した、という大きな問題があった。

「鼻斬り」について、金洪圭編著『秀吉・耳塚・四百年―仲尾宏「朝鮮通信使と〈耳塚〉」』は、加藤清正の「覚書」からみて日本からの指令により鼻斬りが始まり、しかも横目衆（軍監）がその数量をチェックすべしという組織的な軍令が出ていたことを物語っていること、一五九七（慶長二）年の八月以降に鼻斬り、鼻請取りの記録が集中していること、京都方広寺の「耳塚」が創設の頃に「鼻塚」と記録されていたこと、などを指摘している。

また、金洪圭編著『秀吉・耳塚・四百年―琴秉洞「秀吉の耳塚築造の意図とその思想的系譜」』では、大

資料１５　耳塚（鼻塚）（京都市東山区、豊国神社門前にある史跡）
（出典『秀吉・耳塚・四百年』）

河内秀元の著書『朝鮮物語』が「日本の軍勢十六万名が討ちたる朝鮮人の首数十八万五千七百三十八名、大明人の首数二万九千十四名とで二十一万四千七百五十二名」としていることを引いた上で、「鼻・耳の数が二十一万余というのはいささか誇大であろうとは思うが、諸戦記類の関連記述をまとめてみるに、その数十万人分以上であることは間違いないものと確信している」としている。（なお、同書中で琴乗洞は、大河内秀元という武将は、各部隊の戦功の証拠をチェックする役目の軍奉行の一人だった太田飛騨守という大名の部下であり、太田飛騨守はほぼ正確に知っていたと思われるので、大河内秀元の挙げた数字はまったくの荒唐無稽ではないと言えるのではないかと思う、と指摘している）

拉致、拘引などについては、金洪圭編著『秀吉・耳塚・四百年―楠戸義昭「略奪していった人、物と朝鮮文化について」』で既に紹介した。

十万人以上が殺されるか鼻を斬られるかされ、また別の十万人以上が拉致され、物も略奪された。捕まらずに生きていても逃亡せざるを得ず、農業生産ができないために人肉を食べなければ生き延びられないほどの深刻な飢饉を生みだし、人が更に多数死んだ。秀吉の朝鮮侵攻は、そういう状況を発生させた訳である。

領土獲得が侵攻の本来の目的であったのに、実際には領土獲得を達成できそうな行動はあまり行われず、むしろ国家を挙げての「倭寇」になってしまった。しかも通常の「倭寇」をはるかに上回る大規模な殺戮と略奪が行われた、と言えるように思われる。確かに、三百年以上続く強い反日感情を生じさせて当然の極めて残虐な行動であった、と言わざるを得ないようである。

D　朝鮮侵攻に於ける無理と反省の欠如

なぜ、このような著しい残虐行為の頻発が起ってしまったのであろうか。この侵攻には根本的に大きな無理があり、権力者のメンツで再侵攻まで行われてしまったからではなかろうか、と思われる。

侵攻から間もなく、毛利輝元が、「広大な朝鮮半島を支配するには今の軍勢は少なすぎる、加えて言葉も通じない。朝鮮の士民による反抗、朝鮮の人々は日本の軍勢を『ばはん衆』、すなわち倭寇と見なして一旦は山に逃れるが、日本勢が少人数で行動を始めると半弓によって攻撃してくる」と指摘していたことは、前述の通りである。

結果として兵站線が維持できず戦線縮小を余儀なくされたが、朝鮮の士民による反抗を効果的に押さえる適切な方策（日本からの物資補給の増加による民心懐柔など）は全く行われず、そのために戦線縮小後も兵糧が不足していた。

現場の将兵が領土獲得という目的を実質的に捨て、民心の離反を招くのが当たり前の現地で略奪に走ったというのは、当然の結果であったように思われる。更に、再び方策なく、秀吉のメンツだけで再侵攻が行われてしまった。

出征させられた将兵たちは、本来の目的であった領土獲得は達成が困難と承知しているが故に、その一方で秀吉からの指示を守っていることを証明し恩賞を得るためだけに、このとき鼻斬りが横行したのであろうし、苦労して出征していることへの報酬を自力で得ようとして略奪に走ったのであろう、と思われる。

E　朝鮮侵攻に対する徳川の反省と改革

以上、秀吉の朝鮮侵攻の過程と、朝鮮側をして三百年後まで伝わるような強い反日意識を生み出す原因となった点について確認してきた。

秀吉がそもそも恩賞原資獲得のために海外侵攻を企てたこと自体が、状況に対し不適切な手段の選択となり、天下統一を達成した時点で、大名からの求心力を維持する仕組みを別の手段に切り換えるべきであった。対応策の選択が適切ではなかった結果、実際に対応策の達成に失敗し、結局は豊臣家の政権を失うことになってしまった。

その点、豊臣氏から政権を簒奪した徳川家康は、秀吉の失敗から学んで適切な方策を行い、重要な時代の転換期に新しい政治経済モデルを創造した、と言えるだろう。

家康の行った政策の第一点は、日本国内でまだまだ所領が増加できるよう、新田開発に力を入れたということである。秀吉によって江戸に転封させられた家康は、利根川、荒川が流れ込み、水はけが悪く雨のたびに浸水する劣悪な土地であった関東が、利根川を遠くへバイパスさせ、水はけさえ良くすれば肥沃な水田地帯となることを見抜き、日本史上に例のない大規模な大地改変の課題に着手した。家康は関ヶ原の戦い後も江戸に戻り、諸大名を動員して大規模河川工事を進め、また、全国各地の大名たちも家康を真似て河川と戦い新田開発を行ったのが江戸時代であった（竹村公太郎著『日本史の謎は「地形」で解ける』）。

新田開発による所領の増加は、現に適切な努力を行えば得られるものである。主君からの恩賞ではないが、戦国時代が終わり他領侵攻が出来なくなった時代にふさわしい所領増加の手段として、諸大名に認識されたのである。

他方で徳川幕府は諸大名に対し、恩賞、すなわち他国領土への侵攻によって得る所領の再分配というポジティブな手段から、規制管理強化に従わせ、違反があれば改易、取り潰しを行うというネガティブな手段に切り換えを行って、大名からの求心力を維持し続けた。

時代の転換期にこうした適切な方策が行われたため、その後二百六十年以上にわたり徳川幕府が続いたと断言できる。

F　朝鮮侵攻に対する、その後の日本側の反省と評価

秀吉の朝鮮侵攻の反省に立って、そのような対策が行われた江戸時代だったのであるが、時代が進むにつれてその反省が忘れられていき、遂に三百年後の日本ではむしろ評価が逆転し、秀吉が賞賛されるようになってしまった。

以下では、秀吉の朝鮮侵攻を、その後の日本がどう反省、評価して来たのかについて確認したい（金洪圭編著『秀吉・耳塚・四百年―仲尾宏「朝鮮通信使と〈耳塚〉」』）。

（一）江戸時代中期までは秀吉を冷静に批判

江戸時代中期までは豊臣秀吉の評価として、朝鮮侵攻は無道と言わないまでも非合理的な失敗だったという見方がとられ、冷静な観察があった。

江戸時代の正史である『徳川実紀』は、天保年間の編纂である。その秀吉評によると、「実はこの人、百戦百勝の雄路ありといえども、垂拱無為《すいきょうむい》の化（＝天下がよく治まって為すがまゝにまかせる）を致す徳なく、兵をきわめ武をけがし、ついに我邦百万の生霊をして異賊の矢刃になやませ、その果ては富強の業二世に伝うるに及ばず、ことごとく雪と消え、氷と溶けき」「文禄年中に至り、豊臣太閤諸将に命じ大軍を起こし、かの国に打ち入り王城まで攻めとり、前後七年が間、兵革うち連なりて国中ことごとくに侵掠されしかば、かの国で我が邦を怨むこと骨髄に徹しぬ。慶長六年宗対馬守義智はじめて謁見せし時、朝鮮は昔より通交絶えざりしを、豊臣太閤ゆえなくして干戈を動かし、怨を異域に構えしより、かの者ども我が国を讐敵に思い、多年の隣交も絶つることゝなりし」。

少なくとも秀吉の侵略についてはほぼ史実を潤色することなく叙述している。また、朝鮮側の対日認識もほぼ正確に表現している。このような見方は、江戸時代の知識人のかなりの部分に認識されていたのであろう。

貝原益軒は、もっと明白な表現をとって秀吉の戦乱を批評し、「伝えいわく、用兵に五あり。いわく義兵、いわく応兵、いわく貪兵、いわく驕兵、いわく忿兵。五の中、義兵と応兵は君子の用うる所なり。…その昔、豊臣氏これ朝鮮を討つなり。貪兵、驕と忿を兼ねるというべく、義兵と為すべからず、またやむを得ずに非ずしてこれを用うるはいわゆる戦を好む者や、これまた天道のにくむ所、そのついに亡ぶはもとよりその所なり」としている。

（二）　江戸時代末期の大転換、武威論による称賛

山鹿素行の場合は、「されば高麗文武とも本朝に及ぶべからず。いわんや豊臣家の朝鮮征伐をや。四海広しといえども本朝に比すべき水土あらず」としている。日本神国意識と武威論が結びつくと、あらゆる侵略戦争が肯定され合理化される見本であろう。

江戸末期から幕末にかけて現れた佐藤信淵や水戸学派の学者たち、更に山田方谷などによって始まった幕末の「征韓論」は、このような思想的土壌の上に展開された訳である。

幕末に勤王をかかげて京都に乗り込んだ元庄内藩士・清河八郎は、「太閤朝鮮征伐のとき日本の武威いかばかりの強みに及びしや。今に至るまで万威の外国にかがやき、容易に事をいたさぬは、ひとえに太閤武威をあらわし由にあらずや」。この清河が説いたような太閤武威論が、やがて明治初年の「秀吉皇威宣揚論」に道を開けるようになる。

江戸中期及び末期の秀吉評価の転換の状況は、井上泰至・金時徳共著『秀吉の対外戦争』に詳しく記されているので、その指摘も挙げておく。

（三）江戸中期の論調

馬場信意著『朝鮮太平記』（一七〇五年刊）は、歴史小説的内容である。和刻本『懲毖録《ちょうひろく》』（一六九五年）の序で貝原益軒が、戦を忘れた朝鮮も、戦を好む豊臣氏も、共に国の用兵に於いて戒めるべきものと論じているが、信意も概ねこの立場である。更に信意は、豊臣の悪政を強調することで結果として現徳川の平和を

賞揚している。益軒が評した、武に弱すぎる朝鮮も、強すぎる秀吉も滅亡するという教訓を言いたかったのである。益軒の見方は、徳川政権下のこの戦争への認識の主流であろう。

（四）江戸末期の武威論

『絵本朝鮮征伐記』（一八八七年）の編者青木輔清は、水戸に仕えた国学者・洋学者である。「『東方』の『神州』たる我が国、中国・朝鮮・西洋に優越、秀吉は唐入りを志し、それに従わない朝鮮を討った」という点で「皇華之尊」を知らしめた人物として秀吉を評価している。そして、秀吉の挙は水戸学的神国思想によって評価されるべき物語としている。

水戸天狗党の檄文には、「豊臣太閤の朝鮮を征する類、これみな神州固有の義勇を振るい」とある。

安政の大獄に連座した大河内秀元による著書『朝鮮物語』の序（嘉永二年）には、朝鮮の役が故無き戦で、多くの味方の命を奪い、国力を疲弊させ、結果豊臣家の滅亡を招いたことは認めるが、その武威は、西洋諸国が日本を狙いつゝも容易に攻められない抑止の効果を生んでいる、秀吉の行為に義はないが効はある、と評価している。

頼山陽の著書『日本外史』では、「明主、嘗て足利氏と好を修む、韓、その間に両属して常に朝貢を我に奉ず」と史実の捏造を行ない、下って幕末の朝鮮の「両属」の不義を問う議論を保障するもの、としている。

吉田松陰の「征韓論」は、ペリー来航による危機意識から三韓征伐を典範とし、海軍を創設して蝦夷と朝鮮を征服することで西洋諸国の侵略を諦めさせ、「取り易き」朝鮮・満洲・支那を得ることで「交易」での損失を恢復するというものであるとし、その第二期、外夷に屈した日本の状況は国体が正しく顕現されておらず、歴史上も足利氏の朝貢外交はその最たるもの、徳川氏の対朝鮮外交さえも天皇を頂く日本の優越性を明示しない名分正しからざるものとした中で、朝鮮の役は最も高く評価し、秀吉自身はその意義を正しく意識していた訳ではないが、この戦争は天皇家を尊重し国恩に報いたもの、と位置づけている。

このように江戸中期までの秀吉批判は、侵攻によって朝鮮側に生じた反日意識までも論じていて、妥当なものと言えるように思われる。

それに対し、江戸末期に現れた武威論による秀吉称賛は、本質的には「敵（徳川）の敵（秀吉）は味方」論の変形に過ぎないようにも思われる。客観的な事実の全体像には目を向けず、朝鮮侵攻に関する事実の極一部だけを取り上げて、ある特定の価値判断に基づく正邪論に無理やり当てはめて主観的に評価しているように思える。

以上確認した朝鮮侵攻の事実から見れば、侵攻開始の初期には日本軍が「武威」を発揮したところもあったものゝ、抵抗が広がって約一年後からは沿海部に押し込められてしまい、「武威」どころか実質的にはほぼ負け戦状態であった。また、被害を受けた朝鮮側から見れば、いわば暴力団がさんざん悪事を働いて「悪名」をとどろかせたようなものであった。従って、朝鮮侵攻は「皇華之尊」では全くなく、逆に皇室の顔に泥を塗った行動であったとするのが、より客観的な評価であろう。

前述の徳富蘇峰すら「今日に至るまで、その禍を残した」と評した悪行を、松陰が逆に讃えてしまった結果が、三百年後の明治政府内外での安易な対朝鮮「武断論」の横行につながってしまったように思われる。

（五）日本陸軍は朝鮮侵攻から何か教訓を得たのか

最後に、日本陸軍はこの秀吉の朝鮮侵攻から何か教訓を得たのか否か、を確認しておこう。

秀吉の朝鮮侵攻は十六世紀末の出来事とはいえ、日清戦争及びそれ以後に海外侵攻を行うようになった日本陸軍にとっても大いに参考になる要素があったように思われる。例えば、侵攻先での民衆について、みせしめ処刑は期待する効果を生むのか逆効果となるのか、効果的な慰撫策にはどのようなものがあるか、糧食の現地調達にはどのあたりに限界があるのか、などが直ぐに思いつく事柄である。

あるいは、秀吉の時代の戦争は昭和前期の戦争よりよほど合理的なところもあった、という気もする。兵の損失を考慮して無謀な作戦は行わなかったこと、勝ち目がないと判断すればすぐに前線の占領地からは撤退して体制を立て直したこと、あるいは兵站を非常に重視しており一旦占領したら何が何でも維持するとか、ましてや玉砕するなどの思想は全くなかったことも特徴として挙げられるかもしれない。

日本陸軍は参謀本部編纂『日本戦史・朝鮮役』を一九二四（大正十三）年に出版しており、旧参謀本部編纂『日本の戦史「朝鮮の役」』は、その現代語訳抄録版である。

同書では、明軍や朝鮮軍についてはは多少の論評がなされているものゝ、日本軍についてはほとんど何も論評が加えられていない。一九二四（大正十三）年というと日清戦争から三十年後のタイミングであり、この公刊戦史は日中戦争にすら全く間に合っていない。日清戦争では、特に清国内占領地の民政で居住民を味方につけるための施策がいろいろ実施され効果を挙げたようだが、それが秀吉の朝鮮侵攻からの反省に基づくものであったとは残念ながら言えない。

しかし同書は、一九三一（昭和六）年以降の昭和前期の戦争よりは以前に出版されている。同書の中で、日本軍の行動についてもっと論評が加えられていたなら、それが研究され更に前向きな論争を呼んで、満洲事変及びそれ以後の日本軍の無謀な行動が抑制されていた可能性もあり得たように思われる。

三　十九世紀後半に至るまでの日本と朝鮮の歴史過程

古代には深い交流のあった日本列島と朝鮮半島も、十九世紀後半に至るまでの両者の歴史過程には大きな相違を生じていた。

李氏朝鮮は、李成桂が一三九二年に高麗から政権を奪取して成立した。この時日本は室町時代、将軍足利義満の晩年期であった。以来朝鮮では日清戦争期に至るまで、実に五百年を越えて一つの王朝が存続してきたのである。

他方、同じ期間に日本側では足利幕府から戦国の騒乱期に移り、次に二百六十年の徳川幕府期を経て維新による明治政府の成立と、大きな変化が繰り返された。豊臣秀吉の朝鮮侵攻は、日本側では徳川幕府以前の昔話でも、朝鮮側にとっては同一王朝での大事件、大被害としてしっかり記憶されていたことは、こうした歴史過程の差の現れの明確な例であるように思われる。

その歴史過程の相違により、両国間には、地方分権・地方競合と中央集権、武士の倫理と朱子学の倫理、商工業の発展と抑制など、政治経済に係る質的な差異が生じ、その結果、農業、商工業などの発展度や更には人口の成長にも差異を生じたことになる。

第三節　日清戦争ではなぜ朝鮮が争われることになったのか

なぜ朝鮮が争われることになったのか、まずは朝鮮を開国させることになった一八七五年の江華島事件から、日清両国の対立が明確化することになった一八八四年の甲申事変までの経緯を見てみる。

一　江華島事件

先ずは、日本が引き起こした江《こう》華《か》島《とう》事《じ》件《けん》と、その結果たる朝鮮の開国についてである（山辺健太郎著『日韓併合小史』、藤村道生著『日清戦争前後のアジア政策』）。

A　李朝末期の朝鮮

当時の朝鮮は李朝だった。一八六四年、二十六代朝鮮王の李熙が十二歳で国王（高宗）になると、王の生父で保守頑固派の大院君が執政に就任した。李朝の政治機構は高麗朝以来の体制で、領議政一人・左右議政各一人の三人が国家の首班で、いわば首相と副首相に例えられる。しかし実際は大院君の独裁だった。両班・中人・常民・賤民の身分制度があり、国家財政の基本は地税だが、課税逃れが増え李朝末期は財政難だった。

農業の生産力は非常に低く、一九〇五（明治三十八）年の日本の農商務省技師の調査によれば、南朝鮮でさえ反当収量はその頃の日本の約半分だった。日常生活の必需品の大部分は自家生産や家内副業であり、商品生産は余り広く行われておらず、商業も店舗を構えているのはソウルにあった特権商人ぐらいで、その他は行商人だった。

朝鮮は日本の開国後二十二年間も鎖国を継続していた。一八六六年フランスの江華島攻撃（丙寅洋擾《へいいんようじょう》）が列強による最初の武力侵入であり、これは大院君の行った天主教徒迫害でフランス人宣教師が殺されたことを口実にしたフランスの報復行為であった。一八七一年には、開国を求めるアメリカによる江華島攻撃（辛《しん》未洋擾《みようじょう》）があった。すべて侵入者側が準備不十分だったために撃退できたが、大院君はこれを彼の排外政策の勝利だと誤信して、その排外政策を強化したのである。

B　江華島事件（一八七五年）

日本は一八六八（明治元）年、新政府の成立を告げる国書を朝鮮へ送った。が、その中に「皇」と「勅」の文字あり、朝鮮は清国以外の国がこれらの文字を使うことを咎め、受け付けなかった。保守頑固の朝鮮からすれば、日本の国書は華夷秩序の基本常識に反していたのみならず、日本の開国は欧米諸国への屈服であり、朝鮮開国を要求する日本は欧米諸国の手先と受け取られていた。

日本では一八七三（明治六）年に征韓論政変も起こったが、日朝関係は何も進展しなかった。一八七五（明治八）年、日本は軍艦三艦を釜山に送り示威運動を行い、更に雲揚艦がソウルに近い江華島に行き、艦から下したボートで江華湾に入った。江華島の砲台からの砲撃に雲揚から応戦して江華島の砲台を破壊し、永宗島《えいしゅうとう》を占領して民家を焼き払い、戦利品として砲三十八門を取って長崎に帰る、という江華島事件が起こった。やられたのは朝鮮側で、日本側は殆んど損害を受けていないので本当はおかしいのだが、翌一八七六（明治九）年、日本は艦隊を朝鮮に派遣して賠償と修好条約締結を要求した。

C　日朝修好条規（一八七六年）・朝鮮開国

ちょうどこのころ李熙（高宗）が成人に達して大院君は引退し、代わって閔妃が権勢を誇り出すようになっていた。閔妃は世子問題で、宗主国である清国への口添えを頼むために日本に接近、清国の北洋大臣・李鴻章も日本との修好を勧告していたため、一八七六（明治九）年日朝修好条規（＝江華島条約）が成立して朝鮮は開国する。

日朝修好条規は日英間の修好通商条約という不平等条約にそっくりで、朝鮮側の外交の無知と日本の武力に屈したために成立したものである。国際的にみると、この条約は日本が欧米諸国の朝鮮開国要求に先導者として道をつけたものである。

D　大院君の改革を元に戻した高宗

朝鮮では、一八七五年九月の江華島事件に先立って、一八七三年末に大院君執政時代が終わり、高宗親政になった。大院君は、内政では朝鮮王朝の復古的中央集権化と基盤の安定化を計り、対外政策では攘夷の強硬策で一貫していたが、その過程で行った増税や両班層既得権の一部否定が反大院君派を生み出していた。高宗親政になって、「以後、あたかも大院君による執政の成果を一つ一つ否定して行くかのように改革を推し進め」た、と評されている。

高宗の具体的な政策の中で、軍事面では近衛部隊を重視し、江華島の防御は削減された。また、大院君と異なり財政への配慮が存在せず、清銭の流通禁止によって経済を大混乱させ、王朝の財政的備蓄も無価値にしてしまうという大失政があった。高宗による大院君政策の全否定が、結局は王朝を一層の危機に向かわせた。そういう状況の中で日本軍による江華島事件が起こった訳で、財政的破綻状態にあったため、事件後の日本との交渉に於いても外交的選択肢が著しく狭められていた（木村幹著『高宗・閔妃』）。

高宗は、受けてきた儒教教育では優等生であったかも知れないが、もともと儒教には十九世紀に通用するような経済・財政論が欠けており、儒教の古代的理想像を現実の社会でそのまゝ実践しようとすること自体に無理があることを、高宗自身と取り巻きの儒者たちは全く理解していなかった、と言っていゝように思われる。

日本側について言えば、江華島事件は明白に軍事的な行動であり、開国を高圧的行動によって要求したものであった。フランスもアメリカも江華島で軍事行動を行なったが、朝鮮の軍事力を侮りすぎ、結局開国させられずに撤退したという前例があった。

日本はまず、朝鮮国内の大院君から高宗への転換後、という時期を活用した。また占領地に居座って反撃を招くという事態を防止した。言い換えれば、状況が良い時を選び、攻撃が終われば即撤退という効率の良い軍事行動を行った、その結果開国させるという目的を達成した、だから欧米列強からも評価を得た、ということだったと思われる。

E　書契問題生じる

維新政府には、吉田松陰の唱えた「国体論によって理念化された朝鮮侵攻論」が大きな影響を与えており、朝鮮は古時のように天皇へ服属し朝貢すべきだという「名分条理」論に基づいた対朝鮮外交方針が執られて、いわゆる書契問題《しょけいもんだい》が生じた。

先にも触れたが、明治新政府が成立した日本は一八六八（明治元）年十二月十九日に新政権樹立の通告と国交と通商を求める国書を関係各国に送り、承認を得ていた。ところが、この国書を持つ使者を李氏朝鮮政府に送ったところ、国書の中に「皇」「勅」の文字が入っており、冊封体制下では「皇」は中国の皇帝にのみ許される称号であり、「勅」は中国皇帝の詔勅を意味していたので、朝鮮側は受け取りを拒否した。その後何度も国書を送ったが、朝鮮側はその都度受け取りを拒否した。

当時の李氏朝鮮は政府といっても高宗を国王とし、清国の属国の立場であった。国内は身分制度があり貧富の差も激しく、裁判制度もなく、貨幣制度もない。官職を売買したり、汚職がはびこり、インフラはほとんど整備されてもなく、一般国民は路上で排泄する風習もあるという、極端に前近代的な国情であった。しかも王族である高宗の父大院君と高宗の妻・閔妃は権力闘争をしており、朝鮮政府独自としての意思決定機能も欠如していた。

李氏朝鮮との国交問題が暗礁に乗り上げている中、日本は朝鮮の宗主国である清との国交締結を優先にすべきとの考えから、一八七〇（明治三）年七月二十七日、外務権大丞・柳原前光、同権少丞・花房義質を派遣して予備交渉を行い、次いで正規の大使として伊達宗城が送られ、副使となった柳原と共に詰めの交渉を行った。そして翌一八七一（明治四）年九月十三日、日本と清の間で日清修好条規が締結された。

日本側大使は大蔵卿・伊達宗城、清側大使は直隷総督・李鴻章であった。平等条約ではあったが、その内容は両国が共に欧米から押し付けられていた不平等条約の内容を相互に認め合うという極めて特異な内容であった。日清戦争勃発まではその効力が続いていた。

具体的には、①外交使節の交換及び双方に領事を駐在させる（第四条、第八条）②制限的な領事裁判権をお互いに認める（第八条、第九条、第十三条）③通商関係については欧米列強に準ずる待遇（最恵国待遇・協定関税率）をお互いに認め合う―などといった内容であった。なお、この条約の特異性から、一部欧米列強から軍事同盟の密約の疑惑を持たれるなどしたことや、治外法権の存在などに対する反対論があり批准が遅れたが、マリア・ルース号事件（ペルー船マリア・ルース号による清の苦力売買に端を発した日本とペルーの紛争事件）や琉球御用船台湾漂着事件の影響で批准の必要性が高まり、一連の事件の始末のために清を訪れた外務卿・副島種臣によって一八七三年（明治六）年四月三十日に批准書交換がされて発効した。

その後、日本と清国の間で領土問題（台湾事件）が発生し、日本の強硬な態度に驚いた清国は朝鮮に国書の受け入れ交渉をするよう指示した。こゝで交渉は再開されるはずであったが、一八七二（明治五）年五月、外務省官吏・相良正樹は、交渉が進展しない事にしびれを切らし、それまで外出を禁じられていた草梁倭館《チョリャン》（対馬藩の朝鮮駐在事務所）を出て、東萊府《とうらいふ》（朝鮮王朝の地方官庁）へ出向き、府使との会見を求めた（倭館欄出）。更に同年九月、それまで対馬藩が管理していた草梁倭館を日本公館と改名し、外務省に直接管理させることにした。これは、草梁倭館は朝鮮政府が対馬藩の為に建て使用を認めた施設だったこと、対馬藩は日本と朝鮮の間の交渉窓口の立場にあったことによる。この日本側の措置に東莱府使は激怒して、十月には日本公館への食糧などの供給を停止、日本人商人による貿易活動の停止を行った。しかし、いずれにしても日本側の感情を逆撫でする効果が十分にあり、「征韓論」が巻き起こるに至った。

Ｆ　日本外交「万国公法論」へ転換

西郷隆盛を皇使として朝鮮に派遣しようという提案をめぐって起きた一八七三（明治六）年の征韓論争も、西郷の真意が平和遣使にあったのか、武力征韓にあったのかが問題になっているが、西郷の主張の核心は、「名分条理」を正し朝鮮の「不遜」を改めさせるということにあった（吉野誠著『明治維新と征韓論―吉田松陰から西郷隆盛へ』）。

一八七三（明治六）年の政変で征韓派が敗北し、内治派政府により朝鮮との交渉が再開されたものゝ、釜山の倭館での交渉は、これまでと同様に「皇」「勅」の文字などを巡る議論の枠組みを越えられなかった。そうした中で江華島事件が引き起こされる。これをきっかけに、日本は倭館での交渉を打ち切って舞台を江華島に移し、黒田清隆を全権大使とする武装した使節を派遣して万国公法（国際法の旧称）に基づく日朝修好条規を締結したのである。

内治派政府の方針は、一貫して、国内の不平士族や軍隊内部での征韓論の昂揚を回避しながら朝鮮に対して軍事圧力を加え、万国公法に基づく条約を押し付けようとするものであった。

G　反日意識の覚醒

角田房子著『閔妃暗殺―朝鮮王朝末期の国母』によれば、西郷隆盛は本事件について、「我が国の採った態度は、ただ先方を軽蔑しているに過ぎない。これまでの交際からして天理に於いて恥ずべき行為」として非難していた、とのことである。

西郷の主張の核心は、やはり「名分条理」を正し朝鮮を天皇に服属させるという日本国内でしか通用しない理念に基づいていた訳であるから、客観的に言えば、そもそもの議論に於いて、「万国公法論」と比べ朝鮮側への説得力が欠如していたことになる。ただし西郷は、まずは平和的に説得する努力を行うことに関った。確かに、高圧策は相手からの反発を招くリスクが高いと言わざるを得ない。その点で江華島事件は、万国公法論という国際的に通用する議論に転換してその目的は達成したものゝ、そこに至る手法が強引であり、これが最善のやり方であったか否かについては反省の余地が十分にあったろうと思われる。

実際に江華島事件後、朝鮮国内の攘夷派（衛正斥邪派）には、「日本はその名が倭人であっても、その実は洋賊なり」として修好反対の上疏《じょうそ》を行った学者があったという（姜在彦著『朝鮮近代史』）。

江華島事件とその後の開港交渉は、朝鮮側に、日本は欧米列強の手先であるという印象を残したという点で、短期的な目的は達成していても、強い反日意識を持たれるという負の効果を生じさせた行動であったことも間違いないように思われる。

二　壬午軍乱（一八八二年）

一八七六（明治九）年と八〇（明治十三）年に朝鮮使節の日本視察があり、朝鮮宮廷は開国の機運で、国王と閔妃一族は開国政策を採り国内改革を開始した。

一八八一（明治十四）年には日本から軍事顧問（堀本禮造工兵少尉）を招き、別技軍《べつぎぐん》という日本式の軍隊を組織し訓練、服装も給料も良かった。これに対し旧軍隊は給料良くなく、給料である現物供与の米は腐敗官僚による横流しもあり遅配、量目も不足していた。一八八二（明治十五）年七月二十三日、不満が爆発して起こった軍人の暴動が壬午軍乱《じんごぐんらん》である。背景には、開国による影響で、その頃朝鮮から日本への輸出は八割を米で占め、そのため米価麦価が二倍から三倍になり、朝鮮経済に破壊的な影響を与えたということがある。

その後壬午軍乱は大院君と結び、閔妃一族の打倒と排日の武力闘争へと性格を変える。日本公使館が襲われ、花房義質公使の一行は仁川に逃げる。仁川でも襲われ、今度はイギリスの測量船に助けられて日本に逃れる。閔妃も一時は宮廷から逃れ隠棲した（山辺健太郎著『日韓併合小史』、藤村道生著『日清戦争』）。

A　済物浦条約と朝鮮の清国属国化

清国軍の果断な処置によって大院君を逮捕し反乱を鎮圧させ、清国が大軍を派遣して日本を牽制した。日本は清国の仲介を入れて、朝鮮との間に済物浦《さいもっぽ》条約と修好条規続約を締結した。朝鮮は日本に謝罪し五十万円の賠償を行い、日本は朝鮮に軍隊駐留権を獲得した。

朝鮮政府は壬午軍乱の後始末として、清国及びドイツ人の顧問も入れて旧制を改革し、軍政も清国に倣った。清国は中朝商民水陸通商章程を結び、朝鮮が属国であることを明記、従来の名目に近かった宗属関係を質的に変化させ、清国の権威は内政を含む朝鮮の全般に浸透した。また、壬午軍乱の結果、日本側は対清戦争を想定した陸海の軍備を進めたが、以降は軍備の完成まで対清強硬策は避けた。

B　米の輸出問題の実情

壬午軍乱は、なぜ起こったのであろうか。まずは、背景の一つであった米価高騰の事情について確認したいと思う。

当時の日本商人による買入れの絶対量はさほど大きかった訳ではなく、李憲昶著『韓国経済通史』によれば、日露戦争以前の朝鮮から日本への米穀輸出量は、その生産量の四％未満だったとのことである。

実際、壬午軍乱のあった一八八二年当時の米の輸出額は、一八九〇年以降の輸出額と比べ、まだ非常に小さいレベルにあった（武田幸男編『朝鮮社会の史的展開と東アジア』吉野誠「開港期の穀物貿易と防穀令」）。

すなわち、朝鮮の稲作はもともと生産力が低く剰余も小さい状況にあり、米穀市場の規模も小さかったので、米価は需要変動の影響を受け易かった。そこに日本商人の買入れが加わり、日本商人の買入量は少量であったけれども、その分の生産増加の対策はなされていなかったため米価が高騰してしまった、という状況であった。

朝鮮の経済ついては、壬午軍乱の当時は一八九〇年以後の輸出昂進時期と異なり、価格上昇は始まっていても生産拡大には至っていなかったようで、開国で米の需要が増加したなら米を増産していれば良かったのだが、そういう手は打たれていなかった状況であった（資料16）。

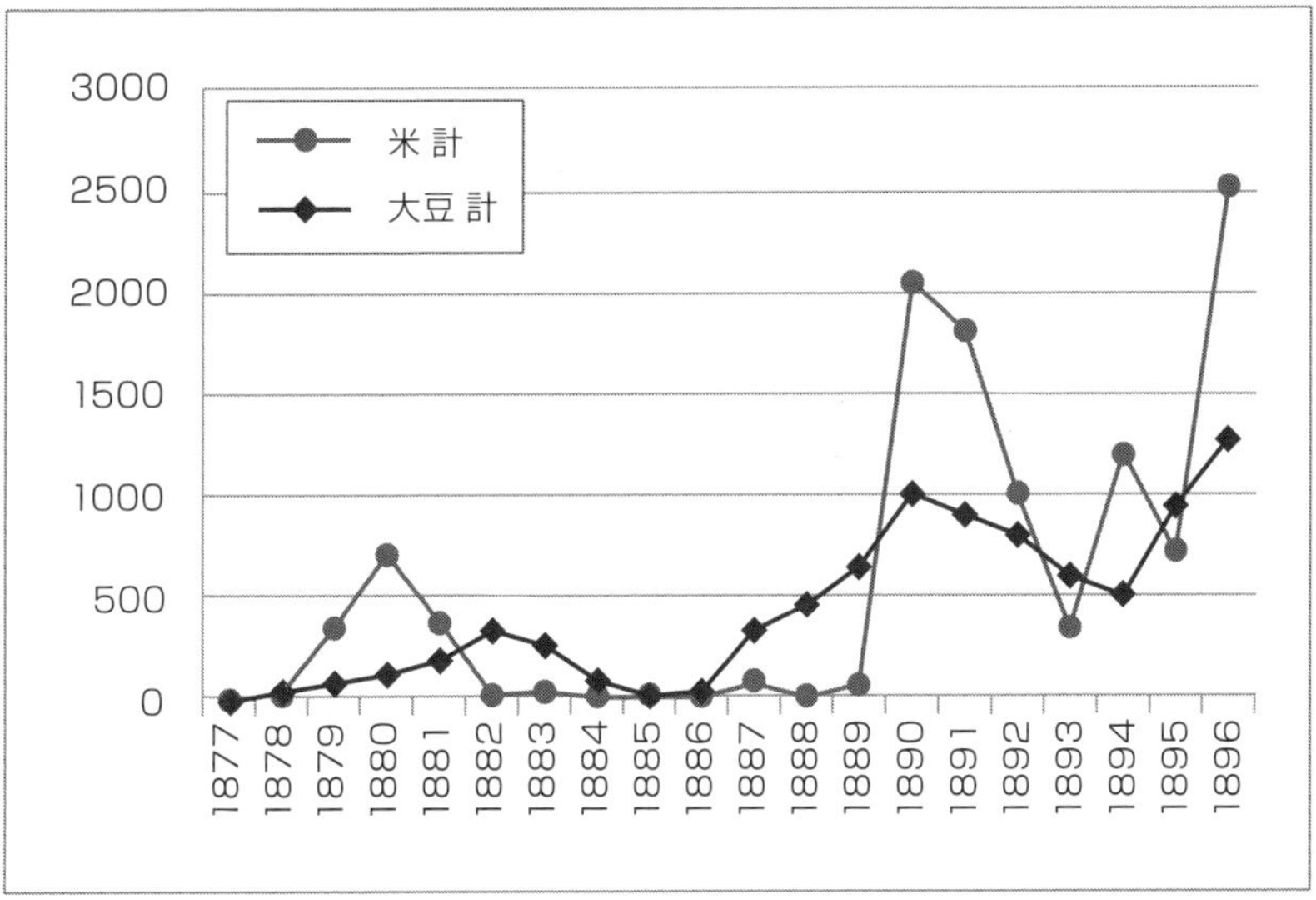

資料１６　朝鮮の米大豆輸出額年次変化（単位：万円）

C　根本原因は朝鮮政府の財政危機と行政管理システムの綻び

軍隊反乱の直接の原因は、そもそも軍隊で米の遅配、量目不足が発生したことにあった。「腐敗官僚による横流し」とは、米価高騰の状況を私的ビジネスの好機と考え、官吏の義務より私的ビジネスを優先した者が少なからずいた、ということである。当時の朝鮮政府が財政危機にあっただけでなく、行政管理システムまで相当綻ていた。そこに反乱の根本原因があったということを意味していると思われる。

当時政権を握っていた閔氏一族自身に横流しに関与していた部分があり問題を放置していたので、軍乱は反閔・反日で一気に拡大した。反日は逆恨み的なところがあるが、反閔は反乱者側からの正しい批判であり、閔妃と閔氏一族にとっては自業自得と言えるように思われる。

D　清国が行なった軍乱の解決策

財政危機や開国後の経済課題に適切な手を打とうとせず、私利を優先して行政管理システムを綻びるに任せていた閔妃一族の勢道政治に軍乱の原因があった訳だから、原因をなした閔氏一族を政権から放逐する、その権力の根拠であった閔妃も外す、後は実績のある政治家であった大院君に任せる、というやり方が妥当であったはずであった。ところが軍乱に介入した清朝は、正反対に大院君を逮捕して国外に監禁し、閔妃は復活したのである。

清国の介入は、その目的が朝鮮の内政問題の解決自体にはなかったのである。朝鮮が朝貢国であり、清国が宗主国であるという、国際法では理解されにくい宗属関係、「属国自主」の関係を維持するため、清国は「属国」の実体化と「自主」の名目化を図る方向に転換しようとしており、その矢先に軍乱が発生したので積極介入を行ったという状況であった（岡本隆司著『世界のなかの日清韓関係史』）。

清国が、軍乱の真の原因の是正に向けた方策を取らず問題を放置したことが、二年後に甲申事変が発生する原因となり、その後更に朝鮮政府の財政危機が深刻化して日本とロシアが朝鮮に介入する原因を残すことになったと言えるように思われる。

E　壬午軍乱に対する日本側の対応

（一）井上外務卿の穏健論が政府を主導

事件発生後、政府内では強硬論と穏健論が対立した。強硬論の中心は薩派の黒田清隆で、穏健論の中心は井上馨外務卿であった。強硬論では交渉の決裂が直ちに開戦につながる恐れがあるため、閣議で勝ったのは井上であった。閔氏政権がなお存在し、それが事件に無関係であると判断した以上、一八八二（明治十五）年以降の日本政府の融和的親日化政策の立場よりすれば事件は穏便に平和的に解決すべきもの、と主張した（高橋秀直著『日清戦争への道』）。

依然として閔氏を利用し得る勢力と見ており、親日化政策の対象を再び閔氏―開化派とした。井上の見通しは、事変処理への清の介入に対する彼の好意的評価より見て清は朝鮮の実質的支配を狙っているのではないというもので、これを厳しく決定的な対立であるとは見ていなかった。

（二）朝鮮の急進開化派からの援助要請、日本政府内に論議金玉均らからの援助要請があった。金ら急進開化派が清勢力の排除をめざしている以上、彼らを援助することは清との対決に繋がる可能性が極めて高い。しかし援助要請を拒めば、金らの日本への失望を招き、従来より進めていた親日化政策はその中心対象を失い、朝鮮への勢力拡大の展望を日本は見失うことになる。

この問題について、日本政府内では三つの見解が対立した。一つは、対清協調を優先し援助要請を拒否すべきという井上馨の不干渉論、また一つは、清との対決を覚悟して援助を行うべきという山縣有朋の積極的干渉論、もう一つは、援助は与えるが清を刺激しないようにそれを限定的なものに止めるべきという岩倉具視の消極的干渉論であった。

閣議決定は、朝鮮よりの賠償金の一部の二十万円を上限とする援助を行うが、その実施の具体的方法については井上が全権を握る、というものだった。「独立」方針の実質的修正という井上の意図は実現されていないが、援助の内容はかなり厳しく限定された。「独立」論を重視する山縣や軍側は抑え込まれた。しかし「独立」方針を維持する以上、清との基本的対立点は残る。そしてそれによる「不慮の変」に備えるために対清軍拡が行われることになった。

(三) 軍乱後の日本の軍備拡張

壬午軍乱前の陸軍は下士官以下を含め三万七千八百二十人で、定数に達していなかった。海軍の費用のかゝる新艦着工は少数で、艦隊は老朽化していた。他方、一八八一(明治十四)年の政変以降、紙幣整理を第一義とする徹底した緊縮路線が確立した。中心的推進者は松方正義と井上馨である。一八八二(明治十五)年度の予算額は前年度の六千八百五十七万円を下回り六千六百八十一万円、陸海軍の軍拡要求も当然認められなかった。

一八八二年度予算が公布された直後に、壬午軍乱の勃発という予想外の事態が生じた。八月十五日の山縣の海軍軍拡上申に松方も同意し、清を仮想敵国とする大軍拡方針が政府内で決定された。西南戦争後一貫して続いていた軍拡抑制方針の転換がなされた。新財源を新たに求めることが必要とされ、財政剰余は紙幣整理に、増税収入は軍拡に、という財政配分がなされた。海軍軍拡費として七百五十万円を八年間、計六千万円。陸軍についても、八五年度より部隊増加費として六年間毎年二百万円の追加支出が行われた。

政府にとって軍拡決定は、好機をつかんでの宿望の達成でも民心収攬策でもなく、対外的危機感に迫られた決死の跳躍だった。政府は軍拡―増税方針に対する民権運動側の猛攻撃を予想していたが、予想に反し増税布告への激しい攻撃はなかった。しかし、清の対日外交方針は「非妥協的な交渉の余地のない」ものではなく、日本が朝鮮への積極的侵出政策を採らない限りは日清間の開戦の可能性もまた低かった。このとき軍拡は不可欠なものではなかった。

井上外務卿に代表される日本政府の主流派は、開国を行った閔氏政権は利用し得ると認識し、頑迷な攘夷派だった大院君を逮捕した清国とも協調できると見ていたこと、しかし、政府内の強硬派とも妥協して朝鮮の独立論は切り捨てず、万一の事態のための軍拡も認めたこと、そして、その軍拡は当時の財政の許容する範囲のものであったことが、確認できた。

なお、崔碩莞著『日清戦争への道程』では、「壬午軍乱直後の井上馨は、最初は開戦論を抑制する側にいたが、後に開戦論者に転換して花房公使に訓令を送った。しかし花房公使はその訓令に関わりなく済物浦条約を締結して決着させた」とみている。すなわち、高橋秀直著『日清戦争への道』を批判しているのである。

（四）日本側も問題の再発防止対策が不十分

ところで、軍乱で襲われて被害を受けた日本側は済物浦条約により駐兵権を手に入れた。再び襲われることを防止するという目的には有効な方策である。

しかし日本は、軍乱で襲われることになった原因への対策は行っていない。米価高騰の一番の原因が、米の生産量の引上げ対策を行わなかった朝鮮政府側にあったとしても、適切な対策を放置すれば問題が再発する恐れがあった。現に防穀令事件という、米に関わる経済摩擦事件がその後に発生している。

重要なことは、開港という状況変化を日朝双方で前向きに活用して、その利益もシェアできるように対策を進めるというやり方の工夫であった。例えば、日本市場の需要を前提に朝鮮で開墾・開発を行う、そのための資金に日本側が協力することで相互依存関係を作り上げる、それにより朝鮮側の反発を減らし日朝関係を日本に有利に展開させて行く、というのが最良のシナリオだったように思われる。

日本と付き合うと自分の利益になる、日本との付き合いを増やしたい、と思う人が増えれば、関係は自動的に改善されて行くものである。当時の日本には逆恨みの原因を冷静に反省してみる姿勢がなかったために、相互依存関係づくりに踏み出す貴重な機会を逃すことになってしまった、という思いがする。

三　甲申事変（一八八四年）

朝鮮では清国への従属が非常に強まると同時に閔氏政権は次第に反日的となり、金玉均ら親日派が迫害されるようになった。しかし一八八四年六月、清仏戦争が起こり、当初は清国軍が連戦連敗、この情報が朝鮮にも伝わって宗主国としての清国の権威が弱まり、反対に親日派が強くなって国王でさえ親日派を重用するようになった。

こんな状況の下で起きた、金玉均や竹添進一郎弁理公使らによる「朝鮮から清国の勢力を一掃し、日本の後援による政権を打ち立てようとしたクーデター」が一八八四（明治十七）年の甲申事変《こうしんじへん》である。

竹添公使は十一月十二日付の伊藤博文参議・井上外務卿宛ての請訓中に、「日本党を扇動して内乱を起こすを得策とす」。この請訓が日本に届いた頃は日本政府の意見も変わっていて、政府は「趣旨は穏当ならず」と訓令したが、訓令が届かないうちに事変が起こった。

十二月四日、国王を確保し、日本軍が宮廷の門を警護、清国派の高官を殺したのち親日派の政府をつくる。翌朝金玉均のクーデターと日本軍の出動が清国側に知れる。このときソウルの日本軍はわずか一個中隊（二百名ほど）、清国軍は三営、すなわち千五百名の兵力。こんな劣勢の日本軍を頼みにした金玉均の計画も無謀だが、竹添公使も日本軍の精鋭を以ってすれば清国軍の撃退は訳のないことと大言壮語していた。日清両軍の衝突は六日午後三時から起こった。クーデターは完全に失敗し、金玉均、朴泳孝らは日本に逃げ、洪英植らは清国軍に殺された。

甲申事変では、自由党（板垣退助、後藤象二郎ら）も福沢諭吉も改進党（尾崎行雄、犬養毅ら）も干渉を主張したが、山縣有朋始め政府は、対清軍備が完成していないので無謀不可能として平和解決方針を採った（山辺健太郎著『日韓併合小史』、藤村道生著『日清戦争』）。

A　天津条約（一八八五年）

翌一八八五（明治十八）年、日清両国の間で天津条約が締結された。ソウルからの両軍の撤兵、今後日中両国は韓国軍を教練するための顧問は送らない、将来韓国に重大な変乱が起こった場合に日清両国もしくはその一国が出兵する時は互いに「行文知照（外交文書を公文で照合確認すること）」し、事が治まれば直ぐに撤兵、すなわち事前通告により朝鮮出兵を認める、などの条項が含まれていた。

B　甲申事変への日本政府の対応

甲申事変発生後、天津条約締結に至るまでの間、日本政府内では再び穏健派と強硬派との論争があった（高橋秀直著『日清戦争への道』）。

（一）融和路線だった竹添公使の単独行動

竹添進一郎新公使の赴任（一八八二年末）直前の井上外務卿との書簡によれば、伊藤・井上の不干渉論に沿って融和的政策を採ろうと考えていた。着任から約一ヵ月後の報告でも、「清の朝鮮への介入強化、朝鮮の実質支配を目指すものと見ず、琉球処分のようなことを日本が朝鮮に行うのではないかとの疑惑が晴れゝば介入は止む。日本全体の商況よりすれば朝鮮貿易には大した意義はなく、朝鮮は貧しく今後も貿易の発展は望めない。朝鮮をめぐる対立は日清両国の競争心から起きているのであり、現実の朝鮮には対立するほどの価値はない」とした。竹添公使は一八八三（明治十六）年の十二月より賜暇《しか》（官吏が願い出て休暇を許可されること）帰国しており、この公使の不在は積極的な対朝政策をこの時の日本政府が考えていなかったことを示している。

竹添の帰任（東京発一八八四年十月二十日）と共に様相は一変する。政府の方針は、貿易章程の均沾《きんてん》（等しく利益に潤うこと）問題で親清派に圧迫を加えるという従来と異なる積極的な政策を採るが、清との開戦は避けようとするものであった。漢城に着いた竹添は対清戦の決意を公言するなど、「不本意に候えども、少々支那党の頭を押付け」にかゝった。この威嚇は直ちに効果を発揮し、均沾問題はたやすく解決した。

しかし同時に予想外の事態が起こる。十一月四日急進開化派は島村久代理公使と会談し、クーデター断行を決意。十一月十二日、竹添は機密信を政府へ送り、クーデター計画が進行していることを伝える。結局、クーデターへの参加は彼の単独行動であった。壬午軍乱以後の消極的干渉政策の破綻、政策の存続条件のうちの二つ、日本自身が強硬策を抑制すること、朝鮮内の政争が激化しないこと、が失われた。

（二）日本政府の事変処理、消極的干渉論

この時の日本政府の事件の直接的処理は、政府の面子を保つために、内政干渉の責任の隠蔽第一であった。朝鮮政策については、対清葛藤は避けるが「独立」方針は維持するという、事変前の消極的干渉政策の延長で処理しようとした。井上はこの方針を「姑息」と批判し、積極的干渉論か不干渉論か、朝鮮政策の基本方針の選択を政府に強く迫った。井上の本来の考えである不干渉論へ政府の方針を転換させようという意図からである。しかし、閣議は「独立」方針の維持、消極的干渉論を決定した。

二月七日の閣議では、両軍の相互撤兵を要求することを決めた。清が撤兵を拒否する場合は、同数の兵を対抗して駐屯させるとした。この対抗駐兵は、近い将来の両軍の衝突に繋がると政府は確信していた。

（三）主和論・主戦論対立は薩長対立

当時の政府の内部では、井上や伊藤らの主和論に対抗し、高島鞆之助、樺山資紀、仁礼景範、野津道貫ら陸海軍内の薩派を中心とする勢力が主戦論であった。今回の事件の原因は日清の対立であり、清の対日感情は年々悪化しており早晩破裂は免れられない。そして彼我の軍事力は時と共に清側に有利となる。故に今が開戦の「千載一遇の一大機」とした。

対清方針をめぐり薩長対立がこの時発生したのである。その結果方針決定は難航し、井上、伊藤は薩派の長老グループを説得。「平和が望ましく、開戦理由に乏しいので止むを得ない」と認めさせた。

一八八一（明治十四）年の政変（大隈重信一派が明治政府中枢から追放された事件）以後、明治政府では長州派が優位であった。外交政策も長州派の主導で運営され、日本外交の失敗は長州派の失態であった。そこで薩派は主戦論を唱え、主和論の長州派を追い詰めた。薩派の主戦論が有力であり得たのは、背後に「兵隊と人民」の激昂があったからである。開戦熱の沸騰には好戦派ジャーナリズムの煽動があり、その中心は『時事新報』であった。天皇の考えは主和論、天皇の意向は主和論への大きな支援であった。

（四）長州派、外交主導権を回復

伊藤と李鴻章は、撤兵及び相互に再派兵権を認め合うことで妥結した。条約面のみで言えば日本は大きな成果で、甲申事変により危機に陥っていた長州派の外交主導権が回復し、長州派の政局主導権の維持がなされた。

甲申事変当時、新聞記事では開戦論が沸騰していても、政府は冷静で対清協調路線を続行しようとしていたことが確認できた。

なお、この甲申事変後の処理についても、崔碩莞著『日清戦争への道程』では、「井上馨は朝鮮『独立』論を名義として対清開戦を前提する『強論』が持論であり、まずは避戦に比重をおく『弱論』の伊藤博文と論争を行ったが、その後列強からの外圧を楽観的には見なくなって、井上は『弱論』へ傾斜、それからは伊藤と組んで薩派の開戦論を押さえるための工作を繰り広げた」として、高橋秀直説とは全く異なる見解を出している。

（五）急進開化派は政策面では正しかった、との評価

国家の危機的状況を明確に示す壬午軍乱のような騒乱が発生したのに、その原因の是正が進まない状況であったから、急進開化派がクーデターを計画したことは心情的にはよく理解できるのである。

李憲昶著『韓国経済通史』では、「自らの権力基盤を維持するために西洋文明を制限的に導入しようとした守旧派の閔氏一族や、清の洋務運動に倣って漸進的に近代化を推進しようとした穏健開化派に対し、急進派は清の内政干渉を排除し、日本の明治維新をモデルとして政治制度までを含む包括的な制度改革を通じて近代文明を全面的に導入する考えを持っていた。甲申事変で最も注目される経済政綱は、地租法の改正と財政機関の一元化という、近代化政策を支えるためには緊急な財政改革策であった」とし、「甲申事変を引き

起こした急進開化派は、適切な政策方案を構想したと評価したい」としている。
姜在彦著『朝鮮近代史』も開化派の新政綱について、「断髪令のように…時期尚早のものもあるが、その他はいずれも朝鮮の自立的近代化にとって不可欠の内容ばかりであった」としている。

(六) やらない方が良かったクーデター

しかしながら甲申事変は、目的の達成に失敗しただけでなく、逆に、朝鮮政府から改革派は追放され、対外関係では朝鮮の清国属国化を更に強める結果に終わった。その結果からすれば、甲申事変はやらない方がよかった、やってかえって事態をまずくしたクーデターである。

甲申事変は朝鮮の急進開化派が企画して実行したクーデターであったが、日本側の支援が当てにされていた。失敗に終わった原因として、急進開化派が立てた元々の企画が杜撰であったことは間違いない。日本側にも、企画を必ず成功させるのに必要な支援の規模を正しく把握しておらず、また無責任な大言壮語を行ったという問題があったように思われる。

(七) 支援体制の実態

山辺健太郎著『日本の韓国併合』は、いくつかの史料を使ってこの事件を詳述している。それによると、—親日派の金玉均らが日本側と直接結び付いたのは、後藤象二郎、福沢諭吉とこの両者の指示を受けていた井上角五郎という民間の人脈によってであった。当時日本の朝野に、清仏戦争の機会を利用して朝鮮で積極策を採れという意見が非常に強く、日本政府の井上馨外務卿らも後藤、福沢らと共に朝鮮に親日的政権を打ち建てようと策動した。だが清仏の衝突はさほど清国への打撃とならず、日本の方針も当然変更された。ところが、当時は電報が東京と長崎、長崎から釜山までしかなく、ソウルまではその後船便と陸路連絡で日数がかかる。事変を起こすなという政府からの訓令が届かないうちに、公使は、日本政府の政策が変わったことを知らないまま金玉均との謀略に加わった――

すなわち、日本政府も少なくとも一時期は本件を積極的に支援しようとしていたが、情勢判断が変わり止めようとしていた、ということのようである。

（八）事変失敗に対する反省

林薫の回顧録『後は昔の記』には、この事件について、「果たしてしからば、ただ一個の文人騒客たる竹添某にこの重大事を委任したると、当時在京城の清兵三千人と称せられたるに対し、これに対抗するに足るほどの我が兵を京城に置くの方法を取らざりしは、計謀と実行力との権衡に注意せざるの失策なり」と記されている。

林薫のこの反省は、まことに妥当だと思われる。竹添公使について「文人」とあるのは、彼が元々は漢学者で、公使を辞した後は東大教授となって漢学を講じた人だからであろうと思われる。金玉均に、日本軍の精鋭を以ってすれば清国軍を撃退するのは訳のないことだと大言壮語したというのは、無知というべきだろうか、無責任というべきだろうか。もしも日本側が事変の裏面支援を行っていたのなら、そういう文人竹添公使を日本側責任者にしてしまったことも、ソウル駐在の清国兵力に対する日本側兵力の劣勢への対策を講じなかったことも、どちらも正しい指摘だと思われる。

一番正しい判断をしたのは、やはり、「本件は中止せよ」と言った伊藤博文総理だったと思われる。事件の事後処理で、朝鮮政府との交渉には井上が出馬し、日本の主張を一方的に通すという高圧姿勢に徹した。しかし続いて行われた清国との交渉は、伊藤が自ら乗り出して天津条約をまとめた。伊藤は、この時点では、判断の適切さに於いても交渉上の格に於いても井上の上を行っていたように感じる。本件の後、竹添は外務省を辞し、トカゲの尻尾切りがなされてしまう。

なお、日本軍の兵力が明らかに劣勢であるのに、ひたすらクーデターの実行を図ろうとし、清国軍が動き始めたら干渉だけでなく日清開戦まで主張した自由党、改進党などは、主観的にはどれだけ熱意があろうとも、主張通りに事を運べば願望に反する結果を生じさせるだけの無責任な冒険主義者と言わざるを得ないように思われる。それに対し、対清戦争は無謀であるだけでなく不可能だと指摘した山縣らこの当時の軍部指導部は健全であった。

（九）その後の同類案件に活かされた甲申事変の反省

クーデターのような重要事案では失敗は許されないので、イチかバチかではなく必ず成功するやり方をしなければならない、条件が整わないなら実行してはいけない、というのが大原則だと思われる。以後の朝鮮に於けるクーデター事例には、日清戦争の開戦直前に発生した一八九四（明治二十七）年七月二十三日の王宮襲撃事件がある。これは、クーデターを起こすこと自体が妥当であったかは別にして、クーデターとしては成功事例となった。

王宮襲撃事件では、①実行計画は日本公使館と混成旅団司令部が協議して策定した②日本軍の勢力は当時のソウルでは圧倒的なものであり、しかも前日までに決行の準備を終っていた—ということで、林薫が指摘した甲申事変への反省事項に対し十分な対策がなされていたと言えると思える。

ただし、この時期の朝鮮でのクーデター事例にはもう一つ、一八九五（明治二十八）年十月八日の閔妃殺害事件もあった。こちらは甲申事変以上に出来の悪い大失敗となった。折角な対策が全く身に付かなかったと言える。

壬午軍乱が象徴しているように、朝鮮が開国し海外との貿易を開始したために発生した経済への影響は小さくなかった。そして日本は、当時の朝鮮の最大の貿易相手国であった。当時の日朝関係を理解するため、次には日朝貿易の状況がどうであったかを確認する。

第四節　日朝貿易状況

一八八四年の甲申事変から九四年の日清戦争までの約十年間、この間には、朝鮮側の反日感情を増幅させた防穀令事件なども発生した。背景には、日朝貿易による経済影響だけでなく、日本商人の問題行動もあった。

一　日朝貿易

甲申事変の失敗で、朝鮮の清国への属国化が進んだ。と言っても日朝間の交渉が途絶えた訳ではなく、貿易関係も維持されている。こゝでは特に経済関係について、少し詳しく確認しておこう。

当時の日朝貿易の内容はどのようなものであったのかについては、朝鮮側からの視点で記述された李憲昶著『韓国経済通史』があり、日本側からは塩川一太郎著『朝鮮通商事情』がある。後書は京城の日本領事館書記生だった塩川一太郎により、日清戦争中の一八九五年に刊行されたものである。

A　開港後の朝鮮の貿易の額と品目

開港場貿易は一八七九年に百万円、一八九五年に千万円、一九〇四年には三千万円を超えた。資本主義的な生産により供給が弾力的である輸入貿易が、自給自足性の強い前近代的な生産組織に立脚した農産物を中心とする輸出貿易より早く増加し、一八八五年からは貿易赤字が恒常化し、その規模も次第に大きくなった。貿易赤字の一部は金の輸出を以って決済し、残りは不動産の購入、資本財の輸入などの資本投資によって埋められた。

輸入品の中心は開港直後から継続して綿製品であった。一九〇〇年までは、輸入品のなかで綿製品の比重が半数以上を占める年がほとんどであったが、それ以後は急速に低くなった。それに比べ、米と大豆は一八九〇年以来の輸出主力品としての地位を固めた。

B　日中による欧米製品の中継貿易地としての朝鮮

朝鮮の貿易相手国は中国と日本に限られていたと言っても過言ではない。欧米国家は朝鮮市場にそれほど魅力を感じなかった。米と大豆はほとんど日本に輸出され、日本への輸出額は毎年全体の九割を超えていた。中国からの輸入の比重は一八八六年十八％から一八九三年四十九％へと急速に上昇した。中国に対しては、人参・なまこ・紙類などの少額品目を除けば特に輸出できる商品がなく、輸入品の代金は主に金で決済された。

日清戦争以前に輸入された綿製品は大部分が欧米資本主義国からの製品であり、中国商人と日本商人がその中継貿易に従事して商業利潤を獲得した。遅れて参入した中国が輸入貿易に於いて顕著な成長を遂げたのは、中国商人が日本商人に比べて資本力が優越し、商業手腕や信用度に勝り、中継貿易港として上海が長崎より有利だったためである。

C　「日本製品」の輸出が次第に増加

日本は日清戦争以前から、中継貿易から抜け出そうとする動きを見せた。日本からの輸入品の中で日本製品の比重は一八八二年以前までは一割余りであったが、一八八三年以後は五割前後に増加し、一八九〇年からは毎年八割を超えた。

日本は産業革命を遂行しつゝ朝鮮より高いレベルの工業生産力を確立し、それを基盤として朝鮮と農工分業関係を結ぶことができた。一八八五年の段階では、対日輸入の半分が中継貿易であった。一八八五年には日本からの輸入繊維製品のうち日本産は三十一％に過ぎなかったが、一八九六年の段階では九十七％に達した。また日本からの輸入品全体でも日本製品が九十一％を占めた。

日本が工業化と都市化の進展に伴い、一八九〇年を基点にして米穀輸出国から米穀輸入国へと変貌し始めるにつれ、朝鮮の米穀輸出は急増した。朝鮮米は日本米と品質が類似したため輸入品の中でも価格が高い方であり、都市市場での需要が多かった。一八九〇年代に朝鮮が日本の商品販売市場と食糧供給基地に編成されてから、日朝間の貿易は、朝鮮の米を消費する日本工業地帯の労働者が生産した綿製品を朝鮮農民が購入するといった特徴を持っていたため、村上勝彦（東京経済大学教授）は「米綿交換体制」と名づけた。

D　慢性の貿易赤字、輸出商品を育成できなかった朝鮮

日本が貿易の第一の相手国だったこと、一八八六年以降は輸入相手国としては日本のシェアが中国に奪われて低下したこと、当初は日本も中国も欧米製品の中継貿易が中心であったが、日本だけは国内産業が成長して、欧米製品を日本製に徐々に切り替えて行ったこと、他方、朝鮮からの輸出品は日本向けの米と大豆ぐらいで、あとは金での決済が中心だったこと、が判る。

朝鮮側の立場で考えれば、輸出商品の育成が出来ず、貿易赤字の慢性化に何も効果的な手が打てゝいなかったという状況があった。この点で、日本が開国した時との差が見られる。壬午軍乱・甲申事変で問題点が露呈したのに、朝鮮国王と政府がそれに対する本質的な対策を何も打たなかった結果であるように思われる。

二　反日感情を高めた問題行動

Ａ　清国商人が日本商人の競合者に

一八七六年から一八九三年に至るうち、「一八八四年に至る八ヵ年間」が日朝貿易の第一期といえる。日朝貿易が朝鮮に於ける外国貿易の全部（鴨緑豆満両江岸の貿易を除く）であった。一八七六年から釜山、一八八〇年に元山、一八八三年に仁川が開港した。

一八八五年からは、清朝貿易が最も恐るべき日朝貿易の競争者となる。日朝貿易章程の改訂は一八八三年末、出入り貨物に従価税を課し、税関の設立がなされた。清朝条約・英朝条約もまた前後して締結された。英朝条約は内地行商、清朝条約は京城開桟、日本商も最恵国で同権であった。清商も来たり、洋商も来たり。外国貿易は年ごとにその額を増進していった。一八八五年以降に於ける朝鮮の外国貿易は、遂に日朝・清朝両貿易の対立となる。

Ｂ　清国商は京城・仁川に集中して日本商を凌駕

日本商が釜山、元山より漸く手を京城に拡げようとした時、清商はその全力を朝鮮の商業本部ともいうべき京城に集めた。京城内商業に於いては、清商は容易にその先入者たる日本商を凌駕して、長足進歩を遂げた。そして漸次に八道に向かってその商業の拡張を企図した。「その内地行商の鋭意なるが如きもの、実にその一手段というの他なし」とされる。

仁川は外国貿易に於いて京城の門戸である。故に、京城に於ける清商商業の発達は、すなわち仁川に於ける清商商業の発達である。支那からの輸入の中に西洋商估《しょうこ》（商店のこと）の輸入品があると同時に、清商及び西洋商が日本より輸入するもの、また決して小額ではない。

C　西洋反物は、清国商は上海から、日本商は長崎から仕入れ

従来日本商の手裡に掌握している西洋反物、すなわち金巾類各種は、漸次清商の手に移り、仁川もしくは元山の如きは今や清商の専売品たるが如き有様である。その所以、清商はこれを上海に仕入れ、日本商はこれを長崎に仕入れる便のためである。

すなわち、日本は近い釜山・元山から順次開港して行った経緯があり、日本商はそこを主要な根拠地とした者が多かったのに対し、清商は最後に開港した仁川及び清朝条約で開港させた京城に、すなわち朝鮮経済の中心地に一気に集中して入り込んだこと、そして欧米品の転売では上海から仕入れる清国商の方が有利であったことなどが、シェア逆転の大きな要因となった。

三　日本商より優れていた清国商の商才

塩川一太郎は冷静な観察者であり、日本が清国に輸入シェアを逆転された原因として、日本商と比較して清商の方がビジネスセンスがより高かったことを指摘している（塩川一太郎著『朝鮮通商事情』）。

塩川は、清国の方が日本より金利が安く、その点でも清商の方が日本商より有利であったこと、しかし海

運については日本が、汽船では八～九割、帆船は十割を占めていて清国を圧倒していたことも指摘している。

更に、日本商の中には明らかな問題行動を行う者がいたことを指摘している。

―注意すべきは日韓両国民の有する感情の相衝突することにて、日本人の有する歴史の観念はとかく朝鮮人を蔑視することあるを免れず。

明治十一、二年の頃に於ける釜山貿易にありては、日本人は実に朝鮮人を奴隷の如く取り扱えり。現時にありては、この取扱は漸次幾分か少しずつ薄らぎたりといえども、未だ全く消滅せりと云うべからず。どうもすれば昔時戦勝国の余勢を振るい、豊公当時の意気込みを擬して、商事にあれ隣家の交際にもあれ容易に叱咤し怒号し、また極めて粗暴の行為をなして、もって朝鮮人に対するの快となす者あり。店頭にありてさえ主客の地位甚だしく隔絶し、往々人をして奇異の観に驚かしむることあり、思わざるの甚だしきものと云うべし―としている。

日本商はもともと、経済中心地である京城への進出には出遅れ、ビジネスセンスでも清国商に劣っていた。それに加えて日本商は、本来は大事な客先、取引先である朝鮮人を蔑視して叱咤怒号したり、販売している製品が粗悪品であったりしたのであるから、輸入品のシェアで清国商に負けるのは当然の帰結であったように思われる。

A　日本商の朝鮮人蔑視はイザベラ・バードも指摘

秀吉の朝鮮侵攻という三百年前の不幸な歴史の故に、朝鮮は日本人への信用がもともと薄い国であった。そういう国であればこそ、より慎重に行動して信頼される実績を積み重ね、信用を獲得していくというのが現在にも共通の商売のやり方であるはずである。ところが当時の日本商の中には、適切な商売のやり方とは全く正反対のやり方を行って更に信用を失い、客の対日感情を悪化させた者も少なからずいた。

この点についてはイザベラ・バードも『朝鮮紀行』の中で、「三世紀にわたる憎悪を懐いている朝鮮人は日本人が大嫌いで、主に清国人と取り引きしている。…清国人は…朝鮮人にはまずまず態度が良かった。これに比べれば日本人の朝鮮人に対する態度は話にならない」と書いている。

日本商の朝鮮での問題行動は小商人だけの問題ではなく、大企業についても問題が見られた。居留地に進出した協同商会や大倉組、三菱会社なども、「朝鮮側に条約で裁判権のないのをいいことに、絶えず違法行為を犯しながら投機的な商業活動を進めた」(藤村道生著『日清戦争』)と言われている。当時の日本企業については、その小さからざる部分に明白な企業行動上の問題があったのである。

B　粗悪品は当時の日本工業の大きな問題点

もう一方の問題点であった粗悪品の生産出荷は日本国内でも発生していた問題であり、朝鮮向けに限った問題ではなかった(横山源之助著『日本の下層社会』)。

——今日京阪地方に於いて桐生・足利の織物に対してはほとんど信用を置く者なし。足利・桐生物は粗製乱造を致して信を置くに足らざるが故なり。これ内地向け織物の事。輸出織物の衰退も同じく粗製乱造に因由するもの争うべからざる事実なることを思えば、粗製乱造の足利・桐生を毒すること大なるを思わずんばあらず。桐生・足利の機業家は自らその不利を口外しながらなお改むることをせず。薬品を加え水分を加えて重量を増す。時日を経るに純白の物黄色と変じ、終に手を触るれば片々断落す—としている。

日本製品は「安かろう悪かろう」だと、昭和前期の敗戦後暫らくまでは言われていた。粗悪品は結局は商売の足を引っ張って商売を拡大できない、やはり品質の良い物を供給しなくてはいけない、との認識に完全に切り替わったのが、やはり昭和前期の敗戦後のことであった。高度成長期に至るまでに適切な反省がなされたと思われる。

C　イギリス人に褒められた日本製品もあった

ただし当時の日本商人の皆が皆、詐欺瞞着の徒であった訳ではないようである。以下は、イザベラ・バードが著書『朝鮮紀行』の中で、当時朝鮮で販売されていた日本製品を褒めている個所である。

—朝鮮市場に於けるイギリスの手ごわい競争相手は日本である。二十四時間以内に朝鮮の海岸線に到達できる海運をほぼ独占し、現在最も頭の回転が早く、適応性があり、忍耐強く、進取の気性に富んだ人々と競合せねばならない。

日本製綿糸は、イギリスとインドの綿糸を朝鮮の市場から徐々に駆逐しつゝある。日本製綿糸は実質的にインド製と同程度の価格で売買することが可能で、品質が改良されている。日本の成功は、朝鮮の津々浦々に目はしのきく出張員を送り、その出張員から仕入れる情報の正確さ、そして朝鮮市場の好みと要求とを調べる製造業者のきめ細かな配慮に主として起因している。

日本の商品は荷揚げ後小柄な朝鮮馬に合わせて梱包し直す必要のない、取り扱い易い大きさにまとめられて港に届き、その価格や幅や長さや織りは朝鮮の消費者の意に適っている。輸入会社の出張員の報告に従って、大阪を始めとする生産地の職工は、丈夫で人気のある朝鮮南部製の手織り綿布の織り方や布幅や長さをたちまち器用に自分たちの製品に取り込んでしまう。こうして出来上がった製品は、棒で叩いて汚れを落とす朝鮮式の洗濯にも耐える朝鮮製綿布のイミテーションであるどころか、本家本元の朝鮮人職工の目すらあざむき、朝鮮の女性に大変な人気を博している―


現代の日本企業が特に海外ビジネスで発揮している特性の一つに、ものづくりに於いて、現地のお客様に評価される製品を作ることでシェアを広げて行くという点があるが、既にこの時点で少なくとも綿糸や綿布の業者については、その特性が発揮されていたことが良く理解できる。これが、日本製の輸出が欧米製品の中継貿易に置き換わって行った理由であった。

こうした良い例がありながら、他方では詐欺瞞着路線を採っていた日本商人もいたところが大きな問題であった。

D　日朝貿易拡張のための塩川の日本商への提言
塩川は日本商の問題点や清商の優れている点を指摘し、更には朝鮮国内の産業の発展状況も分析した上で、日朝貿易を拡張するための提言を行っている（塩川一太郎著『朝鮮通商事情』）。

――〔朝鮮国内の商業・物流の発達を〕自然に任せんには、運輸の便の如きは、到底開発せらるゝこと、覚束なかるべし。故に〔日本商は〕自ら進んで深く内地に入り、資本を内地に注入し、船にもあれ車にもあれ、出来るだけ韓商を助けて運搬の便を開発し与うるは、けだし目下の必要なりと云わざるべからず。

清国商估《しょうこ》（商人のこと）内地行商業の近来著しく進歩せしは、驚くべきほどなり。聞く、清商は昨年中までは金巾類その他とも、専ら延売《のべうり》（後に金銭で納めた納め方）をなし、痛く失敗せしかば、その結果として近来延売を停止してその方針を替え、自ら進んで内地に入り、直に需用者についてその販路を拡張せんことを計画せりと。かくの如く清商が内地に入り込み、盛んにその商業を営むに当たって、独り日本商が京城及び三港の地に座して小天地の下にその貿易の進運を謀るが如きは、到底否運を招くの原因たらざるを得ず。日本商はこの際幾分かの資金を内地に注入し、あるいはその交通運搬事業に向かっての導火となり、あるいは直に生産者に向かって幾般生産事業の改良を促し、もって自家立脚の地歩を鞏固ならしめざるべからず――としている。

塩川は、朝鮮の発展状況と日本商・清商の現状を冷静に観察し、事実に即した客観的な分析を行って、実務的にも可能な極めて現実的な改良案を提言している点など、事態を徹底的に改善視点から見ていたと言えるように思われる。

とりわけ塩川の見解が卓見と評価できそうな点は、日本商に問題行動の反省を迫り、清商との競争では日本の軍事力などに頼らずあくまで商売上の工夫によって競争に勝つことを求め、更に朝鮮の商人や生産者との協同の拡大が必要であることを説いている点である。

第五節　在朝の日本人人口動態

この当時、朝鮮にはどれだけの数の日本人が住んでいたか（高崎宗司著『植民地朝鮮の日本人』）を見てみる。

まずは総人口の推移だが、一八七〇年代にはまだ極わずかだったのが、八〇年代には急増、八一年には三千四百人を越え、八九年には五千五百人を越える。（八六～八八年の急減は実際に急減した訳ではなく、当時の統計の不完全さによるものかと思われる）。九〇年代に入ると更に増加し、九一～九二年には九千人を越えるまでに達する（資料17－1）。

次は、九〇年代初頭の九千人前後の日本人が朝鮮のどこに住んでいたのかについてのグラフである（資料17－2）。

日本人人口では釜山が断トツの一位であり五千人前後が住んでいたこと、二位は仁川で二千五百人前後の人口であったこと、漢城や元山は七百～八百人程度の人口でしかなかったことが判る。

では、当時その釜山にいた日本人はどういう職業が多かったのか。

この点について高崎宗司氏は、「貿易港らしく、貿易商と仲買商人、そして彼らに雇われていた日雇い人足が多かった。建築ブームに乗った職人（大工・左官など）も多い」と書いている（資料17‐3）。

　そういうレベルの人々を現地で雇用するのではなく日本から連れて行った（あるいは、日本から出かけて行った）ところに、日本と朝鮮との地理的な近さによる当時の朝鮮進出の特徴があったと言えるだろう。逆に言えば、日本商人の進出をビジネスチャンスと見る朝鮮人は少なかったと言えるのかも知れない。

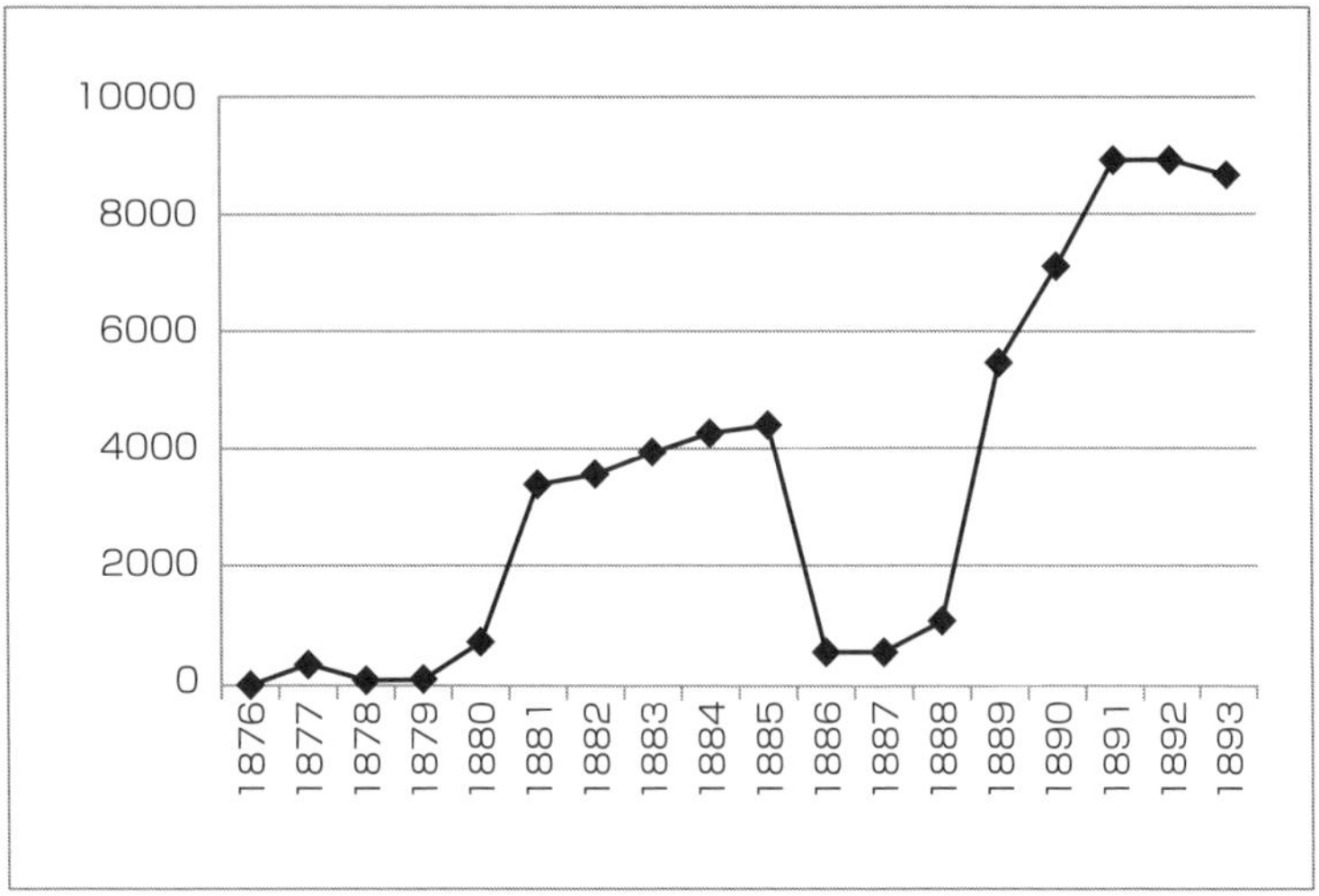

資料１７‐１　朝鮮の日本人　人口数

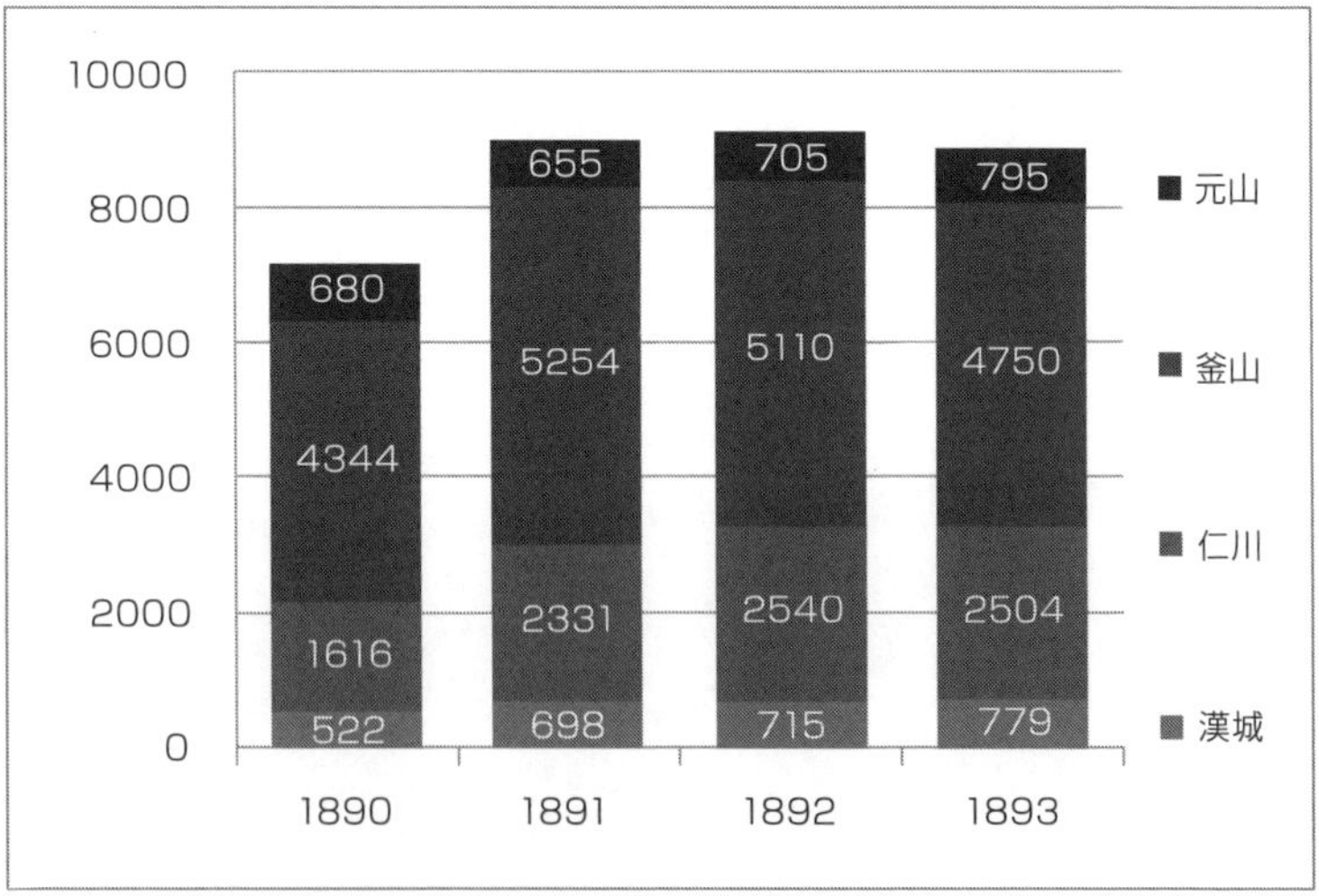

資料１７‐２　朝鮮の日本人　居住地

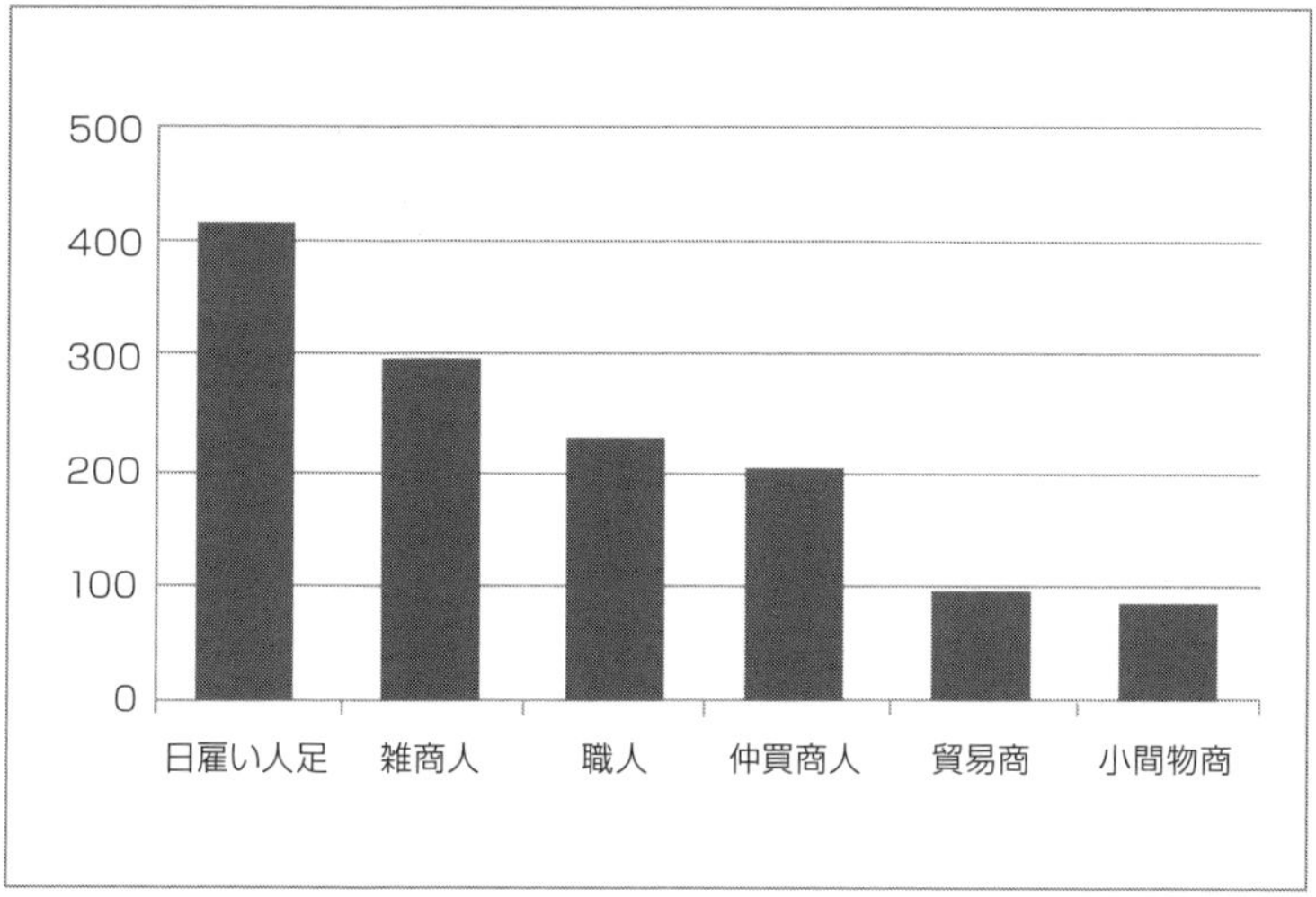

資料１７-３　職業別日本人人口（釜山：１８９１年末）

第六節　朝鮮には日本の銀行も進出していた

当時の日朝間の経済関係は貿易だけに留まっておらず、早くも一八七八（明治十一）年には、渋沢栄一の第一国立銀行が支店を開設している。一八七八年といえば、前のグラフにもあるように、まだ日本人がほとんど朝鮮に進出していない時期であり、ずいぶん思い切った進出であったと言える。

イザベラ・バードの著書『朝鮮紀行』にも、「日本の第一銀行及び第五十八銀行がソウルと開港場で銀行業務を行っている」と出ており、日清戦争当時までの朝鮮には銀行といえば日本の銀行しかなかったようである。

以下は、島田昌和著『渋沢栄一―社会企業家の先駆者』、杉山伸也著『日本経済史　近世―現代』からの要約である。

一　渋沢栄一による日本の銀行の朝鮮進出

「日本資本主義の父」とも言われる渋沢栄一が朝鮮半島へ経済進出して行った端緒は、一八七六（明治九）年の日朝修好条規の締結によって日本通貨の朝鮮内流通権とその他進出の足がかりを獲得したことで、維新政府の内務卿・大久保利通が朝鮮への進出を大倉財閥の大倉喜八郎に勧奨し、大倉が金融面での進出を第一国立銀行頭取の渋沢に呼びかけたことによる。

二　第一国立銀行朝鮮支店の開設・拡大

一八七八（明治十一）年に第一国立銀行釜山支店は開設した。八〇（明治十三）年に元山出張所を開設、これは砂金買い上げが目的で八四（明治十七）年から開始し、八六（明治十九）年には日本銀行と地金銀の買い入れ契約を結び本格的に朝鮮産金を買い入れた。八三（明治十六）年に仁川出張所を設置し、翌年には仁川・釜山・元山三港と海関税取扱契約を締結した。

三　朝鮮支店の業績は低迷していた

業務は拡張されていったが、第一国立銀行の朝鮮支店の業績は長期的に低迷を続けた。一八八四（明治十七）年に朝鮮政府は銅貨の鋳造を計画したが中止となり、資金を融資した第一国立銀行に銅塊三十万斤が担保として残り大きな損害を受けたことが記録されている。八〇年代半ば過ぎまで業績は全く拡大せず低収益を続け、八六、八七（明治十九、二十）年には先に記した影響などにより開業当時の業績に低落してしまう。

ようやく一八八八（明治二十一）年頃から業績が上向き、朝鮮支店の純益金が翌年、翌々年にかけて顕著に増大、原因として景気の回復や仁川港の発達などが挙げられる。

日清戦争以前の段階では朝鮮支店の収益は一八九〇（明治二十三）年がピークで、日清戦争前に朝鮮での日本勢力の後退もあり、純益金の額も比率も大きく低下する。それ故同行は朝鮮事業の縮小も検討し、九三（明治二十六）年には京城支店の廃止を検討しているが、外務省筋の要請で支店廃止を中止した。

渋沢栄一は朝鮮について、「日本と同様の国」で「独立せしめて置かねばならぬ」が、「全く農業時代の国」で「未だ工業経済若しくは商業経済の時代に達せざる」故に、「我は彼の母国の如き感あるを以って」誘導してやらなければならないと考えて朝鮮支店に力を入れ、利益があまり上がらなくても継続したようである。

朝鮮に進出した日本人に問題があったことは渋沢も指摘している。次の引用は一九一〇年の朝鮮統監府成立以後のものだが、「従来我が国の人が韓国に至って経営するのは『ボッタクリ主義』『一攫千金流』であったが、これは宜しくない。かく今日の如くに統監府のあるところ故、国民と同一の考えで韓人に対して『腰掛主義』や『掠奪主義』を廃めて、『居坐主義』・『文明主義』になる事を奨めます」と発言していたようである。

第七節　反日意識を昂進させた防穀令事件

一八八九年の防穀令事件は、地方官が不作の大豆の日本への輸出を禁止した手落ちがあり、そのうえ予告期間も不足したことにより生じた。このため日本商人に損害が発生したとして朝鮮政府に賠償要求。賠償解決は一八九三年で、交渉期間が長引いた。
　この事件は日本の国会でも問題となり、対外硬派の政府攻撃の材料となった。日本の大石正巳公使はもともと外交問題の素人で、国内の対外強硬論に押され外交官としての習慣や儀礼を無視して無茶な強硬方針をもって朝鮮と交渉した。結局この交渉は日本外交の信用を落としただけであった（山辺健太郎著『日韓併合小史』）。

　では、そもそも防穀令とは朝鮮政府のどういう政策であったのかを再確認しておく（武田幸男編『朝鮮社会の史的展開と東アジア―吉野誠「開港期の穀物貿易と防穀令」』）。

　防穀は、過去からの伝統的な救荒対策の一つである。荒年に地域内の穀物が不足して価格が上昇、貧民の生活が困難に陥る事態に対する施策として発令されたのが防穀令であり、地域外への搬出を止める。凶年には国家的な施策として飢民に対する穀物の支給、その賑穀を確保するための手段の一環としても意義があった。

　防穀令は、必然的に地域間の流通にとって阻害要因とならざるを得ない。各地方での防穀はソウルの食糧問題を深刻化させた。開港年の一八七六年にも、ソウルでの米穀供給を確保する目的で防穀令の発令を禁ずる措置が執られた。
　開港後の輸出が防穀問題の深刻化を招くだろうことは、当初から朝鮮政府が強く懸念するところであった。壬午軍乱の翌年に調印となった在朝鮮国日本人民通商章程では、「一カ月前に於いて地方官より日本領事館に照知すべし」との規定が明記されている程である。

日本に於いて米価が高騰した一八八九（明治二十二）年の秋以降、朝鮮の各港では日本人穀物商の活動が活発になり、翌年には飛躍的な米穀輸出の増大がみられた。それに伴って各地で防穀が実施され、日朝間の外交問題にまで発展したいわゆる防穀令事件が起きた。

すなわち、もともと防穀令というものは、産地では良くても消費地では困るという課題を含んだ伝統的な政策であった。それが何の是正もなく開港後もそのまゝ続けられ、また増産対策も特に打たれずにいたことに問題の根元があった。

最終的に賠償問題が国家間の問題にまで発展した、一八八九〜九〇年の黄海道二件と咸鏡道一件の合計三件の防穀令事件については、唐沢たけ子著『防穀令事件』にその詳細が出ている。

防穀令発令によって日本人商人側に損害が生じたというのは、当時の穀物取引の形態による。「朝鮮で穀類買付けに従事する日本人商人は比較的零細な営業者が多く、ふつう銀行又は個人から融資を受けた資金を植付け前に朝鮮人農民に貸し付け、秋に収穫物を引き取って開港場に輸送し、大手筋の貿易商に売渡す、という営業形態をとっていた」（大江志乃夫著『東アジア史としての日清戦争』）ということであるから、単なる買付けではなく、ファイナンスと買付けとがパッケージとなった特殊な取引であった。

ファイナンスと言っても高利貸し的方法であり、「その貸与する所は米穀の売買相場よりはよほど低度なるをもって、豊年には莫大の利益を見、凶作にも損失するところ少なし」（ロシア大蔵省篇『韓国誌』）という掠奪的方法であった（山辺健太郎著『日韓併合小史』）。

であるとしても、植付け前に貸付けを行っているのに、作柄を見てから防穀令が出されて移動を禁止されては確かに大損になるから、賠償請求そのものは合理的と思われるし、朝鮮側も賠償責任は認めていた。

問題の根元は、日本業者が賠償請求金額について、運動経費・延滞利子などの名目で倍額以上に水増しした額を譲らずに言い張り続けたことであった。元山の事例では損害元金五万余円、梶山鼎介公使の査定も六万円が妥当としたのに対し、業者側は十四万七千円の賠償請求額を要求したとの事である。日本商人のもう一つの問題行動がこゝにあったと言える。

高橋秀直著『防穀令事件と伊藤内閣』は、この事件での日本政府と国内の動き及び外交交渉を詳細に追跡している。それによると、当時の伊藤内閣・陸奥外相には、強硬策を主張したり解決を長引かせる気はなかった。梶山公使の査定額六万円と日本商人側が求める最低妥結要求額十一万円の間で妥協を図ろうと考え交渉をしたが失敗、そこで公使を梶山から大石正巳に交替させたが、大石は交渉技術が拙劣で事態を紛糾させた。不適任な人物を公使に任じた伊藤・井上も責任を免れない。また、伊藤内閣の対応の基本線は平和的に紛糾を解決しようというものであったが、強硬論に傾く世論の動向もあり、政府の政策も時に強硬論に流れたとしている。

業者側の名目十四万円はもちろんのこと、最低十一万円という要求額でも、梶山公使の査定した六万円とでは倍半分近い差があった。業者側最低要求金額に引きずられた陸奥外相も問題であったように思われるが、儲かる結着にこだわった業者側に最大の問題があったように思われる。相手国政府と大ゲンカしてビジネスが継続できる訳がない。今回は元が取れればよい、こゝで貸しを作って次回以降で儲けさせてもらおう、というのが健全なビジネスの判断であったように思われる。

当方側にも普通のビジネス感覚があって、その取引の継続が重要だと思えば、相手に賠償責任がある場合でも、むしろ相手の顔を立てゝ請求金額は抑え、その代わりちょっと別件で便宜を図ってもらえないか、などと交渉するところである。その方がよほど相互関係も良くなり、結果として将来に亘ってより大きな利益が得られと思われる。

本件では、一部特定業者の水増しされた利益が自国の利益と勘違いされ、更に結果として中長期的な国益にどのような影響が生じ得るかを一切考えず、目先の利益追及だけが徹底的に行われた。その結果は、現実にその後の国益を害する方向に向かってしまった。

崔文衡は著書『閔妃は誰に殺されたのか』の中で、「閔王妃はこの事件以後『拒日』のための『引露』もまた切実となった」、すなわち日本を拒むべくロシアを引き入れる方向に明確に動き出した、と評価している。強硬交渉を煽った対外硬派に、その点の反省があったようには見えない。

第八節　巨文島《コムンド》事件・東学の乱（甲午農民戦争）

日清戦争勃発の直接の引き金は朝鮮での東学の乱の発生であったが、乱の原因には、積年の問題に対する朝鮮政府の長年に亘る効果的な対策の欠如があった事を見てみる。

一　巨文島事件（一八八五年）

一八八二年の壬午軍乱とその二年後の甲申事変の時までは、朝鮮に関心を示す外国は、貿易状況にも現れていた通り、清国と日本だけであった。しかし、こゝでロシアが登場してくる（山辺健太郎著『日韓併合小史』、藤村道生著『日清戦争』）。

A　朝鮮とロシアとの接近

甲申事変後の天津条約以後、日本は清国との衝突の回避を図った。しかし、清国はことごとく朝鮮の内政に干渉するようになる。朝鮮総理交渉通商事宜、すなわち清国代表であった袁世凱の朝鮮に於ける度を過ぎた干渉は、やがて国王と閔妃らをロシアに接近させ、一八八五年初めごろ朝露密約がなされた。

B　巨文島事件

一八八五年四月、イギリスの中国派遣艦隊が朝鮮南岸の要地巨文島を占領した。ロシアが巨文島の割譲を求めているという情報に機先を制したのである。また、ロシアはイギリスに対抗するために永興湾の占領を企画し、また露朝密約を結んで朝鮮を保護下におくことを計画中だとの情報があっていた。イギリスの巨文島占領には清国が承認を与えていた。ロシアは、イギリス撤退後の巨文島不占領を清国に保証していた。イギリスは占領以来二年後に引き上げた。問題は朝鮮を離れ、露英清三国の間で解決された。

巨文島事件後、日本政府ではどのような方針転換があったのかを確認したい（高橋秀直著『日清戦争への道』)。

C　日本政府は極東に対する列強の脅威を危惧

巨文島事件により日本は、極東に対する列強の脅威を強く感じることになった。巨文島占拠は、ロシアによる元山などの譲渡要求のような対抗処置を招き、それが認められゝば他国もこれに倣い、朝鮮は列強に分割され、日本近海は列強の「争乱紛議の中央」となる。このように日本政府は危惧した。

こうした状勢認識を踏まえて、日本政府は遂に従来の政策の転換を試みる。それが弁法八ヵ条の提議である。

一八八五(明治十八)年六月、井上外務卿が清国に提案した「朝鮮弁法八ヵ条」の内容は、

第一　朝鮮に対する政策はすべて最高度の秘密の手続きをもって、常に李鴻章と本官(井上馨)と協議の上で李鴻章氏がこれを施行すべし。

第二　朝鮮国王に今のような政務を執らせずに、且つ内官の執権を剥いで、その政務に関する途を絶つべし。

第三　国内第一等の人物を選んで政務を委任し、これを進退するには国王は必ず李鴻章の承諾を得るべし。

第四　右の第一等の人物は、金宏集、金允植、魚允中の如き人なるべし。

第五　出来るだけ速やかにパウル・ゲオルク・フォン・メレンドルフ(ドイツの言語学者・外交官。十九世紀後半に朝鮮の国王である高宗の顧問を務めた。満洲語のローマ字表記を考案したことでも

有名）を退け、至当の米国人を以ってこれに代わらせるべし。
第六　陳樹棠（袁世凱の前任者）は篤学の人であるが力量足らず、他の有力者と代わらせるべし。
第七　陳樹棠の後任者を李鴻章から任命し、米国人を朝鮮に推薦した上は将来の政策についての十分な訓令を与えてその者を日本に送り、本官と面会させるべし。
第八　陳氏の後任者は京城に在留の日本代理公使と深く交誼を結び、諸事協議して事を執るべし。
右は全くアジア州全体に虎狼の侵襲を防ぐを以ってその静謐安寧を保全する一点から出るものであって、朝鮮政府の政治に干渉することを主意とするものではない。その趣旨を李中堂（李鴻章）には明らかに諒知されるように御陳述ありたい。

というものであった。

その狙いは、清の主導の下に朝鮮の改革を行い、ロシア勢力の浸透を阻止すること。清の優位の承認は、ロシアとの対決の際の危険負担を清にのみ負わせようという日本政府の意向の表れであった。交渉は順調に進むかに見えたが結局は失敗、清側は日本側に拒否権を留保することを避けようとした。

挫折後も日本政府は、朝鮮に於ける清の影響力行使を黙認した。ロシアへの危機感は一八八六（明治十九）年には次第に低下し、翌年二月にはイギリスも巨文島より撤退した。これ以後も日本の対清協調路線は変わらなかった。

巨文島事件以後も日本は朝鮮「独立」論を執り、属国論を認めていなかった。また日本は、朝鮮への経済的権益の獲得を依然試み続けており、その面では清は競争相手であった。しかし日本の朝鮮政策は、ロシアの侵出への危機感が高まると、対清提携が強く模索されるという構造に変わった。

D　日本の軍備は大拡張せず

紙幣整理政策は着々と成果をあげ、一八八五（明治十八）年には兌換銀行券発行の見通しも立ち、五月には遂に日銀券が発行された。しかし、このとき財政は再び行き詰まり状態で、その要因は軍拡財政計画の破綻・税収の落ち込み・新規要求の噴出であった。深刻なデフレのため、大幅な増税を行いながらも税収は予想の伸びを示さなかったのである。

一八八六（明治十九）年度予算にむけて新規要求が次々と登場し、その中心は総額五千九百九十二万円に及ぶ建艦計画追加要求である。しかし伊藤—井上—松方という政府の主流は伊藤も含めて緊縮派であり、外交、対清協調政策を採った。海軍の建艦計画拡大要求の拒否、現在進行中の陸軍の軍拡計画の中止・縮小がなされ、軍拡は加速どころか減速した。

海軍軍拡〔建艦費〕は別財源で、海軍公債の発行は三年間で千七百万円の内国債だった。松方・井上にとって、海軍軍拡のための限定的な公債発行は本来は望ましくはないにしても許容範囲に入るものであった。背景には、紙幣整理の成功による金利の低下があった。西郷海相は緊縮派の方針に沿って海軍を動かしていった。

すなわちロシアという、清国よりも厄介な新しい敵に対し、日清が共同して対抗しようという姿勢を強め、結果として対清提携を強く意識するという方向転換であった。国家の財政については、軍備拡張も許容する範囲のものしか認めなかったという状況であった。

E　軍乱後の朝鮮

甲申事変から日清戦争に至る十年間を、朝鮮側の視点から見てみる。

清国からの介入圧力が高まり、その圧力から逃れたい高宗はロシアに接近して勢力のバランスを変えようとするが、結局ロシアは出て来ず、「朝鮮半島に於ける清国による覇権」が完成して、「朝鮮半島に一旦奇妙な安定」が確立され、「外交に関わる事象の多くは、…袁世凱と、その背後にある李鴻章によって処理され、事実上高宗や朝鮮王朝は権限を失った」という時期となった（木村幹著『高宗・閔妃』）。

高宗の立場から、これまでの経過を整理してみると、

一　大院君執政を止めさせて親政を開始したら失政となり、財政危機になった
二　そのため日本に無理矢理開国させられた
三　開国後は財政危機が深刻化し、壬午軍乱が発生した
四　その結果、清国による属国化が始まった
五　更に甲申事変が発生、清国による属国化が強化された
六　清国牽制でロシアに接近したがうまくいかず、清国への従属状態が更に進んだ

ということになると思われる。事態は、より不都合な方向へとほぼ一方的に流れていった。高宗とその政府が適切な方策を行おうとしていたようには全く見えない。

まずは、壬午軍乱に至るまでの期間に財政危機を解消する方策が打てなかったところに、根本的な問題があった。このため政府の財政危機と行政管理システムの破綻が進み、壬午軍乱が発生してしまった。軍乱後は、清国による属国化を招いた。また、乱の原因を除去する施策を行わず、逆に乱の原因であった閔氏一族による守旧政治を復活させた。その結果改革が進まないため、急進開化派による甲申事変を招いた。更に甲申事変の失敗により急進開化派は追放されてしまい、改善されるべき問題は放置され続けた。

清国による属国化対策としてロシアに接近しても、単に目先の敵を牽制しようとしたに過ぎず、ロシアからの本質的な支援、すなわち財政再建や行政機構改革のための具体的な支援を引き出そうとした訳ではなかった。

深刻な状況が目の前にありながら適切な課題認識すらせず、活動は何もしなかったと評価せざるを得ないように思われる。甲申事変から日清戦争までの十年間は、朝鮮王朝に於いて閔氏勢力が最も影響力を振った時代だったとも言われている（木村幹著『高宗・閔妃』）。高宗・閔妃と当時の朝鮮政府は、自らを、属国化が強化されても止むを得ない状況に追い込んでいた、と言えるように思われる。

なお、木村幹氏の前書は甲申事変や露朝密約に関して、「高宗のやり方には一貫した方法がある、まず自らの密書による秘密外交で列強を引き込もうとする、事が露見した場合には直接の交渉に当たった臣下の責に帰する、工作の対象となった列強には最大限配慮する、というやり方である」と分析している。列強の援助に頼る試みはするものゝ、自らの重大課題の本質的な解決には何ら取り組もうとしなかったところに、高宗の最大の問題点があり、その後東学の乱の発生に至ったことは必然的であったように思われる。

清国は、属国化を実体化させるという点では目的を果たしていたと思われる。ただし、朝鮮政府の財政危機などには一切口を出しておらず、朝鮮で再び騒乱が発生し日本など他国が介入してくる可能性に対し手を打たなかった。その後その可能性が現実化してしまうことになる。

朝鮮が危機的状況への本質的な解決策を採ろうとしなかったのだから、危機はますます深化していく。東学の乱に至るまでの状況について、姜在彦著『朝鮮近代史』から見てみる。

二　東学の乱（甲午農民戦争）に至るまでの状況

A　債務の増加

開港以来の国家財政は対外費がかさみ、それに反して租税源が枯渇し、赤字続きで内外債務だけが増加し、一八九三年の内外債務総額は七十万円の対外債務も含めて百六十五万円に達した。

B　激しい売官売職

朝鮮王朝時代の地方官は守令《スリョン》といゝ、府尹《フイン》、大都護府使《だいとごふし》、牧使《もくそ》、都護府使《どごふし》、郡守《ぐんしゅ》、県令《けんれい》、県監《けんかん》（監司《かんし》）の総称である。観察使《かんさつし》（道の長官）の監督の下、「国王の代理人」としてその地域を統治した。守令の任務は「守令七事」と呼ばれた。

守令七事とは、

・農桑盛（農業の振興）

・戸口増（人口の増加）
・学校興（学校の振興）
・軍政修（軍務や政務の遂行）
・賦役均（税を公平に課す）
・詞訟簡（裁判を迅速に処理する）
・奸猾息（悪人を出さないようにする）

であった。

守令を管理するため、観察使が年二回守令の褒貶《ほうへん》を報告したり、また、守令は短期間でしか在任していない者が多かったので、六年間在任させる守令六期法を世宗（第九代国王）代に確立させた。だが、守令六期法は成宗（第九代国王）代より後は再び短くなり、平均在任期間が一年六ヵ月未満となった。

守旧派の特権層とその追随分子たちは、その特権を利用して公然と売官売職を行った。相場は、各道の監司（知事級）で二万両から五万両、府尹で二～三千両から四～五千両、郡守、県令で千両から二千両ほど。官僚採用のための国家試験「科挙」は、あってなきが如しの状態であった。官職を買った地方官は、任期中にその資金を上回る財産を蓄えるために、管轄地域の人民収奪に専念した。

C　頻発する民乱

おのずから民乱が各地で発生した。一八九四年の甲午農民戦争に至るまでの十年間の民乱は、判明しているだけでも一八八五年三回、八八年二回、八九年六回、九一年二回、九二年八回、九三年十一回に及んだ。

政府の官僚制度も税制も私物化され、国家としての適切な機能が相当痛んでいたのだから、財政危機になるのは当然であった。また税務の私物化の結果として、人民からの収奪が激しくなれば民乱が発生するのも当然であった。民乱は、日清戦争開戦の一八九四年に急に発生したという訳ではなかったこと、特に一八八九年以後に発生数が増加している状況がよく解る。

D　官の腐敗

朴宗根著『閔氏政権の崩壊過程』（朝鮮史研究会論文集第三三集）は、朝鮮の当時の官の腐敗について次のように記している。

当時の朝鮮では、上層の役人は派閥争いの資金のため、中間層は昇進運動資金のため、下層は猟官運動資金のためと、物価の騰貴にも拘らず俸禄は上がらないので、生涯資金のために恣意的に収奪をしていた。問題となっている地方の守令などだと、「先ず予め若干の黄金を京城なる有力者に送って」ポストを得留め、そして「任期の三年の間に非常の重税を課して、非常に金銭を貯蓄」すると言われている。

「朝鮮政府の事実上全権たる閔泳駿《ミン・ヨンジュン》は、同国官吏中第一等の財産家にして、…今日閔族の政府を維持しているのは全くこの財産による」と、収賄の金は彼〔＝閔泳駿〕のワンマン体制を支える政治資金となっていた。

一八九〇年代に閔泳駿は、閔泳煥《ミン・ヨンファン》、閔泳達《ミン・ヨンダル》、閔泳韶《ミン・ヨンソ》と共に世間で取り沙汰され、当時政界を思うまゝに動かした閔氏ら四人の中の一人だったのだ。朝鮮時代末期に相次いで登場した勢道政権（外戚が政治を取り仕切る政権）の共通点は、国より家門の利益を掲げるところにあった。

そういう収奪をしていれば、東学の乱のような反乱は必至であった。にも拘らず、その収奪で得られる資金と、その制度から利益を得ている官吏からの支持を失いたくないために、閔氏政権は売官売職を止められず、そのため自滅の道を歩んでしまった、と言えるように思われる。

三　東学の乱（甲午農民戦争）（一八九四年）

一八九四年に東学の乱（甲午農民戦争）が起こり、この農民叛乱を朝鮮政府が迅速に鎮圧できなかったことが、日清戦争の直接の契機となった（山辺健太郎著『日韓併合小史』、藤村道生著『日清戦争』）。

Ａ　一時は東学軍が全州を占領

東学の乱は宗教戦争の形をとった農民戦争である。東学の広まった地方は忠清・全羅・慶尚の南部三道で、朝鮮の主要米穀生産地である。日本との貿易で米価が上昇したため農民は困窮し、また、外国製品によって、わずかばかりあった家内工業も潰されてしまう、それこそ朝鮮社会はまさに解体状態であった。李朝内部では外国の勢力と結びついた権力争いが続き、政府はいよいよ弱体化していた。

一八九四年二月、全羅道で郡守の虐政に対する民乱が起こり、その責任を東学のせいにして教徒を弾圧したことから東学の乱に発展した。四月頃のことであった。

東学の乱は全羅道の各地で発生し、守城軍側に内応者も多数あり、大抵は旧式の火縄銃と刀槍で武装していただけの農民軍の勝利であったが、六月十一日、政府軍の激しい攻撃で全州城を撤退し、以後勢力はだんだん衰えていく。けだし、その農民戦争のスローガンに「斥倭洋」が入ると、反日の民族主義的な運動になっていった。

東学軍の全州府占領は一八九四年五月三十一日、占領期間は十二日間である。この頃が東学の乱の全盛期であった。その日、日本では第六議会が伊藤内閣に対する弾劾上奏案を可決し、六月二日の夜、外務大臣官邸で陸奥外相、川上参謀次長、林外務次官らが東学の乱を利用して朝鮮に出兵する相談をした。五日には大本営設置、第五師団に動員令を発し、朝鮮に派兵した。

東学の乱は、日清戦争開始後の時期には、「斥倭洋」が入って反日の民族主義的な運動になっていくが、一八九四年春の段階（第一次農民戦争）では、「日本の幕末にあった百姓一揆と同じく、虐政に対する農民の反抗であり、封建制度の解体期にはどこにでもあったものである」（山辺健太郎著『日韓併合小史』）とされている。

端緒となったのは全羅道古阜郡で、こゝの郡守がもともと水利施設について農民に高い水税を課していたのに加え、賦役で更に新しい水利施設を作らせて高い水税を徴収する、更には税米を輸送する役人と結託して横領した税米の不足分を農民から再徴収する、などという手段で私腹を肥やしていたことに対する民乱であった（姜在彦著『朝鮮近代史』）。このような、あきれるような虐政が随所にあったという点が、この当時の朝鮮の特質であった。

農民軍と政府との間に成立した「全州和約」での農民軍側の要求は、①不正官吏の取締りと売官の禁止②

農民負担を増加させる官署の廃止③邑《むら》の共同資産の平均分配④米穀の買占め、外国商人の内地行商の停止⑤排他的な職業別組合組織の解散⑥大院君の政権関与―などであった（藤村道生著『日清戦争』）。これらを見れば理解できるように、壬午軍乱以後、朝鮮政府が改革を怠り問題を放置してきたために発生した農民戦争であることが明らかである。

朴宗根著『閔氏政権の崩壊過程』によれば、朝鮮政府内では、東学の乱に対する対応として、主流派と非主流派では意見が分かれていたとのことである。閔氏派を中心とする主流派は乱の原因について「邪教である東学の煽動と匪徒の蠢動」であるとして、「京軍（＝政府軍）による鎮圧」、更には「清軍借兵による鎮圧体制」を主張し、それに対し非主流派は、原因を「守令の貪虐に対する良民の抗議」とみて、「貪虐守令の処分と人材登用」、更には「大改革」を主張していた。主流派は非主流派の反対を押し切り、清軍まで借兵した。それにより日本も出兵することになる。

ところで、農民軍の鎮圧に向かった政府軍は、軍律が乱れ、戦闘意欲を欠いていた。その最大の理由は下級兵士の待遇の悪さからくる生活不安であり、八百名の兵のうち四十％の三百三十名が逃亡、原因は朝鮮政府の財政逼迫であった（朴宗根著『日清戦争と朝鮮』）。これでは鎮圧は出来ない。

すなわち、政府側には農民軍の制圧も危ぶまれるような軍事力しかなかった、そうなってしまった原因はまたも財政危機にあった、と言える。言い換えれば、朝鮮の王朝と政府は当時既に、対応を一つ間違えば潰され兼ねない危機的な状況にあったということを示しているように思われる。

東学の乱の状況に対し、自力での解決にこだわれば、財政・軍事能力が不足していて国が倒れかねない危険がある、かと言って清国軍にすがれば、日本との関係から全く別の危機を呼び込む可能性が高い、どちらに転んでも国を危うくする可能性がある、そういう状況にあったように思われる。その状況を作り出した根本的な原因は、朝鮮の王朝と政府がそれまでの長年に亘り無策であったことにあり、自業自得と言わざるを得ないように思われる。

なお、改革を行わず自滅的状況を作りだし、更には東学の乱の鎮圧に清国軍を頼り、結果として日本軍出兵を呼び込む原因を作った閔泳駿は、閔氏一族の内部からも批判されて日清開戦の二週間ほど前の七月十三日に辞表を提出、失脚してしまった（朴宗根著『閔氏政権の崩壊過程』）。

第九節　朝鮮の経済状況

朝鮮はこの当時、経済的にはどのような状況にあったのであろうか。清国と日本とが朝鮮を争うほどに魅力のある経済状況にあったのだろうか。それとも、日本が朝鮮の保護国化を目指すほど当時の日朝間には経済力の差があったのであろうか。

こゝで当時の朝鮮の経済的な発展度について、具体的にどのような水準にあったのかの検証を行いたい。というのも、日清戦争開戦となって日本軍が朝鮮国内での補給などで直面した課題に、朝鮮の経済的な発展度が原因となっていたものがあったからである。

一　開港に至るまでの朝鮮の中世社会の特徴について

まずは李氏朝鮮成立から開港に至るまでの、朝鮮の中世社会の特徴についてである（李憲昶著『韓国経済通史』）。

高麗では、十二世紀初めには武人政権が樹立された。武人勢力と権門世族（代々高官を輩出する権力者層）は私田を拡大して農荘として経営し、彼らの経済的基盤と為した。ほぼ同じ時期、日本でも律令制国家が崩壊して鎌倉幕府という武人政権が誕生した。日本の武人は地理的、人的に中央政府から自立した権力体制を創出したのに対し、中央集権官僚制が長い伝統を持ち強固だった高麗では、武人がその枠内で台頭した。

儒学の素養を身に付け、科挙を通じて官職に出仕する与件を備えた両班層は、朝鮮時代に門閥を形成して支配集団を再生産し、中国より閉鎖的な身分社会が形成された。朝鮮時代にはすべての郡県に地方官を派遣し、個別土地所有者から賦税を徴取して中央政府に集中するようになった。

士太夫層（科挙官僚・地主・文人の三者を兼ね備えた者）は、高麗王朝の精神的支柱である仏教を排斥し、新王朝の理念を儒学にした。その中でも朱子学＝性理学《せいりがく》（P98付記「朝鮮時代の性理学」参照されたい）に求めた。朱子学の朝鮮社会に対する影響力は中国や日本よりもはるかに強く長期に亘り、国家機構と農村社会の安定に寄与した反面、社会の変革と商工業の発展を制約した。

ヨーロッパでは封土の授受を通した封建制が分権的な政治構造を生み出したのに対して、朝鮮の中世社会は中央集権的官僚国家によって統合された。朝鮮の中世を封建制と呼ぶのは難しいだろう。

二　「朝鮮の儒教」が経済に及ぼした影響

朝鮮の経済成長が遅れていたことについて、李憲昶著『韓国経済通史』は、朝鮮の儒教理念が原因であったと指摘している。

A　朝鮮の経済発展を制約した儒教理念

朝鮮王朝は儒学を統治理念に採用した。十六世紀には朱子学が在地士族の生活理念として定着し、十八〜十九世紀には儒教的な礼節が民衆の日常生活を律する名分と礼の秩序が重視され、経済的動機は抑制された。財政の合理的調整や商業の管理などの経済問題は、礼論ほど体系的には論議されず、行政の効率化や経済開発の努力よりは儒教的教化を重視した。

礼論とは、人間は放っておけば悪事に走るのであるから、これを「礼」によって拘束しようというものである。孔子は道徳による政治を強調し、徳治主義を主張したが、道徳だけで政治を行うのは非現実的だというので「礼」をその補強に用いた。「礼」とは、今とはちょっと意味が違って「社会的なしきたり」のことで、道徳と違って拘束力がある。孔子や孟子も「礼」の話はしており、「徳」と「礼」の二本立てであったが、荀子《じゅんし》（戦国末期の儒者）は同じ儒家でも「礼」を特に強調し、重要視した。彼のこのような考え方を礼治主義という。

両班層は大部分が寄生階級になり、また、商業に従事できず商業の発展を阻害した。商工業者層が社会勢力として成長することが出来なかったことは、近代への転換に於いて深刻な制約要因であった。

平民層には科挙への門は閉ざされ、教育の平民への拡大は困難であった。科挙は政治の実務とはかけ離れた儒学経典中心で、両班層は実務教育を疎かにし、技術学を賤視し、思想と価値観の多元的な展開を妨げた。加えて、朝鮮後期には科挙制の紊乱と売官売職の盛行がなされた。朝鮮王朝や清朝は、政治的後退と官僚綱紀の弛緩が進行していた時期に開港を迎え、既存政治秩序の無能さは著しかった。

B　朝鮮と日本──異なる儒教

開国前、朝鮮だけでなく日本も儒教が浸透していた国であり、両国とも長期に亘る鎖国の時代があったのに、なぜ開国後には大きな差異が生じたのであろうか。姜在彦著『朝鮮の攘夷と開化』は、日本と朝鮮では儒教の内容とあり方が異なっていたことを次のように説明している。

（一）　日本は包括的・習合的、朝鮮は純一的・対決的

不幸なことに朝鮮には「長崎」がなかった。徳川幕府は鎖国をしながらも、ヨーロッパへの直接の窓口としてオランダに長崎を開港した。朝鮮が最も閉鎖されていた十九世紀前半期に、日本は蘭学を通じて多くの人材を輩出し、科学技術を産業、軍事に導入、更に世界の動向を把握していた。

開国した当時でさえ外国を知ろうとしない朝鮮の閉鎖的思想は、儒教のあり方と関連している。開国前夜

の思想に於いて、朝鮮は純一的、対決的で、唯一に朱子学だけの純化を厳しく追及した。日本は包括的、習合的で、日本の儒学界、神道、仏教、儒教が習合し、更には儒教に於いても洙泗学（古学）、朱子学、陽明学、はたまた蘭学に至るまで、あらゆる流派が多様に共存・習合した。もし朝鮮に於いてそのような試みがあったならば、必ずや「斯文乱賊《サムンナンジョク》（＝儒教を惑わす盗賊）」として士太夫の世界から排除されたはずである。

（二）「士」は日本では武士・朝鮮では儒者、日本は「忠」・朝鮮は「孝」

朝鮮は政治及び軍事に於いて徹底した文臣優位で、崇文的気風である。日本ではその支配者が武士階級で、尚武的気風である。象徴的には、「士」とは朝鮮では読書人または儒者を言うが、日本では武士を言う。朝鮮と日本の儒学に於いても「孝」と「忠」のウエートの置き方が異なる。それが両国のナショナリズムの形成に重要な影響を与えたのではなかろうか。『論語』では、親に対する孝、年長者に対する悌《てい》（年長者に柔順に仕えること）が仁の基本である（島田虔次著『朱子学と陽明学』）。日本で最も問題になるのは君臣道徳で、中国では家族道徳である。

日本の場合、幕府や藩の学校では確かに儒学が教えられていたが、儒学はあくまで武士の論理の補強に役立つ限りで活用されていた、というのが実態のように思われる。そのお蔭で、幕末維新期のリーダーで儒教原理主義に染まったのは少数に留まり、多数派は現実に立脚し、簡単に攘夷論から開国論に転向したように思われる。ただし、武士の論理が支配的であったお蔭で、維新後に安易に征韓論に走った者が少数者に留まらなかったという別の面もあったように思われる。

三　開港前の朝鮮の農業

もう少し詳細に、開港に至るまでの朝鮮の経済状況を確認したい（李憲昶著『韓国経済通史』）。まずは農業について。

A　朝鮮は前期に人口成長、日本は徳川期に人口増大

朝鮮王朝が始まった一三九二年の人口は五百万人→一六〇〇年頃千百万人→一七〇〇年頃千三百五十万人→一八〇〇年頃千六百五十万人→日朝修好条規が締結された一八七六年の人口千六百八十八万人、と朝鮮前期の方が後期より人口成長率は高かった。

一方、日本の人口推移は一六〇〇年頃千二百万人→一七〇〇年頃二千七百七十万人→一八〇〇年頃三千七十万人。十七世紀の顕著な人口成長は戦乱の終息と経済発展が起因で、十八世紀以降は経済発展にも拘らず人口成長は停滞し生活水準が向上した。十五～十六世紀には日本よりも朝鮮の方が人口密度は高かったが、壬申倭乱〔豊臣秀吉の朝鮮侵攻〕以後には逆転した。

B　中世朝鮮の農村の特徴

朝鮮王朝後期の農村は、当時の中国の先進地域や日本と比べると、水田の農業技術と土地生産性の面で立ち遅れた。その主たる要因は市場規模が小さかったことであった。農産物市場の大きさが制限されたことで金肥が導入されず、施肥効果の増進には限界があった。

十九世紀初めの全羅道で地主が五％、自作農が二十五％、作人が七十％との推定である。土地の面積と所有関係が正確に調査された一九一八年段階では、全国の耕作地の五十・四％が小作地であり、そのうち地主層三・一％、自作農十九・七％、自小作農三十九・四％、小作農三十七・八％であった。

C　高い農業比率で、社会的分業も進展せず

朝鮮末期の農業従事者は全体の戸数の八割を超え、六十五％から七十五％であった日欧よりも農業社会の色合いが濃く、商品生産の進展を制約した。職業分化、つまり社会的分業が進展せず、一九〇九〜一〇年でも、全国で工業に専業する戸数は全戸数の〇・八％であった。織物生産は農家経営の副次的生産活動に留まっていた。高級絹織物は中国製品で充足され、綿織機も朝鮮後期には中国のものよりも生産性が段違いに落ちていた。

D　国家による一元的支配で不均等な税制、農業生産の意欲を阻害

一五六六年に職田法《しょくでんほう》（現職官吏にだけ土地を支給）が廃止され、国家が租を徴収して官僚に俸禄を支給する官収官給制が施行され、国家の収租権に対する一元的支配力が確立した。儒教理念は民生の安定を重視し、適正かつ均等な課税が理想、収穫の一割が適正税率であった。朝鮮王朝は郡県制度と収取制度を整備し、すべての人民に対して一律に、土地を対象として租を、戸口を対象として貢物と徭役を収取し、初期の田租は収穫の十分の一の水準であった。

朝鮮後期には、国家財政は窮迫に趨勢した。歳入減少の主要因は、国家の土地に対する把握能力の弱化で

あった。土地を測量、調査して量案を作成する量田事業を、両班官僚層が民弊にこと寄せて阻止したからである。他方、官吏と王族は増加し歳出は増加の趨勢、財政赤字は拡大の傾向を示した。

朝鮮王朝では官員の禄俸が薄くて生活費を賄うに足らず、また、禄俸を受取ることのできない衙前《がぜん》（胥吏《しょり》）が多くて、官吏の収奪が構造化する素地があった。十九世紀、国家財政が悪化し官僚紀綱が弛緩するのに伴い、正規でない中間収奪が拡大した。

儒教理念は、結果的に賦税の不均等な賦課と国家財政の悪化をもたらし、恣意的な賦税収奪は生産意欲を阻害することによって経済発展の障害になった。欧日の封建領主は、恣意的賦税が所有領地の開発を阻害することを意識せざるを得なかったが、短期間赴任の朝鮮王朝の地方官には、地域開発のために賦税制を改善する力と誘因が足りなかった。

E　封建分権制と中央集権制の相違がもたらした生産性の差異

儒教理念に基づき一元的・中央集権的な政治経済体制を固定化した朝鮮では、前期には体制の長所である民政の安定が寄与して人口、経済が成長したが、後期には体制の短所である社会の変革と商工業の発展への制約という側面が強まり、経済成長速度が日本より遅くなった、と理解できる。とりわけ朝鮮の後期以降、官吏による収奪が「生産意欲を阻害することによって経済発展に障害を与え」たのである。

これに対し日本は鎌倉期以降、所領に基盤を置く分権的な武家政権であったために、各領主は自己の経済基盤を強化すべく必然的に各自所領内の開発、生産力拡大を図ろうとし、その結果として日本各地の経済成長をもたらした。すなわち歴史的事実として多元的分権体制の武家政権、幕藩体制が、当時の日本の経済成長をもたらしたと言える。

日本が、開国後は明治維新によって中央集権制に戻ったことは、国際的な競争力、すなわち更に高度な生産力が必要な時代となって市場規模を藩単位から国単位に拡大する必要が出てきたことを意味するものであり、新たな発展段階への合理的な対応であったと思われる。

四　開港前の朝鮮の商業

次は、商業の状況についてである（李憲昶著『韓国経済通史』）。

A　場市（定期市）の発達

政府は一四七〇年代には、農業人口の減少、物価の騰貴、盗賊の横行の懸念から、場市《じょうし》（定期市）を禁止した。しかし恒常的な交換の拠り所を求める農民の要求から、場市は十五世紀後半まず全羅道に出現し、以後拡散、壬辰倭乱直前には京畿道を除いたすべての道に存在するようになった。十八世紀半ばには場市密度が高い水準に到達した。その後一八七六年に至るまで場市密度は増加することなく、場市網の基本構造も安定的に存続した。

B　商業ルートの発達（行商・浦口・市廛《してん》）

朝鮮時代、地方には大抵常設店舗が存在せず、行商が商品流通の主要な担当者であった。市の日に合わせて場市を巡回した。重くてかさばるが比較的価格の安い商品を背負って移動する担ぎ商人、すなわち負商《ふしょう》と、小さくて軽く比較的高価な商品を褓（帯紐で、幅約24㎝、長さ約60㎝の絹織物）に包み移動する包み商人、すなわち褓商《ほしょう》があった。十九世紀前半までには褓負商団が成立し、行商活動を独占的に遂行し特定の品目に対する独占権を獲得しようと試みることもあった。

十七世紀後半以後、浦口〔海辺や河川の港〕は次第に商業中心地へと浮上していった。産地の村落と場市から局地的な行商によって集荷された物資は、客主〔周旋人〕を経て遠隔地流通を担当する行商に引き渡され、大抵は浦口を経由して消費地に移動し、そこでまた客主を経て局地的行商に引き渡され、消費者へ運ばれた。

朝鮮後期のソウル市場の成長は、京江浦口（広津から揚花津《ヤンファジン》までの漢江川筋）の商業を発達させた。竜山《ヨンサン》には政府の倉庫が集中し、全国の租税穀が集散した。しかし、民間商業の成長を背景にして出現した客主は、次第に特権的な流通独占者へと転換した。同時に、富民・両班官僚・宮房・官庁が主人権〔客商が独占的に委託される権利〕を掌握して利益追求し行商に対する収奪を強化するのに伴い、浦口商業の成長は阻害された。

漢城すなわちソウルは全国屈指の都市市場で、人口は一六六九年には十九万人、十九世紀末二十五万人前後であった。朝鮮前期からソウル商業の中心は常設店舗である市廛《してん》で、廛税《でんぜい》（営業税）を納付し、国家の需要物資を調達した。朝鮮後期の市廛には、登録された物種を排他的に取り扱うことができる乱廛禁止権があった。ソウルの市廛は、十八世紀末には百二十まで増大した。朝鮮後期すべての市廛商人は、同業組合であると共に最高意思決定機関である都中《とちゅう》に義務として加入させられた。ただ、都中への加入には制限が設けられ、家柄が優先された。

中国貿易の通路に位置した平壌と開城《ケソン》の人口はソウルに次いで三万〜四万人で、商業都市として成長した江景・馬山・元山は人口が五千人前後であった。開港直前、一万人以上の都市の人口は合計で四十万人程度であり、総人口の二・五％ほどであった。

C　貨幣の普及の程度

一四四五年頃には、すべての取引の価格は木綿で計算された。銅銭は一六九五〜九七年にかけて大量鋳銭され、全国的に通用し、基軸通貨の地位を得た。銀貨は十七世紀後半にソウルなどで使用されたが、一七三〇年代以降、銀流通が激減した。一八七〇年代まで高額貨幣は普及せず。田税の銭納化率は十九世紀半ばでも二十五％程度で、金融も発達しなかった。

D　市場経済成長の制約

一六〇八年から大同法《たいどうほう》が施行され、国家の需用物資を米・布に統一して収取し、それを貢人〔政府指定の商人〕に支給して需用物資を調達した。膨大な貢価の米・木綿・銅銭が市場に放出された。しかし、朝鮮末期に至っても市場経済の位相は脆弱であった。農家の自給度も高く、一八七六年の日朝修好条規前後の時期に市場を経由する生産物は三割にも満たなかった。

市場機能に対する基本的制約は、国家による流通独占と私的権力による侵害であった。すなわち、市廛商人は都市商業を独占し、客主は権力と結託して客商に対する独占的な支配を行なった。国家の調達では、時価よりもずっと安い価格を支払い、代わりに請負業者に特権を付与することが一般的だった。

日本の幕藩体制下では城下町が発達した。また、領国間、あるいは領国と三都間の遠隔地流通が盛んで、都市商業の発展に大きく寄与した。町人＝商人は政治から一定の自立性を維持しながら成長した。権力者も公開的に経済的利益を追及、経済的利害が社会を規律する重要な動機として作用した。

これに対し朝鮮は、集権国家体制で名分論的儒教理念が強く、経済が社会と政治の制約から抜け出すことは難しかった。名分論的な儒教は商業に抑圧的ないしは消極的であった。中国の場合は政治体制、統治理念に於いて朝鮮と類似していたものの、広大な領土で、大都市市場と遠隔地流通が発展し、商人資本とその伝統が発達できた。

E　日本の武家政権の分権構造は、商業の発達も促した

開港前の朝鮮は基本的には農業社会であり、しかも自給自足的部分が大きなウエートを占めていて商業の発展度は高くなく、地方では行商が中心だった。貨幣は銅銭が使われていたものゝ、高額貨幣は使われていなかったという。

朝鮮が開港後でもこうした経済発展の水準であったことが、日清戦争での日本軍の行動への制約にもなった。兵員に行き渡るように現地で食料を大量調達したくても市場には物がない、物を確保したのち支払いたくても高額貨幣が通用しないから簡単に支払いを済ませられない、その前に大量の銅銭も調達しておかなければならない、という状態だった。

同じく開港前であっても、江戸・大阪・京の三都ばかりか地方でも多数の商店があり、三都間や地方を結ぶ海上、内陸輸送も発達し、また、町人も大多数が読み書きが出来、町人文化すら発達していた江戸期の日本とは、経済の成長度に於いて相当の差があったと言えるように思われる。

五　朝鮮の鉱業について

朝鮮半島では「北の鉱工業、南の農業」という言葉がかつてあったほど、金などを始め北部で様々な鉱物が採掘されてきた。

大韓商工会議所が二〇〇七年に出した報告書によれば、マグネサイト、タングステン、モリブデン、黒鉛、蛍石など七種類の鉱物の埋蔵量が世界トップ10に入る。同年までに把握されている北朝鮮の鉱山は約七百六十カ所であり、そのうち三十％が炭鉱である。同国の地下資源は二百種類以上に達し、経済的価値を有する鉱物だけでも百四十種類を超えると見られていた。

朝鮮に於ける鉱床は、生成時期別に以下のようなものがある。

- 先カンブリア時代……ニッケル
- 原生代―古生代……マンガン

・三畳紀—新第三紀……金、銀、銅、鉛、亜鉛、モリブデン、タングステン、ニッケル、コバルト、マンガン、アンチモン
・第四紀……砂金

また、無煙炭は古生代の、褐炭は新生代第三紀の地層にそれぞれ存在している。黄海の堆積盆地には石油が埋蔵していたと見られるが、大規模な商業採掘には至っていない。

先カンブリア時代の変成岩類・中生代の花崗岩類などの深成岩類が広く分布する地質状況を考えると、砂金は各地に産出し、古代から容易に採集されたものと思われる。しかし、豊富な金銀産国の伝聞が隣国に流れ、中国からの黄金の歳貢の要求や侵略を招くことを恐れ、李氏朝鮮に於いて鉱山は国有化され、私有化は厳しく規制されていた。官によって金、銀、銅、鉄、鉛や硫黄、珠玉などが採掘され、貨幣の鋳造や武器及び農器具の生産などに用いられた。

文禄・慶長の役で朝鮮に侵攻した加藤清正も、威鏡南道端川郡檜億銀山の銀鉱を製錬してこれを豊臣秀吉公に献上したという。世宗時代には金銀鉱の開発をむしろ禁止したと言われるほど、鉱業開発には消極的であった（石原舜三著『北朝鮮は黄金の国？コリア半島の金鉱床とその基盤的背景』地質ニュース六一七号二〇〇六年）。

官主導の開発では採掘の賦役を課された農民の抵抗運動が起こり、また供給が不足がちとなり農器具製造のための盗掘が多発するなど、さまざまな問題が生じていた。十八世紀末から十九世紀前半にかけて、主に金銀の鉱山について民間人が経営の許可を得る事が可能になった。十九世紀後半になると西欧の列強などか

ら鉱業の開放を求める圧力が強まり、一八九六年に鉱業特許制度が実施されると、同年にはアメリカ人グループが平安北道雲山郡で、ロシア人グループが咸鏡北道セビョル郡で、それぞれ金山などの開発権を取得している。また、一九〇一年には金・銀鉱を中心に重要な五十一ヵ所の鉱山が皇室直営となっている。

なお同時期には、一八九七（明治三十）年の金本位制への移行や産業革命の資本蓄積のために日本が金を大量に必要としており、一八八七（明治二十）年には日本国内で産出された金四十九万円に対して朝鮮半島から輸入した金は百三十九万円に上る。

日本やフランス、ドイツなど様々な国が、特に金鉱に興味を示して開発の特許を得ていったが、一方で非金属や石炭の開発に対する関心は低かった。これらの鉱山からは特許料と税金が皇室に毎年納められたが、漏税がはなはだしく、国家財政の改善は進まなかった。

六　開港後の朝鮮の貿易

こゝまでは、朝鮮の開港（一八七六年）までの経済状況を確認してきた。これから開港後の経済状況の変化に進みたいと思うが、まずその前に、朝鮮にとってもともと貿易はどのような位置づけにあったかについて検証しておきたい（李憲昶著『韓国経済通史』）。

A　開港前の朝鮮の対中・対日貿易

明が主導する朝貢貿易体制に編入され、使行《こうし》（明及び清の冊封体制下に置かれた李氏朝鮮が、北京に派遣した朝貢使節のこと）に伴う貿易だけが許容された。明の海禁で中国との海上貿易は途絶し、中国が海禁を緩めた後にも朝鮮は海禁を維持した。対日貿易では、朝鮮に到着した日本船舶を相手に貿易し、朝鮮側から商船の渡日はなかった。

十八世紀前半までは、朝鮮が中国の生糸、絹織物を日本に再輸出、日本から獲得した銀で中国産品の決済をする体制が中心軸であった。また、十七世紀後半と十八世紀前半には日本にも盛んに人参を輸出した。

しかし日本は、十七世紀半ばから清と直接貿易を開始し、十八世紀初めからは銀の流出を規制し、絹織物や生糸の輸入代替策とした。人参は安価な中国産などの輸入に切替え、また朝鮮から人参の生根を密かに入手して国内生産に着手。一七五〇年代以降朝鮮からの輸入は激減し、それから日朝貿易は全般的に衰退した。十九世紀、日朝貿易の中心は朝鮮産牛皮と日本産の銅を交換するものであった。

日本からの銀流入が激減すると、対清貿易の決済手段が不足した。その隘路の打開は家参（栽培物の朝鮮人参）の輸出であった。家参は薬効が弱く、長距離輸送に痛み易かったので、それを加工した紅参の製造法が開発された。一七九七年から家参の輸出が始まり、次第に拡大していった。十八世紀末からは砂金採掘と密輸出が急増した。

朝鮮後期の貿易は、欧日ほどは重要な歴史的役割を果たさなかった。朝貢貿易体制で経済的動機は外交論理に従属し、貿易を通じた国富の増進という積極的な観念は台頭し難かった。中国に対して慢性的な貿易赤字状態にありながら、絹織物の輸入代替を実現できなかった。また、朝鮮前期、日本に綿布を輸出しながら、それを綿業発展の契機として活用できなかった。これらの諸事情が、日朝修好条規以後の内的対応力を制約した重要な要因であった。

朝鮮の開港以前は、もともと国内政策でも自給自足的農本主義が主流であったから、貿易を通じた国富の増進という観念も薄く、家参を除いては商品生産を促進する政策も弱かった。

B　開港後、朝鮮商人の貿易への関与は薄まっていく

開港後、日清戦争の時期に至るまでの二十年弱の期間で、朝鮮の経済状況はどう変化したのか、少し確認しておく（李憲昶著『韓国経済通史』）。

開港場の客主は取引に対し熟練され、一定の資金力及び特権を持っていたので、初期には外国貿易商人は輸出入品の国内取引を彼らに依存した。しかし外国商人は、内地通商を通じて産地の商人、生産者と直接取引することにより開港場客主を頂点として形成されていた国内流通経路を解体し、それを直接掌握し始めた。一八八〇年代後半から日本人と中国人の内地通商が本格化し、輸出品の購入では日本人行商が、輸入品の販売では中国人行商が優勢であった。

日本は、自国商人に対して金融、交通などの分野で国家的な次元の支援を惜しまなかったのに対し、朝鮮は、商人の保護はおろか財政危機の重い負担を分担させた。国際貿易と関係のない商品流通に於いては、外

国商人の浸透が進展しなかった。汽船を利用しない流通は朝鮮商人が掌握した。

C　輸出用の農産物は生産拡大、輸入に競合した手工業は解体

国際貿易の展開は産業構造を変化させた。米穀や大豆を中心とする農産物の輸出は、その商品生産を拡大させた。一方、綿製品をはじめとする各種工業生産品の輸入は、それと競合する手工業体制を解体した。

米穀を例にすれば、一八九〇年以来米穀が日本へ輸出され始めると、朝鮮農民も余った米穀を高値で売り輸入貨物を安値で買う利益を知り、「従来一家数口の餓を支うるを以って足れりとせるもの、多少余糧を得んことを望み、従って委棄して顧みざりしたりも、追々開発せらるゝに至れり」(外務省通商局編纂『通商彙纂』――一八九三年中仁川港商況年報)。また、綿畑が大豆畑に転換された。

ただし、日露戦争以前の米穀輸出量は生産量の四%未満であり、生産の拡大を考慮すると、国内流通量の減少を過大評価してはならない。一九一〇年代初、米穀は生産額の四割程度が商品化され、その中で一割以上が輸出、大豆は生産額の三~四割が商品化され、その半分程度が輸出されたと推定される。

外国商人が、言語も商習慣も異なる国で、その国の内部の商流を管理し拡大させていくことは容易ではない。であるから、外国商人がその国の商人と組むのは極めて自然の流れである。そうして外国商人と組んだ自国商人の中から、自ら貿易商となって外国に出かける者や、輸出用の商品生産を積極的に行う者が現れ、しかも岩崎弥太郎・安田善次郎・五代友厚らのように身分上は武士階級に属していた者の中からも大企業家となるものが現れたのが、日本の開港後の実績であった。

ところが朝鮮商人の場合は、輸出入品の国内取引からさえ外されてしまうことになっていった。商品生産は米穀や大豆の農産物ではそれなりに進展したが、日本と異なり、生糸や絹織物、綿布、陶磁器など農産物以外で海外に売れる商品を工夫して製造させる業者が現れなかった。

七　開港後の朝鮮の政治状況の変化

開港は政治的にはどのような影響をもたらしたか。以下は、朝鮮政府内での開国後の対応について、李憲昶著『韓国経済通史』からの引用・要約である。

A　急進開化派と穏健派に分裂

開化派の核心勢力は、壬午軍乱以後に急進派と穏健派に分裂した。穏健派は、清国が西洋勢力の浸透を防いでくれる保護幕と考え、東道西器論（儒教理念の精神はそのまゝ維持しながら西洋の先進技術のみを受け入れて富国強兵を図るというもの）に基づき清の洋務運動に倣って漸進的に近代化を推進しようとしたのに対し、急進派は、清の内政干渉を排除し、日本の明治維新をモデルとして政治制度までを含む包括的な制度改革を通じて近代文明を全面的に導入する考えを持っていた。

自らの権力基盤を維持するために西洋文明を制限的に導入しようとした閔氏一族とそれに追随した高官は守旧派で、広くみると東道西器派に含まれる。急進開化派は一八八四年十二月、甲申事変を起こした。

B　朝鮮政府の経済政策は進展せず

官営事業は、財政力、管理能力、技術力の不足などで所期の成果を収められず、あるいは甲申事変によって有耶無耶になった。政府は財政危機の打開のため、新しい名目の租税を賦課し、当五銭を濫発した。増税策は官吏の腐敗と結びついて官の収奪を深めた。〔日清戦争期の〕甲午改革以前までは国家機構と財政制度の改革法案を具体的に準備できなかったなど、新たな次元にまで進展し得なかった。

儒教理念を固守し、両班的生活態度と伝統官僚の惰性に溺れていた支配層を、短期間に近代的な行政官僚や経済人に変えることは難しい問題である。開港前に商人資本主義の伝統が発達しなかったことが、開港後に於ける商人や企業家の対応力、更に産業政策の実効性を弱いものにした。

C　政治体制を革命的に変化させた日本、守旧派が強かった朝鮮

開港期の日本の変革リーダーたちは、その強い危機意識によって幕藩体制を覆しただけでなく、自らの出身である士族身分の既得権まで廃止して四民平等を達成する変革に進んだ。

朝鮮の場合も、急進開化派は日本の幕末期の変革リーダーたちと同等かそれ以上の危機意識を持っていたのであろうと思われるが、残念ながら閔妃に代表される守旧派は危機意識がそこまで強くはなかった。生き残りの掛かった大変化の時代であるに拘らず、自らを変化に前向きに適合させて生き延びる体制を整えることに向かわず、自らの権力基盤や既得権の維持を優先し続けたのであろうと思われる。そのため国家財政を更に苦しくし、日清両国からつけ込まれる余地を広げていった、ということではなかろうか。

第十節　バードと塩川の観察による朝鮮経済社会状況の実態

この時期、朝鮮に旅行あるいは居住して日朝の経済力の差異、朝鮮の経済社会状況の実態を記録した外国人がいた。既に本書で登場しているが、一人はイギリス人女性のイザベラ・バード、もう一人は日本人の塩川一太郎である。

この記録は、当時の状況を具体的に理解するのに非常に役立つので紹介する。

一　イザベラ・バードの『朝鮮紀行』

イザベラ・バード（Isabella Bird、結婚後は、Isabella Bird Bishop's　一八三一―一九〇四年）はイギリス人で、二十代の時にアメリカに行き最初の旅行記を出版、以後世界各地を旅する旅行家となった。

日本にも来ており、初来日は一八七八（明治十一）年の四十代の時で、その経験を『Unbeaten Tracks of Japan』（一八八〇年 ― 邦訳は『日本奥地紀行』又は『日本紀行』）として出版している。

朝鮮には一八九四年一月から一八九七年三月にかけて四度来訪、その経験を『Korea and Her Neighbour's』{一八九八年―邦訳は『朝鮮奥地紀行』又は『朝鮮紀行』（イザベラ・バード著・時岡敬子訳『朝鮮紀行』講談社）}として出版している。

バードの朝鮮来訪は次の日程と訪問先であった。(⇩は海路、↓は陸路または河川)

・朝鮮第一回　一八九四年一月〜六月

日本・長崎⇩釜山⇩済物浦(仁川の旧称)↓ソウル↓南漢江上流・永春↓北漢江上流・狼川↓金剛山↓元山⇩釜山⇩済物浦⇩満洲・牛荘

済物浦に戻ってきたのは六月二十一日、既に日本の旅団が上陸し、日清開戦まであと一ヵ月、到着するやイギリス副領事から当夜の船で朝鮮を離れるようにとの忠告を受け、已むなく出国した。

・満洲・ロシア沿海州　一八九四年六月〜十二月

満洲・牛荘↓奉天↓牛荘⇩長崎⇩ウラジオストク↓ロシア―朝鮮国境地域↓ウスリー↓ウラジオストク⇩元山⇩釜山⇩日本・長崎

日清開戦時は奉天に。その後、ロシア沿海州に暮らす朝鮮人の生活も観察。

・朝鮮第二回　一八九五年一月

日本・長崎⇩済物浦↓ソウル⇩清国・南部↓中央部⇩日本

井上馨による朝鮮内政改革真っ最中の時期。この時、朝鮮国王夫妻、すなわち高宗と暗殺される前の閔妃に会見。その後は清国を旅行、また、日本にも立ち寄る。

・朝鮮第三回　一八九五年十月〜十二月

日本・長崎⇩済物浦↓ソウル↓平壌↓大同江上流↓平壌⇩済物浦↓ソウル

閔妃暗殺から間もない時期にソウル入り。平壌・大同江地域の旅行を終えて再びソウルに戻ってきたのは十二月のこと。

この第三回朝鮮旅行後は、六ヵ月間の中国旅行。その後日本の男体山(栃木県日光市にある火山)で三ヵ

資料１８　イザベラ・バード（出典『明治初期の蝦夷探訪記』）

月過ごし、一八九六年十月半ばに朝鮮に。

・朝鮮第四回　一八九六年十月〜九七年三月

ソウル

朝鮮政府に対しロシアが一番影響力を持っていた時期。朝鮮を発つ前月に、朝鮮国王が露館播遷を終え王宮に復帰。

長い旅行を終えてイギリスに帰国したのは一八九七年八月。

二　塩川一太郎の『朝鮮通商事情』

もう一人の塩川一太郎だが、その著書である『朝鮮通商事情』の「序」で、末松兼澄は塩川について、「在朝鮮京城日本領事館書記生である氏は、朝鮮に在留すること既に十余年、よく朝鮮語を談じ、その制度文物人情風俗に通暁す。韓人また深くその才識を重んず。故を以って、その軍国機務処に於いても常に氏を招いて諮詢するところ多し」と記している。

同書の「序」を書いた末松兼澄は当時は法制局長官で、日清開戦直後の一八九四（明治二十七）年八月から九月にかけて、西園寺公望による朝鮮慰問大使ミッションのメンバーとして、まさしく「軍国機務処」が活動していた時期に訪朝している。塩川の同書が出版されたのは、それから数か月後であった（資料19）。

以下では、イザベラ・バードと塩川一太郎が朝鮮で観察したことのうち、特に社会的・経済的な事項につ

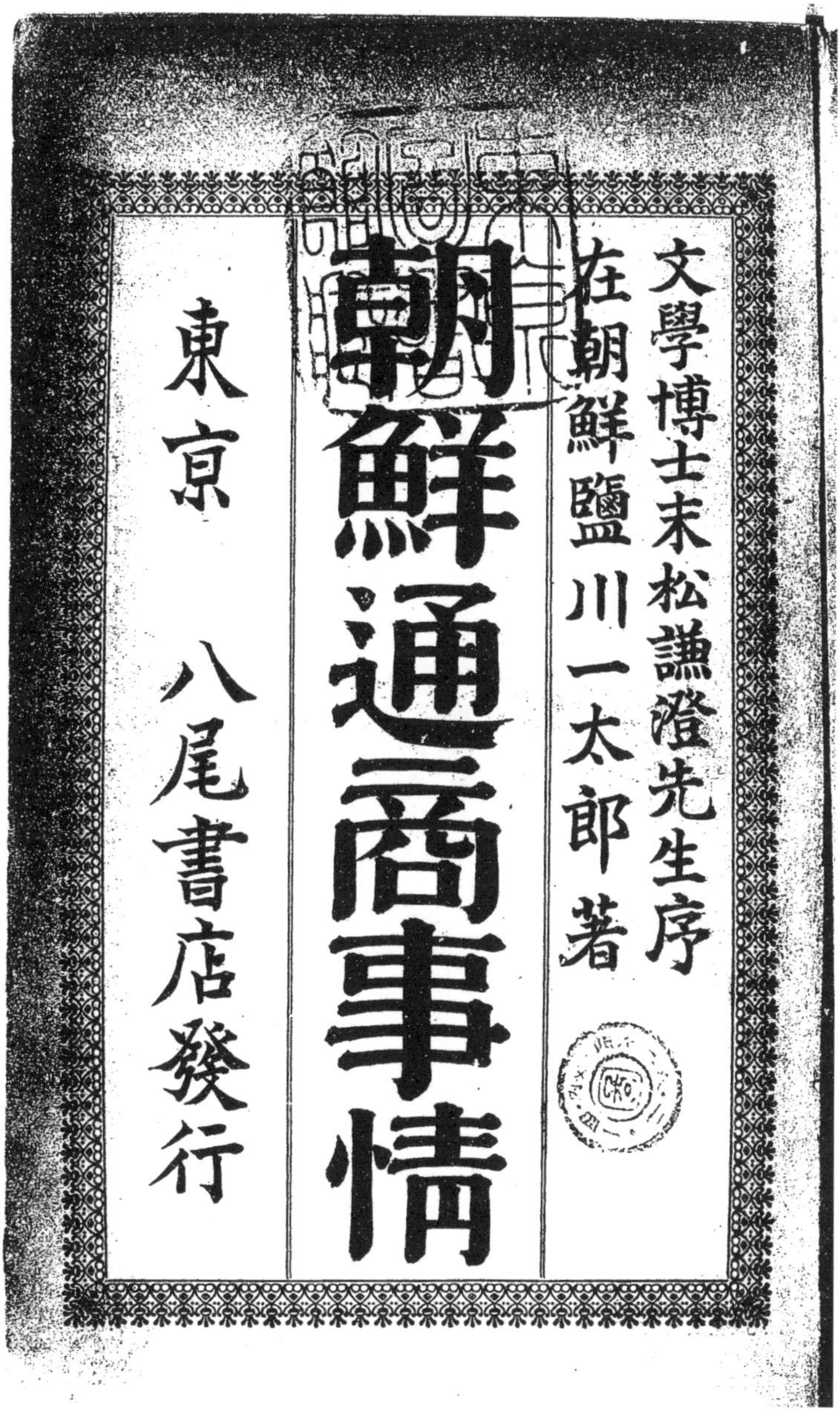

資料１９　塩川一太郎の『朝鮮通商事情』の表紙写真

いて主題別に抜き出していく。その際、二人ともが観察を行っている事項については、二人の観察を並べて確認していく。

できるだけ原文を尊重してはいるが、簡潔にするため適宜省略や言葉の置換えを行っている。従って、引用ではなく要約であると理解いただきたい。また、主題別に整理するに当たって、同じ主題に属する記述を著作の異なる部分から引いてきている場合があることを予めお断りしておく。

三　バードの見た朝鮮の玄関口の状況

まずは、外国人にとっては朝鮮の玄関口である済物浦《サイモッポ》（仁川）や首都の京城《キョンソン》（ソウルの旧称）は当時はどのような状況であったのか、その中にあった日本人や清国人の居留地の状況はどうであったのか、からである。これについては塩川の記述はないので、バードの要約だけとなる。

A　日清開戦前の済物浦の状況

―こゝは港とは呼ぶにも呼べないところで、実際、停泊地の大半は一日の干満の差が三十六フィートもある軟泥地というお粗末なものである。係留地は浅瀬の狭い水路で、並の大きさの船は五隻しか収容できない。街はみすぼらしい人家の集まりで、概ね木造白塗りの家が海岸沿いに建ち、そこから緑に乏しい丘へと散在している。低い地点には侘しくて冴えないイギリス副領事館があり、そこから装飾をほどこした大きな日本式茶屋、庭園、神社のある丘の上までは一マイル余りある。

清国人居留地は充実し、立派な清国政府の官衙も町役場もあり、繁盛している大きな商店もある。明らかに清国人は商売に於いて日本人に大きく水をあけている。彼らは外国の「得意先」をほぼ独占し、済物浦にある大手の「商店」はソウルに支店を持ち、保有する在庫で応じきれない注文を受けた場合は時を移さず上海から品物を調達してくる。

日本人居留地はこれよりはるかに人口も多く、街も広くてもったいぶっている。領事館は公館としては十分に立派である。街には小さな商店の並ぶ通りが何本かあるが、扱っている商品は主に日本の人々の需要を満たすものである。

というのも三世紀に亘る〔豊臣秀吉の朝鮮出兵以来の〕憎悪を懐いている朝鮮人は日本人が大嫌いで、彼らは主に清国人と取り引きしているからである。

読者は済物浦には朝鮮人はいないのだろうかと疑問に思われるかもしれない。彼らはあまり重要ではなく、その街は日本人居留地の外側にあり、英国教会の建っている丘の麓に丸く集まっていて、更に丘の中腹に散らばっている。岩棚ごとにそこから生えたように土壁の小屋があり、不潔な路地で繋がっている――

B　済物浦と首都ソウルとの交通

――済物浦は漢江《ハンガン》の河口にあり、ソウルの河港麻浦《マポ》まで航行可能であるが、潮の干満が激しい上に河床は浅いところが多く〔汽船の航行には向いていないので〕、首都への連絡は何につけても「道路」によって行われる。正確に言えば道路というものは存在しないが、この言葉を用いることにする。

道路と言えば、交通そのものに使われていず、はっきりしない個所が多く、大概は公道三、四本分の幅を無駄にして、轍《わだち》がバラバラについている。しかも轍は深いぬかるみを避けて新たに出発しているところが多い。ぬかるみはほとんど底なしである―

C　ソウルの街

―城内ソウルを描写するのは勘弁していただきたいところである。北京《ペイチン》を見るまで私はソウルこそこの世で一番不潔な町だと思っていたし、紹興《シャオシン》へ行くまではソウルの悪臭こそこの世で一番酷い臭いだと考えていたのであるから！―

―都会であり首都であるにしては、そのお粗末さは実に形容しがたい。礼節上二階建ての家は建てられず、従って推定二十五万人の住民は主に迷路のような横町の「地べた」で暮らしている。路地の多くは荷物を積んだ牛同志が擦れ違えず、荷牛と人間なら辛うじて擦れ違える程度の幅しかなく、おまけにその幅は家々から出た固体及び液体の汚物を受ける穴か溝で狭められている。

南山《ナムサン》の斜面には簡素で地味な白い木造の日本公使館があり、その下に茶屋、劇場を始め日本人の福利に不可欠なさまざまな施設を備えた、人口ほぼ五千人の日本人居留地がある。こゝでは朝鮮的なものとは極めて対照的に、あくまで清潔で几帳面で慎ましい商店街や家々が見られる。清国人居留地も一八九四年時点では同じくらいの大きさで、他の居留地と比べて何ら異なったところはなかった―

済物浦（仁川）の開港は実質的には一八八三年のことであったから、一八九四年の時点では既に開港後十年を経過している。それなのに街が大して発展していない。それ以上に驚かされることは、済物浦と京城との間の道路事情が余りにもひどかったことである。

済物浦から京城までは、当時の日本で言えば横浜から東京までに相当する。一国を代表する最重要幹線であるはずと思われるが、道路とされるものはあっても整備がされておらず、交通は円滑とは言い難かったようである。

そして、都市の不潔さと臭いである。これは、大都会であった首都京城に限った話ではなく、釜山でも、もっと小さな地方の町でも、当時の朝鮮ではどこでもそうであったことがバードの他の記述からも窺われる。

原田敬一著『日清・日露戦争』には、「兵士たちが上陸して感じたのは、まず『不潔』と『におい』だった」という記述がある。歩兵連隊の一士官の元山上陸の印象として、「聞きしに勝る不潔である。道路は塵糞にて覆われ、不潔の大王をもって自ら任ずる豚先生、子分を引き連れ、人間どもを横目で睨みつつ道路を横行する。臭気鼻を突き、嘔吐を催すなり」という手記を引いて、「兵士たちは『不潔』と『におい』の向こうに必ず『遅れた文化』を見据えている」と記されている。

バードの『朝鮮紀行』を読んで初めて、日本人将兵は強い偏見があった訳でも過剰反応した訳でもなく、いわば当たり前の反応をしただけであったことが理解できる。

D『大釣鐘』と生活臭

―昼間水をくんだり洗濯したりする女性の多くは下女で、全員が下層階級の人々である。朝鮮の女性は極めて厳格に家内にこもっている。おそらく他のどの国の女性よりも徹底してそうではなかろうか。ソウルではとても奇妙な取り決めが定着している。八時に《大釣鐘》が鳴り、それを合図に男たちが家に引きこもると、女たちが家から出て遊んだり友人を訪ねたりするのである。私が到着したのもそんな時間帯であり、真っ暗な通りにあるのは、もっぱらちょうちん片手の召使いをお供にした女性の姿だけという異様な光景であった。ただし、盲人、官僚、外国人の従僕、そして処方箋を持って薬屋へおもむく者はこの取り決めから除外される。投獄を免れるためにこういった肩書をかたる場合は多く、長い棒を手に入れて盲人のふりをする者もままある。

十二時にもう一度鐘が鳴ると、女たちは家にもどり、男たちはまた自由に外出できる。ある地位の高い女性は、昼間のソウルの通りを一度も見たことがないと私に語った。

夜間の静けさはきわめて印象的である。鼻歌ひとつ、咳ひとつ聞こえず、ひっそりとして人の気配がない。通りに面していて、なおかつ明かりのともった窓というのがほとんどないので暗さも徹底して暗い。静寂を破って届く《大釣鐘》のゴーンという低い音には不吉ともいえる響きがある――

四　朝鮮の産業

こゝからは、朝鮮の産業に関するバードと塩川の観察を見ていく。まず初めに朝鮮の農業・林業・牧畜業・水産業の状況についてである。農業以外は塩川の観察のみ。

A　バードの見た朝鮮の農業

―日本人のこまやかな所にも目の行く几帳面さや清国人の手のこんだ倹約ぶりに比べると、朝鮮人の農業はある程度無駄が多く、しまりがない。夏の間は除草しておくべきなのにそれがされていないし、石ころが転がったまゝの地面も多く、また畑の周辺や畦は手入れが行き届いていなくて、石垣が崩れたまゝになっているのは目ざわりである。農地を通る小道はかなり傷み、両側には雑草が生えていて、畑の畝はあまり真っ直ぐではない。それでも様々なことから予想していたよりは、概して耕作はずっと良好であるし、作物ははるかに清潔である。家畜はとても少なく、肥料はソウルその他の都市の周辺を除いてほとんど使われていない。施肥をした所は極めて肥沃なのでよく目立つ—

—灌漑を必要とするのは朝鮮の主食である米の栽培だけである。一部の米作地を除き、中部朝鮮と南部朝鮮の全域で二毛作が行われており、六月に稲を植え、つまり五月に種を蒔いておいた苗代から苗を移植して、十月上旬に稲刈りが行われると、土を耕して今度は大麦又はライ麦の種を蒔き、翌年の五月から六月上旬にかけて収穫する。一般に作柄は極めて良く、これで肥料不足がなければ大量の収穫が望めるはずである—

B　塩川の見た朝鮮の農業

—〔朝鮮は〕農をもって国の大本と為すといえども、現時当国農業界の有様を見るに、その不進歩なること実に驚くべき程のものあり。

河に堤防の設けなく、故に霖雨秋潦雨降れば必ず水災を免れず。国土樹林乏しきがため、降雨少なく、旱災に遭うこと繁く。田に引水用水等灌漑の法なく、耕作地したがって少なく、故に少しく早くすればすなわち失収を常とす。移苗の法は豊公征韓の当時に始まりしとも云い、農家その利を称するも、その法今に至るも全国に普からず、往々移植の労を取らざる者あるをもって、農民の労苦注意の全からざるを知るに足る。しかして肥料の法は殆んど発見せられざるものゝ如き有様を呈せり。

故に三年に一回の凶作は、実に当国農家の予期するところにして、またその実あるものゝ如し。またもって当国農業の一般を知るに足るべし―

―二十三年以来、穀物は輸出品中の重要品となれりと云えども、大豆がその輸出盛況なるに伴い幾分かその耕作面積を拡めたりと云うのみ、その他に至っては耕作地の如き、肥料用法の如き、耕法もしくは灌漑の利の如きもの、一として旧来の面目を改めしものなし。

故に、若し爾来農民の勤勉を致し、その耕法及び農具肥料の面目を改め、灌漑の利を興し、かくして漸次農業の発達を見るに至らば、その産額を増加し、豊富なる農業国たるを得べきは吾人の信じて疑わざるところなり―

C　塩川の見た朝鮮の林業

―朝鮮は寒国なるが故、家々燃料を使用すること夥多に、然るに山林空漠樹木少なきが故、勢い草柴を培養せざるを得ず、これらがため使用する平野少なしと為す。これ吾人が内地を旅行して、平野空しく柴草の繁茂に委するを見て、驚訝の念に絶えざりしものなり。

若し山林制度を布き、樹木を養成せんには、一方には水量を増して旱災を免れ、一方には従来の柴草場を変じて耕作地と為すを得べし。かくして得る耕地は、決して鮮少ならざるべしと思わる―

D　塩川の見た朝鮮の牧畜業

―馬匹は、満洲より輸入を仰ぐほどなれば、牧業としては差し当たり見込みなし。牧羊は、食用せざるが故、至って少なし。

家豚は、最も多く食用せらるゝものなれば、僻地といえども到る所家々多くはこれを飼養す。然れども、その質矮小、見るに足らず。若し種豚を輸入して改良を企てんには、播殖最も容易なるべく、従って該事業の発達を見るに至らん。

牧養として最も有望なるは牛に如くものなし。国民の耕用、運搬用及び食用として欠くべからざるものなるが故、飼養の数額甚だ多し。しかして、牛皮の輸出は、実に夥しき数額に達せり。輸出牛皮のみにて、毎年の屠殺数十六万九千百頭とす。日本の屠牛数に比すれば、二倍もしくは三倍せり。故に、政府に於いて牧牛事業を勧奨し、その種牛を輸入して改良宜しきを得んには、朝鮮は他日西伯利亜《シベリア》一休地方及び東洋諸国に向かって夥多なる食料を供給するを得るは、敢えて難事にあらざるべし―

E　塩川の見た朝鮮の水産業

―肉食を崇い、日本の如く魚介を食用せざるため、その業もまた振るわず、海産事業は全く幼稚の有様を呈せり。船舶の製作、至って不完全にして最も危険多きが如きは、またもって該事業不発達の因たるを免れず。

故に東南海面すなわち慶尚全羅等の漁区は、今や大半日本漁夫の蹂躙するところとなり、毎年百万円以上の収利を該海面より奪い去られ、黄海平安の海面は清国漁夫の進入するところとなりて、これまた奪利せらるゝもの少なしとなさず。

若し朝鮮政府にして早くこゝに注意し、該事業の振興を企てしめんには、よりてもって外国漁船の進入を防ぎ、よりてもって一大富源を開発するに至るは、余輩いまさら疑いを容るゝものなし。海産の発達は、朝鮮を富有ならしむるの一大捷計なり―

朝鮮の農業の生産水準は日本より劣っており、施肥を行えば直ちに生産増大が可能なことをバードも指摘している。塩川は、施肥に加えて治水、灌漑の実施や、林業での植林の実施などによって耕地面積の拡大や農業生産力の安定化と増大が可能であることを指摘している。

ただ防穀令を発するだけで、それ以外には何も有効な農業増産策を打たなかった当時の朝鮮政府は、農本主義を標榜していたと言っても実質が全く伴っていなかったこと、また、財政危機対策で無策であったことが、こゝから読み取れるように思われる。

水産業も、当時の朝鮮は殆んど発達していなかったようである。

F　バードの見た朝鮮の工業

産業について農林水産業や商業を見てきたが、工業などその他の産業はどうだったのであろうか。これについてはバードの記述は実に短いので、塩川の記述が中心となる。

―手工業は不振である。最上の生産物は楮《こうぞ》で作る数種類の紙で、そのうち油紙はベラム革のような見かけをしており、人をその上に載せて四隅を持ち上げられるほど丈夫である。その他上質のござ、竹製のすだれがある。美術工芸はなにもない―

G　塩川の見た朝鮮の工業

―日本の中古にありて、すべての技術は均しく皆これを朝鮮より伝え来たり。その当時、朝鮮は実に工業の先進国たり美術国たらざるべからず。今朝鮮の国土を踏み幾般事物と相接するや、この観念は全然夢想に帰し、全く正反対の結果をもって吾人を呆然たらしめり。この国の工業は、新羅時代に一時その隆盛を致せしことあるにもせよ、爾後漸く退歩し来たりて、遂に現今の有様となりしと云うの説は、余の最も信憑するところのものなり。

百般の工芸品は一として見るに足るものなく、至って不発達に、至って幼稚なる現象に於いてあり。故に外国貿易の開けし以後、一として工芸品の輸出せらるゝものなし。

国民がその製冠に於いて精巧細密の手芸を示し、竹簾、花蓆に於いて幾分の技量を顕わすものを見るに、決して工芸に適せざるの人種として放棄すべきに非ず。若し一朝工芸社会に光明を照らし、その発達を奨励し勧誘せんには、その業の振興を来し、よりて国富の一要素たるや知るべからざるなり。

かくの如く殖産興業の不発達なるは、すなわち大に後来に望みを属すべきところのもの、若し国民にして一朝文明の雨露に感染するところありて殖産興業の必要を知るに至っては、その発達は沛然として振起すべきはけだし疑うべからざるなり。

朝鮮政府は歴史的観念より、金の産出は外国の垂涎を来すの要素として、工業の発達は奢侈を致すの本とする等、ひたすら生産事業の進歩を妨ぐるをもって、為政の方針となせしが如き傾きあり。然れども、現時に於ける自家の貧たる所以と、外国の富たる所以を講究せんには、容易に殖産興業の振興を企図するに至るは、あたかも明鏡を見るが如きものあり。釜山開け、元山開け、ついで仁川開け、京城開桟成るの後、既に幾多の年所を経たるにもかかわらず、朝鮮に於ける殖産事業は、一として旧来の面目を変えたるものなく、一として進歩せしと云うものなし—

バード・塩川とも、現在は工業品、工芸品に見るものがない、という結論では一致している。塩川は、古代に工業国であったものが衰退した原因を朝鮮政府の観念＝経済政策にあると認識し、開港後の無策を批判すると同時に、殖産興業路線に切り換えれば必ず大いに望みが生じると力説している。

H　塩川の見た朝鮮の鉱業

—金は朝鮮国産中、最も有名である。採金の方法は特別の熟練を要する訳にもあらず。用具また一般農具にして特に機力を利用するにあらず。しかして政府これが奨励を為すにもあらず。故に採金業はあたかも農夫等の内職たるが如き観あり。石炭の世に需要あることは尤も近頃初めて朝鮮人の知るところなれば、炭鉱発見の如きは未だ普からず—

I　塩川の見た朝鮮の繊維産業

—蚕綿麻の三業の発達は、機業の幼稚と相随伴して、毫も見るべきものなく、故にその産出もまた十分なるを得ず。もし機業上の知識を増進するに至らば、三業の発達を見、その輸入を仰ぐに至らざることゝならば、目下その輸入に注力する購買力は他方に転ずるは必然なるべく、なお一歩を進めば、外国に輸出し得るやも計られず—

五　朝鮮の商業

朝鮮の商業の状況について、バード・塩川二人の観察を紹介しよう。

A　バードの見たソウルの商業

―商店も概してみすぼらしいのは同じである。在庫品全部を買っても六ドル程度の店がたくさんある。一番立派な商店は《大釣鐘》の付近にある。商店はどれも、商品のすべてが手を伸ばせば届くところにあるほど小さい。三本ある広い通りの一つには屋台が両側に並ぶ。

ソウルは、商業という概念が行商人の商いに限られているこの国の商業の中心地でもある。全国の商店がソウルから在庫を仕入れる。条約港から船積みされない製品はすべてソウルに集中する。ソウルは商品の一部品目を実質的に独占しているポーター業ギルドの中心地である―

B　バードの見た朝鮮の通貨

―通貨に関する問題は、当時朝鮮国内を旅行する者を例外なく悩ませ、旅程を大きく左右した。日本の円や銭はソウルと条約港でしか通用しない。銀行や両替商は旅先のどこにも一軒としてなく、しかも受け取ってもらえる貨幣は、当時公称三千二百枚で一ドルに相当する穴あき銭以外になかった。この貨幣は数百枚単位で縄に通してあり、数えるのも運ぶのも厄介だったが、なければないでそれも厄介なのである。百円分の穴あき銭を運ぶには六人の男か朝鮮馬一頭がいる。たった十ポンドなのにである！―

C　塩川の見た朝鮮の通貨

—目下朝鮮に於ける流通貨幣は、一文銭及び五文銭と称する両種銅貨のみにして、〔五文銭は悪貨ゆえ〕その一個は一文銭一個と同じく、目下の相場にて日本銭一厘五毛に相当す。大金の取引にも皆これを用ゆ。故にその運搬授受に幾多の費用と手数とを要し、不便なること極まりなし。かゝる貨幣流通の不便と共に、手形流通の法は、ある部分には盛んに行わるゝとも、財産保護の途充分ならざるがため、信用従って少なく、これまた完全の流通を見ざるは已むを得ざるの勢いなり。為替法のごときもまた然りとす。

近時日韓貿易の開始以来、年一年に日本貨幣の信用を増加することゝなりし。円銀はその重量なるがために嫌悪せられ、しかして日本紙幣はその流通を専らにし、目下日本紙幣が朝鮮国内に流通するものは、釜・元・仁三港及び京城・松都（開城）を根拠とし、その流通高は例え精査を得ざるが故、確かにこれを知ること能わざるも、決して鮮少ならざるべしと思わる。目下の有様にては、手形券とし為替券とし流通せらるゝが如き傾きあり。

目下朝鮮には各港とも銀行支店ありといえども、その業務は全く日本と朝鮮間の商業にありて、朝鮮国内の商業にまで業務を拡張せず—

D　バードの見た朝鮮の地方の商業

—加平《カピョン》は小さな郡庁所在地で、漢江流域の小さな町の好見本である。加平には朝鮮のほかの小さな町と同じく、活気というものが丸でない。「商人」は行商以外にはない。流域のどの町にもこれといった産業が何ひとつない。

通常の意味での「交易」は、朝鮮中部と北部の大方には存在しない。つまり、ある場所とほかの場所との間で産物を交換し合うことも、そこに住んでいる商人が移出や移入を行うこともなく、供給が地元の需要を上回る産業はないのである。平壌を除いては、私の旅したソウルより北の全域を通して「交易」は存在しない。

このような状況を作った原因は、朝鮮馬一頭で十ポンドに相当する現金しか運べないほど貨幣の価値が低下していること、清西部ですら銀行施設があって商取引が簡便になっているのに、こゝにはその施設が全くないこと、概して相手を信用しないこと、皮革業に対する偏見、すなわち階級による偏見があること、一般に収入が不安定で、まったくもって信じられないほど労働と収入が結びつかないこと、そして実質的に独占しているギルド（職業別組合）が夥しくあること、である。

私が見た限りの「交易」は日本人バイヤーの行っているもので、小さな町や村を訪れて米をはじめ穀物を買い取り、港から日本に出荷する。港まで運ぶのは褓商《ポサン》すなわち行商の組織で、ギルドが多いのは朝鮮の風変わりな特徴の一つであるが、この行商ギルドはその中でも最も大きなものである。

村々には商店はなく、小さな町にすら極わずかしかない。市の立つ日でなければ何も買えない。週に一度立つ市の日には、普段活気もなくもの憂げな村が生彩と人込みとざわめきで賑う。公に指定された広場へ通じる小道は朝早くから籠に入れた鶏、豚、わらじ、わら帽子、竹じゃくしなど物々交換するための品々を持った農民で溢れ、街道は街道で重い荷物を自分で持ったりポーターや牛に運ばせたりしている商人、大概は体格の屈強な身なりのいゝ行商人でいっぱいになる―

E　塩川の見た朝鮮の地方の商業

―朝鮮国内商業の現況を観察するに、各地とも何れも会市の制を取らざるなし。会市の制、全国普きが故、何れの辺邑鄙村に至るも、一里乃至二三里のところに会市場を有せざることなし。故に、京城・松都その他七道監司営あるの地を除くの外は、各地商業全然会市日にありて取引せらるゝを常とす。故に、市日ならぬ日は、如何なる有名なる会市場に至って寂寥を極め、日常の食品その他細々しき小雑貨に至るも、販売店を見ることなし。当国内地に於ける商業は、有数都府を除くの外は、すべて会市日に於いて行わるゝものと云うも敢えて不可なきなり。

京畿・忠清・黄海の三道中に於いて、外国品販売の途やゝ開けおるは、松都・海州の両所に過ぎず。〔他の町は〕特にこれら地方に需用なきがためならずして、朝鮮商がその運搬に危険なると労費あるを憚るの結果と云わざるべからず―

F　塩川の見た朝鮮政府の対商業政策

―〔朝鮮政府は〕むしろ著しく商業を妨害し、その発達を抑圧せるが如き傾きなしとせず。今その重なるものを挙ぐれば、

一、政府が財産保護の途を講ずる最も不完全なること、むしろ残暴を加うる跡あること。

一、中央政府各衙各署各地方の無定期の誅求。
一、朝紳、胥吏、書院の不時の強索。
一、政府収税の帰一ならずして、頗る商賈的請負事業もしくは掠奪的に類似すること。

今試みに、各地方にありて商品課税の概略を述ぶれば、その種類は官分（地方官庁に納む）、営分（各兵営に納む）、洞分《どうぶん》（町入費の類）、貿易分（営業税の類）、その他国王殿下、王妃殿下、世子殿下、義和宮、龍洞宮、竹潤宮等の各宮に収むるもの等にして、その額を合計すれば決して少なからず。

かくの如くして商家に徴する各種の税は甚だ多く、しかしてその収税や頗る乱雑にして、往々人により増減することあるが故、勢い資力ある者は多額を出さざるべからず。その上時々多額の御用金を命ぜらるゝことありて、ために倒産する者もまた少なからざるを常とす―

バードと塩川が記していることは、李憲昶著『韓国経済通史』に述べられたことゝよく一致しており、この二人が良い観察者であったことがよく分かる。

日清戦争の開戦後、日本軍はまず朝鮮国内で清国軍と戦闘を行った。その時日本軍は、物流のために現地で人夫や馬を徴発しようとし、あるいは糧食を徴発しようとするが思うようにいかないというトラブルを経験した。

商業と言えば行商しかなく、「供給が地元の需要を上回る産業がない」状況で、而も貨幣は運搬に真に不便な一文銭・五文銭しか通用しておらず、会市の日以外は商品が集まらなかったのだから、そもそも出兵した日本軍が朝鮮国内の作戦地で現地徴発をしようと発想したこと自体、根本的に間違いであったと言えるように思われる。

軍人は軍事の専門家ではあっても、調達、運輸の専門家とは言えず、特に朝鮮国内の物資の流通や物流についてはほとんど何も知識を持っていなかった訳であるから、予めその分野の専門家から話を聞いた上で作戦の準備をしておくべきであったろうと思われる。

特に参謀本部や最初に出征した第五師団の幹部（具体的には川上参謀次長・寺内通信運輸長官や野津師団長・大島旅団長ら）が、出兵決定時に塩川一太郎を日本に呼び寄せて話を聞いた上で準備を進めていたなら、その後の動員でも、また、作戦の立案実施の上でも事前に対策を取ることが可能となり、いろいろなトラブルが避けられたのではないかと思われる。

六　朝鮮の旅行、物流の事情

次は、バードと塩川が実際に朝鮮の各地を旅行して観察した、当時の朝鮮の旅行や物流の事情についてである。

A　バードの見た朝鮮の道路

―旅人が馬または徒歩で進むペースは何れの場合も一時間に三マイルで、道はとにかく悪い。人工の道は少なく、在っても夏には土ぼこりが厚くて冬にはぬかるみ、均していない場合はでこぼこの地面と突き出た岩の上を轍が通っている。大概の場合、道と言っても獣や人間の通行でどうやら識別可能な程度についた道路にすぎない。

橋の架かっていない川も多く、橋の大半は通行部分が木の小枝と芝土だけで出来ており、七月初めの雨で流されてしまう。そして十月半ばになるまで修復されない。地方によっては、川に差しかかったら浅瀬を渡るか渡し船に乗るかしなければならず、これには必ず危険と遅れが伴う。首都を中心とする《六大道路》ですら、橋は、渡る前にまず馬や人間の重量に耐えられるかどうかを馬夫が確かめるほど、もろい状態であることが多い―

B　バードの見た朝鮮の旅館

―朝鮮の宿には正規のものとそうではないものがある。正式の旅館でないものは、かいば桶のついた囲いがあるのを自慢できるのと、人間ばかりでなく馬も泊まれるのを除けば、街道沿いの普通のあばら家と何ら変わりはしない。

町や大きな村にある正規の旅館には穴や汚物の山だらけの不潔極まりない中庭があり、街道からは崩れ掛けた門を通って入る。やせ衰えた黒豚が一、二匹耳にかけた紐でつながれ、大きな黄色い犬がごみを漁り、家禽、男の子たち、牡牛、馬、馬夫、居候、そして客の荷物がにぎやかな光景を作り出している。

宿に着くと旅人や従僕は土塗の床―筵が敷いてある場合もある―に突進し、その勢いで舞い上がった埃を一隅に寄せ集める。そしてまもなくその埃の山が動いているのに気づく。共同部屋から聞こえるブツブツいう声やため息や体を掻く音やそわそわする気配は、ダニや南京虫の多さを物語っている。ごはん、卵、野菜、それにスープ、素麺、干した海藻や小麦粉と砂糖と油でつくる練り粉料理といった朝鮮式のおいしい食べ物は大概の宿で調達できる。ただお茶はどこにもなく、また、井戸は大概中庭の汚物の浸み込みそうな場所にあるので、用心深い旅人は沸かしたお湯しか飲まない―

C　塩川の見た朝鮮の水運

―国内運輸の便は特に不十分にして、船舶航海の如きは、特にその不進歩の有様を呈せり。船舶構造の甚だ脆弱に不堅牢なるは、実に吾人の思い寄らざるほどのものあり。余が仁川に在留中、少しく風波あるとき、毎に前面に繫留する船舶の多くが、最も容易に最も瞬間に破壊するを見て驚きたることあり。もとより危険にして、航海に耐ゆべくとも見えず。故に少しく重要なる貨物は、例え運賃の高く到着の遅きにもかかわらず、牛馬背にて陸送するを常とす―

D　塩川の見た朝鮮の陸運

―陸運は主に牛馬もしくは人背にして、まゝ牛車あれども、道路の悪きと共に、その用至って少なし。道路はまた至って険悪にして、二、三国道とも云うべき大路を除くの外は、何れも崎嶇たる一条の小径にして、国道とも称せらるべきものさえ、河水放流架橋の設け至って稀に、常に旅人に困難を与うることあり。ただ道路の困難なるのみならず、驚くべきは轎輿費の格別高価なること。仁川―京城間の如き、少なくも三円以上四、五円前後の轎夫賃で、この間里数は八里なり。旅行馬の如きも、乗用と駄用とを問わず、すべて一日が一円二、三〇銭以下なることなきを常とす。されば、旅行する者また随って少なし。

京城と平壌との間は、当国にて有名なる大路と称するほどにて、なお交通繁き所と称するにも拘らず、余がかつてその間を往復せし時の如きは、途上旅人らしき者に出会せしこと至って少なかりし。かつ地方警察制度の不完全なるは、強盗火賊の白昼にさえ横行して憚らざるものあり。その他韓銭携帯の不便、為替制度の不十分等のもの、また皆交通運輸に不便を来すの一として数えざるべからず故に当国に於ける交通運輸の不便の著しきは、何人も直ちにこれを認め得るところのものなり。かくの如くにして商業の隆盛を見んと欲するは、ほとんど水によりて魚を求むるの類たらざるべからず―

二人の観察にズレはない。道路は路面や橋のメンテナンスに問題があり、水運は船の強度が十分ではなく、その結果物流は発達しておらず、旅行者が少なかった、という状況であったようである。

七　バードの見た朝鮮の両班、官吏

最後に、当時の朝鮮の両班階級、官吏はどのようなものであったのかについて確認したいと思う。これについては記述があるのはバードだけであり、以下はすべてバードからの要約である。

A　両班は働かない

―朝鮮の災いの基の一つに両班つまり貴族という特権階級の存在がある。両班は自らの生活のために働いてはならないものゝ、身内に生活を支えてもらうのは恥とはならず、妻がこっそり他所の縫い物や洗濯をして生活を支えている場合も少なくない。

両班は自分では何も持たない。慣例上、この階級に属する者は旅行をする時、大勢のお供をかき集められるだけかき集めて引き連れて行くことになっている。本人は従僕に引かせた馬に乗るのであるが、伝統上、両班に求められるのは究極の無能さ加減である。従者たちは近くの住民を脅かして飼っている鶏や卵を奪い、金を払わない―

B　両班は掠奪、搾取する

―非特権階級であり、年貢という重い負担をかけられている夥しい数の民衆が、代価を払いもせずにその労働力を利用するばかりか、借金という名目のもとに無慈悲な取り立てを行う両班から過酷な圧迫を受けているのは疑いない。

商人なり農民なりがある程度の穴あき銭を貯めたという評判がたてば、両班か官吏が借金を求めて来る。これは実質的に徴税であり、もし断ろうものなら、その男は偽の負債をでっちあげられて投獄され、本人又は身内の者が要求額を払うまで毎朝鞭で打たれる。あるいは捕えられ、金が用意されるまで両班の家に食うや食わずで事実上監禁される。借金という名目で取り立てを装うとは全くあっぱれな貴族であるが、しかし元金も利息も貸主には戻ってこない。貴族は家や田畑を買う場合、その代価を支払わずに済ませるのが極一般的で、貴族に支払いを強制する高官など一人もいないのである。

私が舟旅を終えキムを解雇した船口尾《ペックミ》では、両班の従僕があらゆる舟に無理矢理ソウルまでタダで屋根瓦を運ばせようとしていた。キムは私に、運び賃は穴あき銭少々でいゝから、何かちょっとしたものをソウル方面に運ばせてくれ、外国人に雇われていると屋根瓦を運ばなくて済むから、あなたに雇われているとひと言書いてくれ、と懇願したものである―

C　朝鮮の官僚は吸血鬼である

―朝鮮の官僚は大衆の生き血をすゝる吸血鬼である。政府官僚の大半は、どんな地位に居ようがソウルで社交と遊興の生活を送り、地元での仕事は部下に任せている。しかも在任期間がとても短いので、任地の住民を搾取の対象として捉え、住民の生活向上については考えようとしない。

官吏階級は既得権を守るため、内政改革には反対である。官吏階級は改革で「搾取」や不正利得がもはや出来なくなるとみており、ごまんといる役所の居候や取り巻きと共に、全員が私利私欲という最強の動機で結ばれ、改革には積極的にせよ消極的にせよ反対していた。政治腐敗はソウルが本拠地であるものゝ、どの地方でもスケールこそ小さいとはいえ、首都と同質の不正がはびこっており、勤勉実直な階層をしいたげて私腹を肥やす悪徳官吏が跋扈していた―

日本が改革に着手した時、朝鮮には階層が二つしかなかった。盗む側と盗まれる側である。そして盗む側には官界をなす膨大な数の人間が含まれる。「搾取」と「着服」は上層部から下級官吏に至るまで全体を通じての習わしであり、どの職位も売買の対象となっていた。

一八九二年に壬午軍乱を招いた官僚制の腐敗について、その後十年経っても何らの改革も施されていなかったことが、このバードの記述からよく理解できる。また、財政危機にしても、前に引いた塩川の指摘にあるように、農業増産策や殖産興業政策の導入など具体性のある改革策は何ら執られていなかった。

それ故に一八九四年には東学の乱が起こり、朝鮮の政治体制は重大な危機に直面することになったと思われる。

第三章

清国の状況

十九世紀の清国の状況を代表人物、李鴻章と袁世凱にスポットライトを当てゝ見てみる。清国の朝鮮半島の政変での関わりと日清戦争までの状況を語るには、この両者を失する訳にはいかない。

先ずは当時の中国を理解する上に必要な科挙《かきょ》について予め記しておこう。

「科挙」は、中国で五九八年〜一九〇五年、即ち隋から清の時代まで約一三〇〇年も行われた官僚登用試験である。

科挙という語は「(試験)科目による選挙」を意味する。選挙とは、伝統的に官僚へ登用するための手続きをそう呼んでいる。

「科目」とは現代の国語や数学などといった教科ではなく、「進士科」や「明経科」などと呼ばれる受験に必要とされる学識の課程である。北宋朝からはこれらの科目は進士科一本に絞られたが、試験自体はその後も〝科挙〟と呼ばれ続けた。

家柄や身分に関係なく誰でも受験できる公平な試験で、才能ある個人を官吏に登用する制度は当時としては世界的にも非常に革新的であった。

科挙によって登場した官僚たちが新しい支配階級〝士大夫《したいふ》〟(科挙官僚・地主・文人の三者を兼ね備えた者である)を形成し、政治・社会・文化の大きな変化をもたらしたと言われている。士大夫たちは、科挙によって官僚になることで地位・名声・権力を得て、それを元にして大きな富を得ていた。

受験資格に制限のない科挙ではあるが、合格するためには幼い頃より労働に従事せず学問に専念できる環境や、多数の書物の購入費や教師への月謝などの費用が必要で、実際に受験できる者は大半が官僚の子息または富裕階級に限られ、士大夫の再生産の機構としての意味合いも強く持っていた。

科挙の競争率は非常に高く、時代によって異なるが、最難関の試験であった進士科の場合、最盛期には約三〇〇〇倍に達することもあったという。最終合格者の平均年齢も時代によって異なるが、おおむね三十六歳前後と言われ、中には曹松《そうしょう》（中国晩唐の詩人）などのように七十歳を過ぎてようやく合格できた例もあった。無論、受験者の大多数は一生をかけても合格できず、経済的事情などの理由によって受験を断念したり、失意のあまり自殺した鍾馗《しょうき》（中国の民間伝承に伝わる道教系の神）の逸話などのような悲話も多い。

科挙は皇帝がじきじき行う重要な国事だったため、その公正をゆるがすカンニングに対する罰則はきわめて重く、犯情次第では死刑に処された。賄賂で試験官を買収した大がかりな不正で多数の者が集団死刑にされた事件など、科挙が廃止されるまでの約一三〇〇年間、厳重な監視にも関わらず工夫をこらして不正合格を試みる者は後を絶たなかった。数十万字をびっしり書き込んだカンニング用の下着が現代まで残っている。

中国社会では「昇官發財（官吏になり、財産を築く）」の格言があり、官僚となって任地や担当分野の許認可権を握れば、賄賂や付け届けによる多額の非公式な収入が得られるのが当然とされる。すなわち官職の地位と収入は直結しているため、科挙に合格して官吏となるのは、貧しい者でも個人の才能で社会的地位と財産を築く確実な手段であった。「昇官發財」の格言は辛亥革命時に旧思想として否定されたが、実際には現在でも中国社会にあまりにも根強く残り、中国が法治国家になる上での最大の問題点となっている。現代に於いても腐敗撲滅は依然として中国の為政者にとっての最大の課題である。

一八四〇年のアヘン戦争以後は西洋列強が中国を蚕食するようになり、日清戦争後には本格的に近代化が叫ばれるようになっていった。そしてついに、清朝末期の一九〇五年に廃止された。

第一節　代表人物を介して見る日清戦争前

先ずは李鴻章から。

李鴻章《りこうしょう》は一八二三年二月十五日、安徽省合肥出身の李文安の次男として生まれた。士大夫の家系であり父が進士《しんし》だったことから、幼少期から一族の期待を背負い勉強に励み、一八四〇年に科挙一次試験に合格、四年後の一八四四年に二次試験の郷試《きょうし》も合格した。更に父の友人だった曽国藩《そうこくはん》の門下生となり勉強に一層励み、一八四七年の会試《かいし》も合格し進士となる。翰林院《かんりんいん》（清代では、いわば皇帝直属の秘書室となり、書物の編纂、詔勅の起草などを行った。貯才の地とも言われ、有為な人材を確保し、勉強や実務の見習をさせ、必要があるときに中央官庁や地方の要職に任命する。学問や政治の最高の人材が揃うと言われる）入りしてからも曽国藩との師弟関係は続き、彼の下で庶吉士《しょきちし》、編修《へんしゅう》と順調に出世階段を昇って行った。

一　李鴻章の太平天国の乱との関わり

一八五一年洪《こう》秀全《しゅうぜん》を天王とし、キリスト教の信仰を紐帯《ちゅうたい》（社会を形づくる結びつき）とする組織・太平天国によって大規模な反乱、太平天国の乱（長髪賊の乱）が起こった。清の正規軍である八旗が鎮圧に当たったが連戦連敗であった。長年経つうちに八旗は貴族化し弱体化していたのである。このため清国政府は各地の郷紳《きょうしん》たちに郷勇《きょうゆう》と呼ばれる臨時の軍隊の徴募を命じた。

命を受けた曽国藩は複数の団練《だんれん》（地方有力者が自主的に組織した自衛のための民兵組織）をまとめ、郷勇を組織させた。曽国藩は一八五二年に江西省へ転勤、そこで政府の命令を受けて湖南省へ移動、湘軍《しょうぐん》を創設して太平天国との戦いを開始した。

一八五三年に李鴻章にも太平天国鎮圧のために転属命令が出され、友人の呂賢基と共に故郷の安徽省へ戻り安徽巡撫代理・周天爵の幕僚となり、合肥を本拠地として団練を率いて太平天国軍との戦いに加わった。

しかし戦果は思うように挙がらず、一八五四年一月に合肥を太平天国に占拠され安徽巡撫・江忠源が自殺すると、後任の巡撫・福済に仕えた。一八五五年七月に父の死去という苦難に遭いながらも十一月に合肥を奪還したが、三年後の一八五八年八月に再び合肥を奪い返された。抵抗を諦めた李鴻章は家族を連れて曽国藩の下へ逃れた。湘軍を江西省に駐屯させていた曽国藩には兄の李瀚章を始め弟達も従っており、李鴻章は家族揃って曽国藩の庇護に入った。

曽国藩は李鴻章の才能を認めていて、湖南省出身が多い湘軍で孤立しがちな李鴻章に協調を重視して厳しく接したり、軍務に携わらせ修養に心を砕き、将来は一軍を率いる将へ成長させることを友人の胡林翼に書き送っている。やがて一八六一年九月に湘軍が安徽省の省都・安慶を陥落させ太平天国を西から圧迫すると、李鴻章は曽国藩から推薦され独立して太平天国と対峙することになった。上海救援を命じられた李鴻章は軍を揃えるため一旦合肥へ帰郷、団練を基に曽国藩の湘軍《しょうぐん》に倣って淮軍《わいぐん》を組織した。

一八六二年四月、曽国藩の推薦で江蘇巡撫となると、上海から来たイギリス船に乗り長江を渡って上海へ下り、蘇州に拠った李秀成《りしゅうせい》（太平天国指導者）と対峙、現地で結成された外人部隊・常勝軍と連携して五月から六月の上海防衛に功績を挙げた。翌一八六三年から一八六四年にかけて攻勢に転じ、降伏した敵軍を吸収しつゝ西洋式軍事訓練も施して自軍強化に努め、蘇州、常州を奪回して江蘇省を回復した。湘軍による南京包囲には参加しなかったが、太平天国滅亡に大きく貢献した功績が認められ伯爵に叙せられた。

二　李鴻章、捻軍鎮圧により直隷総督・北洋通商大臣に就任

太平天国鎮圧後は捻軍《ねんぐん》（太平天国の乱と同時期に清に反抗した華北の武装勢力）鎮圧が焦点になり、一八六五年のセンゲリンチン（清の軍人・モンゴル族）戦死後に曽国藩が捻軍《ねんぐん》迎撃に向かったが、一向に戦果を挙げられない状況を打開すべく一八六六年に李鴻章に出番を譲った。

李鴻章は曽国藩の期待に応え淮軍を動員、一八六七年に湖広総督に任命され、一八六八年に完全平定を果たし捻軍鎮圧でも功績を上げた。一八七〇年九月、天津教案（反キリスト教事件）で外国の交渉に苦慮する曽国藩の応援として淮軍を率い、交渉を円滑に進める役割を果たし、交渉完了後に曽国藩の後を継ぎ直隷総督に就任した。この時に北洋通商大臣も兼ねたので、淮軍はその後、北洋軍閥と呼ばれるようになった。

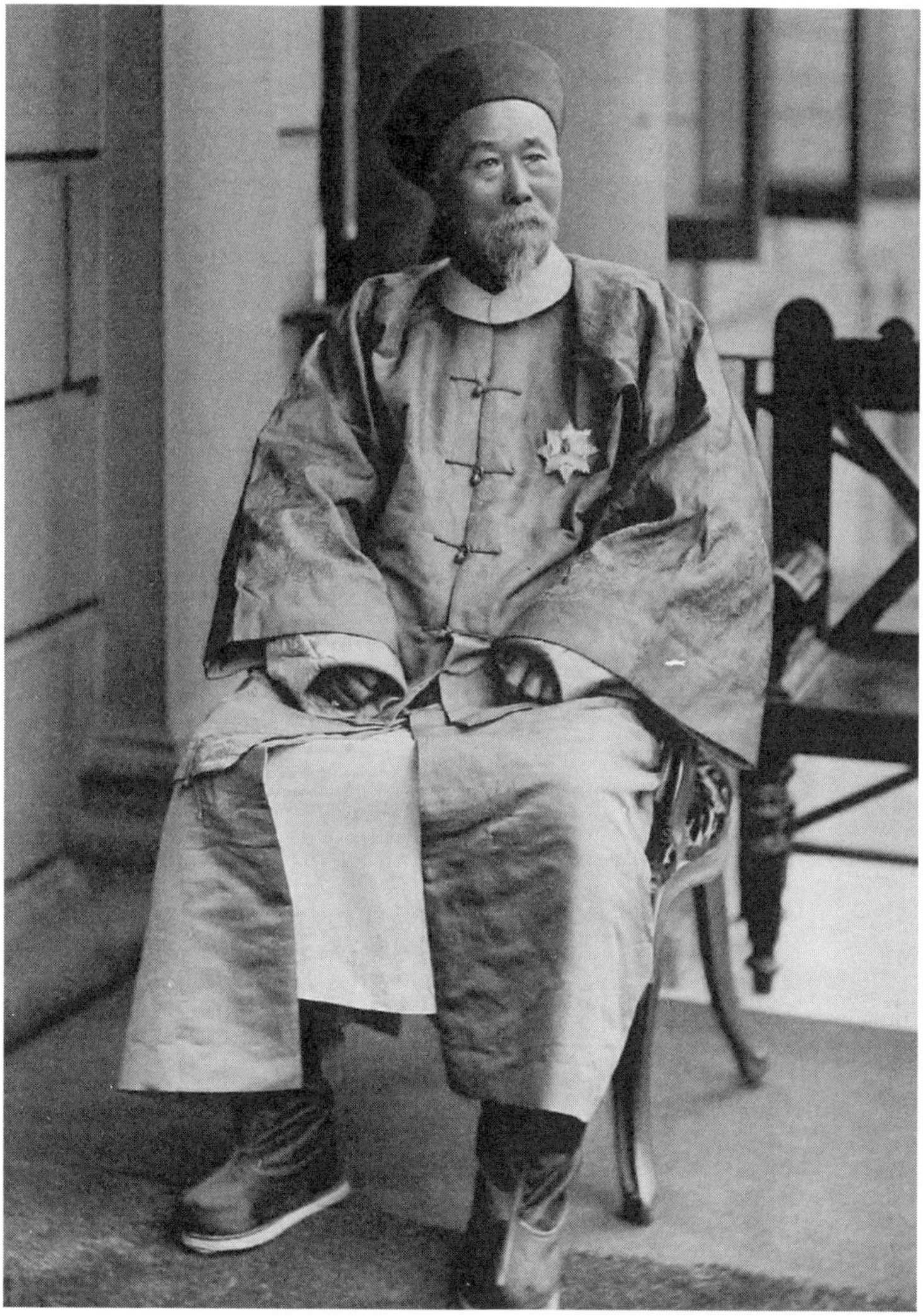

資料２０　李鴻章

李鴻章の代に北洋大臣が外交を管轄するようになり、外交を統括する機関であった総理各国事務衙門の機能は次第に縮小していった。李鴻章は清朝の重臣筆頭として同治帝の母・西太后の厚い信任を得た。

三　日本との関わりと袁世凱の出現

この頃、明治維新期の日本が台頭して李氏朝鮮の開国を要求し始めた。清から見れば朝鮮は朝貢関係で成り立っており、朝鮮及び日本との関係をどうするか苦悩することになる。

李鴻章は一八六四年から日本の内情を探りだし、総理衙門に日本との連携を呼びかけた。ここでは西洋列強を脅威と捉え、富国強兵に邁進する日本と組んで西洋に対抗することを掲げているが、逆に日本が西洋と組んで敵に回る可能性も示唆している。この理念を基に一八七〇年九月、清を訪れた柳原前光ら日本使節団と天津で会談、翌一八七一年までに日本との提携を記した草案の作成を担当し、同年九月に伊達宗城・柳原前光ら使節大臣と日清修好条規を結んだ。

同年、北でロシア帝国が新疆北部のイリを占拠、西からウズベクの軍人・指導者であるヤクブ・ベクが新疆を制圧する事態が発生した（ヤクブ・ベクの乱）。陝甘総督左宗棠《さそうとう》が出兵支度を整えようとしたが、李鴻章はヤクブ・ベクが独立政権を樹立、イギリス・ロシア双方が承認を与えた事実に基づき、清も朝貢国としてヤクブ・ベク政権を承認、浮いた遠征費用を海防に回す提案を一八七四年に政府に出した。これがロシアを仮想敵国とみなす塞防派《さいぼうは》の左宗棠《さそうとう》らに非難され、海防・塞防論争が起こったが、一八七五年に左宗棠が提出した新疆保持案に政府が同意したため、海防・塞防どちらにも費用を回す折衷案に落ち着いた。左宗棠が出兵しヤクブ・ベクの乱は一八七七年までに平定、ロシアも一八八一年に交渉でイリを返還したため新疆は清の手に取り戻したが、その間に日本が大きく動き出した。

一八七五年、日本が台湾出兵を強行しても積極的には関わらず、総理衙門が日本と交渉した末、日本に賠償金を支払った。翌一八七六年、江華島事件に関連して、朝鮮の宗属関係について日本の森有礼と協議。こゝで所属邦土に関する解釈で揉めたが、日本・朝鮮間の日朝修好条規締結に干渉せず静観した。一八七九年の日本による琉球処分についても、駐日公使何如璋が日本へ抗議しても同様の対処を取った。軍事力不足に加え、台湾・琉球が南洋通商大臣の担当区域であり李鴻章の管轄外という事情もあり、積極的な対策はしなかった。

だが一八八一年以降は朝鮮との外交も、朝貢国との関係を扱う機関が礼部から北洋大臣へと移管されると、それまでは控えられていた朝鮮の内政や外交への干渉が強まり、朝鮮の属国化が進んでいった。

一方、袁世凱《えんせいがい》は、一八五九年九月十六日に生まれた。生家は、官僚や軍人を多く輩出した地元でも指折りの名族であった。そういった中で生まれた袁世凱は、若い頃から立身出世の強い願望を抱いていたと多くの伝記は語っている。

まず官僚を志して科挙に二度挑戦したが、どちらも一度目の試験に及第せず断念した。そこで軍人となることを志し、一八八一年には李鴻章幕下の淮軍の一部隊である呉長慶軍に身を投じていた（二十二歳の時）。

呉長慶《ごちょうけい》は安徽省廬江の人で、袁世凱の叔父にして義父の袁保慶と兄弟の契りを結んでいた。呉長慶の父親が地元の廬江で太平天国と戦っていた時、援軍を出したのがきっかけである。袁保慶が亡くなると葬儀を出してくれた。養子の袁世凱もそんな縁故で、呉長慶の軍隊に加入することになる。

袁世凱は一八八一年五月、慶軍が駐屯する登州に行き、その「営務處會辦《えいむしょかいべん》」を任された。字面は難しいが、参謀の一人と言ったところだろう。時に彼は数えて二十三歳であった（J・チェン著・守川正道訳『袁世凱と近代中国』岩波書店）。

四　朝鮮で壬午軍乱起こる

開国して五年目の一八八一年五月、朝鮮国王高宗の后閔妃の一族が実権を握っていた朝鮮政府は、大幅な軍政改革に着手した。閔妃一族が開化派の筆頭となり日本と同じく近代的な軍隊を目指した。近代化に対しては一日の長がある日本から軍事顧問（堀本禮造陸軍工兵少尉）を招き、その指導の下に旧軍とは別に新式の編成で新式の装備を有する「別技軍」を組織し、日本の指導の下に西洋式の訓練を行ったり日本に留学させたりと、努力を続けていた。

開化派は軍の近代化を目指していたため当然武器や用具なども新式が支給され、隊員も両班の子弟が中心だったことから守旧派と待遇が違うのは当然だったが、守旧派の軍隊は開化派の軍隊と待遇が違うことに不満があった。

それに加え当時朝鮮は財政難で、当時は米で支払われていた軍隊への給料（俸給米）の支給が十三ヵ月も遅れていた。そして一八八二年七月二十三日にやっと支払われた俸給米の中には、支給に当たった倉庫係が砂で水増しゝて残りを着服しようとしたため砂などが入っていた。これに激怒した守旧派の兵士達は倉庫係を暴行した後、倉庫に監禁した。一旦この暴動は収まったが、その後、暴行の首魁が捕縛され処刑されることゝなった。そのため、再度兵士らが暴動を起こした。これは、反乱に乗じて閔妃などの政敵を一掃、政権を再び奪取しようとする前政権担当者で守旧派筆頭である興宣大院君《こうせんだいいんくん》の陰謀であった（壬午事変《じんごじへん》）。

こゝまでなら未だ内政問題である。これが国際問題に拡大したのは、暴動が日本人と日本公使館にまで及んで死傷者が出たからである。

反乱を起こした兵士らの不満の矛先は日本人にも向けられ、貧民や浮浪者も加わった暴徒は別技軍の軍事教官であった堀本少尉や漢城在住の日本人語学生らにも危害を加えた。また王宮たる昌徳宮に難を逃れていた閔妃の実の甥で別技軍教練所長だった閔泳翊は重傷を負い、閔妃一族を中心とした開化派高官たちの屋敷も暴徒の襲撃を受け、閔謙鎬や閔台鎬、閔昌植など多数が虐殺された。

以下の記述は日本公使館駐留武官だった水野大尉の報告を基にしている。

朝鮮政府から旧軍反乱の連絡を受けた日本公使館は、乱から逃れてくる在留日本人に保護を与えながら、自衛を呼びかける朝鮮政府に対して公使館護衛を強く要請した。しかし、混乱する朝鮮政府に公使館を護衛する余裕は無く、暴徒の襲撃を受けた日本公使館は已むなく自ら応戦することになった。

当日はなんとか自衛で凌いだ公使館員一行だったが、暴徒による放火によって公使館は窮地に陥っていた。朝鮮政府が護衛の兵を差し向けて来る気配はなく、また公使館を囲む暴徒も数を増しつゝあったので、弁理公使の花房義質は公使館の放棄を決断。避難先を京畿観察使（首都治安担当者）の陣営と定めて花房公使以下二十八名は夜間に公使館を脱出した。

負傷者を出しながらも無事京畿観察使の陣営に至ることに成功したが、陣営内は既に暴徒によって占領されており、京畿観察使金輔鉉は既に殺害された後だった。公使館一行は次いで王宮へ向かおうとするが南大門は固く閉じられていて開かない。遂に漢城脱出を決意し、漢江を渡って仁川府に保護を求めた。仁川府使は快く彼らを保護したが、夜半過ぎに公使一行の休憩所が襲撃される。襲撃した暴徒の中には仁川府の兵士も混ざっており、公使一行は仁川府を脱出、暴徒の追撃を受け多数の死傷者を出しながら済物浦から小舟で逃れた。その後、海上を漂流しているところを英国の測量船フライングフィッシュに保護された一行は長崎へと帰還することになる。

日本政府はすぐさま反応して、軍隊を付けた使節を派遣し、朝鮮政府の責任を問うべく交渉を始めた。この日本の動きにやはり敏感に反応したのが清朝である。日本の派兵に対抗して急遽、陸軍をソウルに送り込むことを決めた。日本が軍事力で朝鮮側を圧倒し兼ねない事を危惧しての行動であって、この反応からだけでも、いかに日本の動きを警戒していたかが判ろうというものである。

五　この頃の袁世凱の状態

そこで動員されたのが、朝鮮半島に最も近い登州に駐屯し、迅速に駆けつける呉長慶の部隊六千である。袁世凱も例外でない。日新という船に乗り込み、先発隊の二千と共に一路ソウルへ向かった。

こうした清朝の動向は、日本にとっては寝耳に水だった。日本政府の見るところ、清朝はそれまで朝鮮問題、とりわけ日朝関係には積極的には介入して来なかった。にも拘らず、この度は外交ルートで抗議したばかりか、軍艦、軍隊まで現地に派遣して来たから、いきなり態度を一変させたとして驚愕したのである。その意味で、日清戦争に至る朝鮮半島を巡る本格的な日清の対決は、この時に始まったと見てよいであろう。朝鮮に向かう船中の袁世凱は未だ二十四歳。まさか自身がゆくゆくその立役者になろうとは思ってもいなかったに違いない。

日清双方が恐れた軍事衝突は辛うじて回避され、ひとまず平和解決で決着した。その過程で最も大きな役割をしたのは、清朝側の代表・馬建忠《ばけんちゅう》である。

馬建忠は代々のカトリック教徒で、フランスに留学し国際法を修めた西洋型の知識人で、李鴻章の秘蔵っ子だった。それまでも対外交渉の実務で大いに活躍し、朝鮮と米・英・独との条約締結でも主導的な役割を果たした人物である。随一の朝鮮通ということで、この壬午軍乱の勃発に当たっても真っ先に派遣された。清朝本国から陸軍を派遣する必要性を現地で認め、援軍の要請をしたのも彼だし、その行動を企画しコントロールしたのも彼である。

この軍事行動を通じて、参謀の一人に過ぎなかった袁世凱が頭角を現してくる。

袁世凱は、軍の司令官の呉長慶と馬建忠の連絡に当たる参謀役で、馬の報告書にも何度も名前が登場している。こうしてまとまった呉と馬の作戦を通じて朝鮮軍の反乱軍を制圧し、それが以後の清韓関係を規定する。そうだとすれば、袁世凱はこの局面で存外大きな役割を果したことになる。

旧軍の討伐を果たした呉長慶軍は、ソウルの治安を制する位置を占めるに至った。その辺りから軍中で欝然たる不満が湧きあがってくる。朝鮮にいる日本軍はさして強力ではなく、既存の呉長慶軍で十分に圧倒できた。つまり朝鮮政府に多額の賠償金を負担させてまで日本に譲歩し、講和する必要がなかった。だから講和の責任者に不信感が募った、という事である。

日本軍が九月七日、改めてソウルに入り、その貧弱さを眼の当りにした時、こうした不信感がはっきり批判に転化した。「交渉した人物」、つまり馬建忠をして「日本を恃んで出世しようとし」ていると「罵る」に至ったのは、ほかならぬ袁世凱である。

―交渉に当たった人々は、貴国（朝鮮）に冷淡で、外夷（日本）に好誼を求めている。我が軍が去ったら、きっと眉叔《びしゅく》（馬建忠）がやって来る。貴国を損なうのは、この人に他ならない。眉叔のような連中は、ひたすら日本を恃んで貴国に重んじられ、さらに日本と貴国を恃んで北洋（李鴻章）に重んじられている。貴国の迎合競奔する人士が依付追従《いふついしょう》、内は民情に逆らい、外は侵犯を受けるだろう―

朝鮮側の記録に見る言葉にはこのように記されている。それが引いては、「戦おうとはせず、講和交渉しか考えぬ」と、北洋大臣にして淮軍の総帥である李鴻章への批判にまでエスカレートした。

もっとも袁のこうした憤懣は、賠償金が直接の原因だというよりは、李鴻章が呉長慶軍を「馬建忠に属せしめ」る、彼らの仕える呉長慶に馬建忠が取って代わる、あるいはその上に立つ、との情報を得たからであろう。それは自分を拾ってくれた呉長慶及び慶軍に対する義理立てで、忠節だった。派閥は派閥にしても、政策や政局ではなく、若者らしい義侠、あるいは情緒的な味方贔屓であったろう。

しかしそうした現地の動きに共鳴して、そのような批判を政治化したのは、むしろ本国の反李鴻章派であった。

壬午軍乱の決着は、北京の官界では必ずしも芳しい評判を得られなかった。日本に対して譲歩のし過ぎだというにある。現地の袁世凱たちと同じ意見であり、恐らくはその周辺から伝わったのであろう。かくして、いわば軟弱外交の実行者である馬建忠と支持者の李鴻章に、期せずして非難の声が集まった。

案の定、壬午軍乱の立役者である馬建忠は失脚し、二度と朝鮮の土を踏むことはなかった。寧ろ呉長慶がソウル駐屯軍となり、袁世凱も功績で五品同知に叙せられ、それなりに有力な地位を確保できたのである。

六　袁世凱の朝鮮での活躍始まる

尤も朝鮮の政情は、それで必ずしも安定しなかった。政府の施政方針は定まらず、それがやがて党派対立にまで発展して再び内乱が招来される。そこで袁世凱は、壬午軍乱以上の役割を果たす事になる。

事変を察知した閔妃はいち早く王宮を脱出し、当時朝鮮に駐屯していた清国の袁世凱の力を借り窮地を脱した。事変を煽動した大院君側は閔妃を捕り逃がしたものゝ、高宗から政権を譲り受け、企みは成功したかに見えた。しかし、反乱鎮圧と日本公使護衛を名目に派遣された清国軍が漢城に駐留し、鎮圧活動を行った上で乱の首謀者と目される大院君は軟禁された。これによって政権は閔妃一族に戻り、事変は終息した。以後、朝鮮の内政・外交は清国の代理人たる袁世凱の手に握られることになった。

大院君は清に連行され査問会にかけられ、天津に幽閉された（一八八二年八月）。「大逆不道罪」で、官吏である鄭顕徳・趙妥夏・許焜・張順吉、儒学者の白楽寛、金長孫・鄭義吉・姜命俊・洪千石・柳朴葛・許民同・尹尚龍・鄭双吉は凌遅刑《りょうちけい》（生身の人間の肉を少しずつ切り落とし、長時間にわたって激しい苦痛を与えた上で死に至らす刑）により処刑され、遺体は三日間曝された。なお、その家族一族郎党も斬首刑となった（一八八二年十月）。高宗は「朝鮮国王李熙陳情表」を清国皇帝に提出し、大院君の赦免を陳情したが効無く、大院君の幽閉は三年間続き、帰国は駐箚朝鮮総理交渉通商事宜となった袁世凱と共だった（J・チェン著、守川正道訳『袁世凱と近代中国』岩波書店）。

壬午軍乱によって多数の日本人が殺傷された日本政府は、花房公使を全権委員として、高島鞆之助陸軍少将及び仁礼景範海軍少将の指揮する軍艦五隻、歩兵第十一連隊の一個歩兵大隊及び海軍陸戦隊を伴わせ、朝鮮に派遣した。日本と朝鮮は済物浦条約を結び、日本軍による日本公使館の警備を約束し、日本は朝鮮に軍隊を置くことになった。

このことは、朝鮮は清の冊封国であるという姿勢の清を牽制する意味もあった。こうして朝鮮半島で対峙した日清両軍の軍事衝突を避けることができたが、朝鮮への影響力を確保したい日本と、冊封体制を維持したい清との対立が高まることになる。

李氏朝鮮は、壬午軍乱で興宣大院君が清へ連れ去られており、閔妃を始めとする閔氏一族は、親日派政策

資料２１　袁世凱（出典『袁世凱―統合と改革への見果てぬ夢を追い求めて』）

から清への事大政策へと方向転換していった。

七　袁世凱、甲申事変の鎮圧により実質的な朝鮮総督として君臨

このまゝでは朝鮮の近代化はおぼつかないと感じた金玉均、朴泳孝、徐載弼らの開化派（独立党）人士らは、一八七九年李東仁を日本に密入国させ、福澤諭吉や後藤象二郎を始め一足先に近代化を果たした日本の政財界の代表者達に接触し、交流を深めてゆく。日本の政財界の中にも、朝鮮の近代化は隣国として利益となる面も大きいと考え、積極的な支援を惜しまない人々が現れ、改革の土台が出来上がっていった。開化派の狙いは、日本と同じような近代立憲君主制国家の樹立であった。政府首脳（閔氏一族）が事大政策を執る中、金玉均らは国王高宗のいわば「一本釣り」を計画した。外戚の閔氏一族や清に実権を握られていた高宗もこの近代化政策の実行を快諾した。

金玉均らが計画したクーデター案は、同年十二月に開催が予定されていた「郵征局（郵政関連の中央官庁）」の開庁祝賀パーティーの際、会場から少し離れたところに放火を行い、その後、混乱の中で高官を倒し守旧派を一掃するというものだった。朝鮮国王はクーデター発生を名目に日本に保護を依頼する。日本は公使館警備用の軍を派遣して朝鮮国王を保護し、その後開化派が新政権を発足させ、近代的立憲君主制国家に転換させるという筋書きだった。この計画のネックとなるのが清の存在だったが、清は当時フランスと、ベトナムを巡って争っている清仏戦争の最中であり、同時期に二方面に派兵する事（二正面戦争）はできないだろうという予測がなされていたし、実際に当時、同戦争のため朝鮮駐留の清軍の兵数も通常時の約半数

ということもあり、一八八四年十二月四日、計画は実行に移された。甲申事変《こうしんじへん》である。

しかし、計画実行の直前に清は清仏戦争で敗退し、フランス領インドシナが誕生することになる。この結果清は、朝鮮に於ける覇権維持のため朝鮮方面に注力する流れとなった。このような情勢の変化にも拘らず、開化派は予定通り計画を実行する。

竹添進一郎在朝鮮公使など日本側の協力の下、放火は失敗するものゝ概ね計画は順調に進み、閔泳翊ら閔氏一族を殺害、開化派が新政府樹立を宣言した。首謀者の金玉均は、首相に当たる「領議政」に大院君の親戚の一人の李載元を、副首相に朴泳孝を、そして自らを大蔵大臣のポストに置く事を表明した。新内閣は国王の稟議を経て、その日の内に、

一、国王は今後殿下ではなく、皇帝陛下として独立国の君主として振る舞う事。
二、清国に対して朝貢の礼を廃止する事。
三、内閣を廃し、税制を改め、宦官の制を廃する事。
四、宮内省を新設して、王室内の行事に透明性を持たせる事。

など十四項目の革新政策を発表し、旧弊一新の改革を実現させようとした。

しかしながら、閔妃は清国に密使を送り、国王と閔妃の救出を要請した。それを受けた袁世凱率いる清軍千五百人が王宮を守る日本軍百五十人に攻め寄り、銃撃戦となった。結局、竹添公使は日本公使館に火を放って長崎へ敗走し、クーデター派は敗退した。日本公使館に逃げ込まなかった日本人居留民、特に婦女子三十余名は清兵に陵辱され虐殺された。そして親清派の守旧派が臨時政権を樹立した。開化派による新政権は

わずか三日で崩壊し、計画の中心人物だった金玉均らは日本へ亡命することゝなった。残った開化派人士及び亡命者も含めた彼らの家族らも概ね三親等までの近親者が残忍な方法で処刑された。

袁世凱は、このように任地で発生した壬午の変（壬午軍乱）・甲申の変（甲申事変）於いて、閔妃の要請の下で巧みな駆け引きで鎮圧に貢献し、情勢を清に有利に導いた。そして事実上の朝鮮公使として、李鴻章の監督の下、朝鮮の内政にも干渉できるほどの大きな権限を持った。まるで摂政のようだった。二十代の青年が、「駐箚朝鮮総理交渉通商事宜」という大げさな肩書を持ち、清の実質的な朝鮮総督として朝鮮半島に君臨したのである。武装したまま輿《こし》に乗って宮殿内まで入りこみ、国王の高宗を罵倒するのが常だった。当時、朝鮮に駐在していた欧米の外交使節までもが彼のことを監国大臣と呼ぶほどに、傲慢この上なかった。

一方、李鴻章は一八八二年に壬午軍乱が勃発すると、馬建忠を朝鮮へ派遣して大院君を拉致した。一八八四年に親日派が親清派へ甲申事変を起こした時も部下の袁世凱率いる軍勢を派遣して親清政権を復活させた。この間、一八八二年に母が亡くなったため一時期辞職、張樹声が直隷総督兼北洋大臣に就任したが、朝鮮への対応は引き継がれた。

イギリス・フランスに対しては譲歩の姿勢を取り、一八七四年にマーガリー事件（清とビルマの国境でイギリス駐華公使館員A・R・マーガリーが中国人に殺害された事件）が発生すると、駐在大使トーマス・ウエードと協議して一八七五年に芝罘条約を締結し、開港場を増やし通商上の特権を与える権利をイギリスに認めた。

一八八四年の清仏戦争に於いては早々に講和を主張、既に開戦前からフランス駐在大使フレデリック・ブレーや武官フルニエと協議して一八八二年と一八八四年に停戦協定を結んだが、清とフランス双方の強硬派に押し切られ実行力を持たなくなった。しかし尚も交渉を諦めず、ベトナムに対する宗主権をフランスに明け渡し、翌一八八五年六月に天津条約を締結している。

このような外交で、朝貢関係に基づく周辺の属国を保持しようと列強との交渉に臨んだが、列強に受け入れられないと判ると妥協して被害を最小限に抑える方針で動き、外国との関係を保ちながら属国も存続させようとした。一方で洋務運動の限界も弁え、一八八七年に人材育成のため科挙に科学・工学など実学を盛り込む提案をしたが、保守派の大反対で挫折した。

日本に対しては、フランスに先立つ同年四月、甲申事変の後処理を巡り伊藤博文と天津で交渉を行い、天津条約を結び、朝鮮からの両軍撤退と再出兵に関する規約を期した。また、北洋艦隊（後の北洋軍）の整備に邁進し日本を威圧する目的で一八八六年と一八九一年に長崎へ寄港、一八八六年の寄港中に乱闘事件（長崎事件）が発生している。

八　東学の乱（甲午農民戦争）起こる

袁世凱は、朝鮮に政経両面ともに清の勢力を扶植して、対抗する日本勢力を排除しようと考え、特に経済的には一定の成果を挙げている。ところが一八九四年、貧しさと圧政に喘いだ朝鮮民衆が東学の乱（甲午農《こうごのう》民戦争《みんせんそう》）を起こした。

朝鮮の改革を巡っては、壬午軍乱や甲申事変のような政変があったが、いずれも蜂起は失敗に終わった。こうした中で政権を手にしていた閔氏は、自らの手で改革を行うことが出来ずにいた。このツケはすべて民衆に振り向けられ、民衆の不満は高まり、一八八三年から各地で農民の蜂起（民乱）が起きていた。そのような中、一八九四年（甲午）に全羅道古阜郡で群守の趙秉甲が水税の横領を起こし、その横領に対して全羅道観察使に哀願を行った農民が逆に逮捕される事件が起きた。この事件により、同年春に崔済愚《チェジェウ》の高弟で東学党の二代目教祖となった崔時亨《さいじこう》が武力蜂起し、甲午農民戦争に発展した。

全羅道古阜郡の民乱も当初は他の民乱と変わるところはなく、自分達の生活を守ろうとするものでしかなかった。しかし、この民乱の指導者に成長した全琫準《チョンボンジュン》を含め農民の多くが東学に帰依していたことから、この東学の信者を通じて民乱が全国的な内乱に発展してゆく。

全琫準は下層の役人であった。しかし、十七世紀から普及し始めた平民教育で、全琫準のような非両班知識人が形成されていた。この全琫準が発した呼びかけ文が東学信者の手で全道に撒かれ、呼びかけに応じた農民で数万の軍勢が形成された。彼らは全羅道に配備されていた地方軍や中央から派遣された政府軍を各地で破り、五月末には道都全州を占領するまでに至った。

これに驚いた閔氏政権は、清国に援軍を要請した。袁世凱としても望むところであった。一層目に見える形で朝鮮を保護し、「属国」を立証できるからである。来るべき出兵の布石を着々と打った。

天津条約に基づき六月七日、日清互いに朝鮮出兵を通告し、日本は公使館警護と在留邦人保護の名目に派兵し、漢城近郊に布陣して清国軍と対峙することになった。清朝が自らの出兵を「属国を保護する先例」に従ったものだと公言したのは、この時である。日本側は済物浦条約に定める在外公館の保護規定を派兵の法的根拠とした。この状況に慌てた閔氏政権は、農民の提案を基に全州和約を作成し締結したと言われる。

反乱が収束し、朝鮮は日清両軍の撤兵を申し入れるが、両国は受け入れずに対峙を続けた。日本は清に対し朝鮮の独立援助と内政改革を共同で行うことを提案し、イギリスも調停案を清へ出すが、清は「日本のみの撤兵が条件」として拒否した。

日本は朝鮮に対して、「朝鮮の自主独立を侵害」する清軍の撤退と清朝間の条約廃棄（宗主・藩属関係の解消）について三日以内に回答するよう申入れた。この申入れには、朝鮮が清軍を退けられないのであれば日本が代わって駆逐する、との意味も含まれていた。これに朝鮮政府は「改革は自主的に行う」「乱が治まったので日清両軍の撤兵を要請」と回答して来た。

九　日清戦争勃発する

一方朝鮮国内では大院君がクーデターを起こして閔氏政権を追放し、金弘集政権を誕生させた。金弘集政権は甲午改革（内政改革）を進め、日本に対して牙山の清軍掃討を依頼した。そして豊島沖海戦、成歓の戦いが行われた後、八月一日に日清両国が宣戦布告をし、日清戦争が勃発したのである。

全琫準は、日清両国が軍を派遣して間もない七月には既に第二次蜂起を起こそうとしていた。しかし、平和的な解決を望む東学の上層部の説得に時間が掛かり、蜂起したのは十月に入ってからであった。今度は朝鮮の新政権と日本軍を相手にする反乱であった。

全琫準らが第二次蜂起（秋の蜂起）を起こした時には、日清戦争は既に大勢を決していた。十一月末に忠清道公州で農民軍と日本軍が衝突するが、近代的な訓練を受けた日本軍に農民軍はあえなく敗退する。農民軍は全羅道に逃げ帰り、全琫準らは淳昌で再起の機会を窺っていたが、一八九五年初頭に捕えられ、漢城（ソウル）で処刑された。井上馨日本公使は全琫準の人格に共感し、朝鮮政府に処刑しないように要請していたが、朝鮮政府は井上が帰国している間に処刑を執行した。

なお、大院君は閔氏政権によって投獄されていた東学の巨魁二名を釈放し、一人を内務衙門主事に、一人を議政府主事に採用し、忠清道にいる名士豪族に密使を送って東学の扇動を命じた。また密使は、忠清道の東学巨魁任箕準、徐長玉に、全羅道の東学巨魁全琫準、宋喜玉に、それぞれ会って東徒の召集を促し、慶尚道に於いては直接に東徒の糾合を呼びかけた。呼びかけにより十、十一月に相次いで蜂起する。そして大院君は、東学に数十万で大挙して漢城に来るように命じ、平壌の清軍と共に南北から挟み撃ちにして日本人を駆逐する策を実行するように指示した。このように第二次蜂起（秋の蜂起）は純粋な反乱ではなく、日本を放逐せんとする大院君の思惑も働いている可能性がある。

このように、東学の乱への袁世凱の介入が朝鮮半島の勢力争いに繋がり、この戦争の処理を巡って大日本帝国と清国の対立が激化し、日清戦争に発展したのである。

第二節　清国の状況

日本と清国が朝鮮を争ったという事情の背景には、単に朝鮮が地理的に両国間に存在していたという地政学的な理由だけでなく、開国後の日本が、清国と朝鮮が旧来の華夷秩序体制を維持しようとしていたことに挑戦しようとした、という事情があったという事である。

一　清国の対日・対朝鮮政策

日清戦争の相手国であった清国は、当時どのような状況にあったのか、とりわけ日本や朝鮮に対する政策はどのようなものであったのかを再確認したい。

十七世紀後半から十八世紀末までの約百五十年近く、康熙・雍正・乾隆の三帝の時代に清は最も盛隆し巨大帝国となったが、十九世紀中葉に入ると綻び始める。

まず外交関係が緊張してくる。

イギリスとのアヘン戦争が勃発したのが一八四〇年、南京条約により香港島が割譲される。一八五七年には第二次アヘン戦争ともいわれるアロー号事件、六〇年の北京条約により九龍半島が割譲される。そしてイギリスと結ばれた不平等条約に準じて他の欧米列強とも不平等条約が結ばされる。

ロシアとの間では、一八五八年のアイグン条約でアムール川左岸を、一八六〇年の北京条約でウスリー川右岸を割譲し、ロシアのアムール州、沿海州となった。中国東北部については、この時定められた国境線が現在に至るまで続いている。

間をおかず内政面でも大混乱が生じる。

一八五一年末、広東省で太平天国の乱が勃発する。太平天国は、一八五三年には南京を占領して本拠とし、一八六四年七月に滅亡させられるまで約十五年にわたり清に反抗していた。その間の死者は内輪に見ても七千万人と言われ、国土は激しく荒廃したと言われている。

二　一八七一年、日清の近代的外交関係の開始

日本が明治維新になった一八六八（明治元）年当時、清国では太平天国も滅亡し、外交と内政の両面での緊張、混乱からは一応解放された時代だったと言える。明治政府は直ちに清国との正式国交の樹立に向かう。

岡本隆司著『李鴻章―東アジアの近代』によって、当時の清国の対日・対朝鮮の外交政策を確認していく。

A　日清修好条規の締結時から、清側と日本側には解釈の不一致が

一八七〇（明治三）年九月、明治政府の使節団が天津に行く。清と西洋的な条約を結び正式な国交を開くことが目的である。同年八月に直隷総督に任命され十一月からは北洋大臣も兼務となった李鴻章は、一貫し

て、日本の求めに応じ条約を締結すべきと主張した。「連合して中国の外援とすべきであって、西洋人に外府として利用させてはならない」とした。

日中関係の歴史で十六世紀の日本は「倭寇」があり、豊臣秀吉の朝鮮出兵、明も朝鮮に援軍派遣して正規軍同士の戦争を行った。江戸時代に日中関係も落ち着き、当初は互いに重要な貿易相手としたが、日本での貴金属の枯渇と国産化の進展のため双方の貿易が激減し、関係そのものが希薄化して行った。従って、李鴻章引いては清末中国の基本的な日本観は、「日本は清朝に対する軍事的な潜在的脅威」というものになった。

一八七一（明治四）年九月十三日、日清修好条規が調印された。対等の関係であるとされた。原案は清側が用意し日本側が受け入れた。が、清側の狙いと日本側の解釈が合致していなかったという問題があった。第一条の相互不可侵規定にある「両国に属したる邦土」について、清側は朝鮮などの朝貢国も含むとの解釈、日本側は朝貢国と「属国」は異なると認識していた。第二条の日清の提携で、「若し他国より…互いに相助け」について清側は西洋人を制する手段としての日清連合としたのに対し、日本側の解釈は、既に清朝とアメリカが結んでいた条約の内容と同じとした。

B　修好条規の解釈不一致が顕在化

日清修好条規調印のほぼ二ヵ月後の一八七一（明治四）年十一月三十日、台湾に漂着した琉球宮古島島民五十四名が台湾の先住民「生蕃」に殺害さるという台湾事件が起きた。そのおよそ一年後、明治政府は琉球王国を琉球藩に、琉球国王を琉球藩王にした。

一八七四（明治七）年五月、日本が台湾に出兵する。「生蕃は化外の民」とする清国総理衙門の見解を延長し、「化外」なら国際法上の「無主の地」とみなすべき、というのが日本側の見解であった。清側は、修好条規第一条を根拠に日本を非難、万国公法は西洋各国のもので清国には当て嵌らぬとした。しかし、軍備の整わない清は譲歩した。

日本は清を国際法に準拠しない国だとみて、清は日本を条約に背いてみだりに武力に訴える国だとみて、互いに一層不信感、警戒感を懐いた。清側は自らの条約観、対外関係に問題があるとは認めず、あくまで軍備の問題とみて、以後海軍力を強化していった。

一八七五（明治八）年七月、日本政府は琉球に清への朝貢廃止と明治年号の使用など要求した。一八七九（明治十二）年四月、沖縄県令が設置された。清から日本へ日清修好条規を引用しての抗議文が来る。そもそも「属国」に対する日本の侵攻を未然に防ぐための手だてとしようとしたものが通用しなかった訳である（琉球処分）。

この時代の日清関係も、現代の日中関係と相似的なところがあった。日本の過去の行動への記憶ゆえに、日本が清国側から警戒されていたという事である。

日本が単に、華夷秩序に属して来なかった、中国皇帝を然るべく尊重して来なかった、というだけなら、そこまで警戒心は持たれていなかったのではないかと思われる。そうではなく、倭寇として海賊行為を長きに亘り行ってきた国である、更に豊臣秀吉の時代には、明国から領土を得るために朝鮮侵攻を行うという道理の立たない戦争を仕掛けて来て、朝鮮を支援する明国と交戦した国である、という悪しき実績があった。

従ってその当時の清国人から、今の日本人はその当時の日本人とは違うのかどうか分からないが警戒するにこしたことはない、などと考えられた訳である。

そもそもの原因が日本側の過去の行動にあったことでもあり、警戒されたからといって著しく不当であるとは言えない。特に秀吉の朝鮮侵攻は、倭寇とは異なり日本の国家としての行動であったが、実際には倭寇以上に激しい掠奪を行った。

日清修好条規は結ばれたものゝ、数年も経たぬうちに日清関係は緊張した。日本側が琉球処分と台湾出兵を行ったためである。

当時の日本は、近代国家の建設過程の一つとして、欧米流に条約締結や国境画定を進める途上にあった。日本側からすれば、日清間の条約と同様、琉球処分も正しくその目的で行われたことであった。しかし清国側からすれば、琉球処分は既存の華夷秩序への重大な敵対行動である、と受け取ったのも当然である。薩摩藩に帰属させながら、経済の利を確保するため清国にも朝貢をさせ続けたのだから、もめて当たり前である。とはいえ、もめてもやらざるを得ない事柄でもあった。

では、台湾出兵はやらざるを得ない必然性はあったのであろうか。台湾出兵とはどういうものであったのかを、もう少し詳しく確認しておきたい。台湾出兵では現に軍隊が送り込まれはしたものゝ、相手はロクな武器を持たぬ先住民であり、なびかせることが目的であったので、「戦争」を行ったという位置づけにはなってていない（毛利敏彦著『台湾出兵―大日本帝国の開幕劇』）。

C　台湾事件と台湾出兵

一八七一（明治四）年、那覇を出港した六十九人乗組の宮古島船が航海中に嵐で遭難し、台湾南端に漂着した。上陸の時三人溺死、残り六十六人は清朝の統治に服していない台湾先住民部族「生蕃《せいばん》」の襲撃に遭い、五十四人が殺害されるという事件が発生した（台湾事件）。十二人は翌年帰還した。欧米諸国であれば、直ちに軍艦を派遣して責任を追及し償金を出させるケースと言われる。

一八七四（明治七）年二月六日、閣議は「台湾蕃地処分要略」を決定した。「無主の地」として清国領土外とみなす「生蕃」地域に対して、琉球民遭難への「報復」の「役」を発動することが基本方針である。四月四日、陸軍大輔《たいふ》・西郷従道を台湾蕃地事務都督（遠征軍司令官）に任命し、熊本鎮台歩兵一大隊・同砲兵一小隊と日進艦ほか二軍艦などを指揮下に委ねる。鹿児島士族約三百名の徴集隊も参加した。総数約三千六百名。

五月に出陣する。日本が近代国家となってから最初の海外への武力行使である。西郷都督の任務は、表面は「討蕃撫民」だが、実質は「フォルモサ島（台湾を指すポルトガル語）の一部（＝「蕃地」つまり「無主の地」）を日本に併す」ことである。現地で「撫民」工作が着々と進められ、多くの部族が遠征軍になびき、六月一日から五日にかけてパイワン族の部落・牡丹社の本拠地を陥落させ、「生蕃」の抵抗はようやく終息した。

遠征軍の損害延数は戦死十二名、負傷十七名であった。なお、風土病特にマラリアが蔓延し、遂には全軍三千六百五十八名のうち病死者五百六十一名という惨状を呈した。

D　台湾出兵の結果

九月から十月、大久保利通が北京に行き日清会談が行われる。イギリスのウェード公使が調停し、日本側は五十万両と引き換えに台湾占領地を放棄することで落着した。日本は十二月に撤兵した。

遭難琉球人は日本国民であると解釈できる協定に清国が同意したため、琉球は日本領であると客観的に承認された。華夷秩序の一角が崩れ、ひいては大清帝国滅亡の一里塚となった。これ以降、清国は日本を仮想敵国視することゝなった。

清国から受け取った五十万両は、日本貨幣に換算すれば約七十七万円。それに対して遠征費用は約三百六十二万円で、軍隊輸送用船舶購入費などを合算すれば七百七十一万円余となり、貧弱な日本政府財政にとって過大な負担であった。

廃藩置県は一八七一（明治四）年四月、徴兵制施行は七三（明治六）年一月のことで、士族は既得権を喪失していき、征韓論でもめて西郷隆盛が明治政府を辞した「明治六年の政変」も十月に発生した。征韓論は表面は外征論でも、その本質は士族の失業対策事業構想というべきものであり、既得権を喪失する士族の不満の処理が政府にとって重大な課題となっていた時期であった。

台湾出兵は一八七四（明治七）年五月に出陣した。「明治六年の政変」から半年経つか経たぬかのタイミングであった。反政府エネルギーを海外へと逸らすための切羽詰まった選択だったのではなく、大久保が終始一貫して、台湾出兵→領有に意欲的であったためである。台湾先住民地域を獲得しようと強引に推進した暴挙だったというのが、毛利敏彦著『台湾出兵―大日本帝国の開幕劇』での結論である。

ただし、のちに陸軍の反主流派将軍として知られた三浦梧楼は、その回顧録である『観樹将軍回顧録』の中で、台湾出兵の目的について「その実は薩摩人の融和を図らんため、西郷の部下に属する私学校の多数を以ってこれに充てるというのである」と述べている。現に薩摩士族からの参加もあったのだから、その側面もあったと見るのが妥当のように思われる。三浦は当時兵部省で武器を管轄していて、政府兵に武器供給するのは当然だが、「私学校の者をもって蕃族を討伐するというのは、無名の師である。無法の戦いである」として、薩摩兵への武器供給を拒絶し辞表を出した、と書いている。

台湾出兵は、台湾の「蕃地」領有の意欲が直接の引き金であったとしても、士族の既得権喪失とその対策の過程での一事件でもあった。いずれにしても日本側の国内事情が根本原因の事件であり、日本側に十分な正義があったとは言えない。

E　台湾出兵の利得と損失

こゝで台湾出兵の結果の損得勘定を整理したい。出兵の結果、琉球が日本領として認められた点では、ポジティブな効果があった。しかしこの効果は、出兵の主目的に対しては副次的なものに過ぎないことに注意が必要である。本来の目的である台湾の「蕃地」領有は、完全に失敗に終わった。

経済的にはわずかな償金を得ただけに留まり、大損失となった。出征した軍も、ほとんど全員マラリアの病人になった。更に、日清関係については、もともとあった清国の日本への警戒心を、日本は暴力的な国であるとの確信に変え、日本は清国の仮想敵国となり、その後の日清関係に重大な負の影響を与えた。

台湾出兵までは征韓論がやかましかったのに、台湾出兵後に日本が海外に攻勢的出兵を行うことは、一八九四（明治二十七）年の日清戦争まで約二十年間なかった。それは、台湾出兵がとても成功とは言い難い結果で終わったことに対する一つの反省結果であったように思われる。

台湾出兵の後、日清両国の関係は朝鮮を間に挟んで微妙なものになっていった。何が問題であったかを理解するには、華夷秩序による清国と朝鮮との間の宗属関係を理解しておく必要がある。

その関係の中身、双方の権利義務をもう少し具体的に確認したい。次項は、東アジア近代史学会編・野村浩一書評『日清戦争と東アジア世界の変容』に収録されている論文の要約である。

三　冊封に対する経済上の援助と軍事上の保護責任

中朝関係は、一六三七年以降、封貢の関係、つまり「宗藩関係」であった。政治、経済、軍事など多方面に亘るものである。その基礎は冊封で朝鮮の世子、世子妃、王妃の選考・決定及び王位の継承は清国政府の承認が必要であり、その上賞罰の権があった。

清国政府は朝鮮に対し、経済上の援助と軍事上の保護の責任があった。この関係は、一八八二年十月一日に調印した中朝「商民水陸貿易章程」によって近代的条約形式で規定された（東アジア近代史学会編・関捷書評『甲午中日戦争期における東アジアの国際関係』）。

A　宗属関係での具体的な義務と負担

朝鮮と清の宗属関係は、一六二七年後金（清の前身）、一六三六年清による武力的侵攻の後、一六三八年に朝鮮国王仁祖が清の皇帝太宗から冊封を受けたことに始まる。

朝鮮は属国として宗主国の清に従臣し、朝鮮国王は清の皇帝によって冊封を受け、毎年朝貢と正朔《せいさく》（天子の統治に服する）を奉ずる義務があった。

使節の往来は、日清戦争開戦直後の一八九四年七月二十五日に朝鮮政府が章程の廃棄を通告して独立の意思を表明したことによって廃止され、朝鮮と清の宗属関係は解体された。

清に服属後の朝鮮の負担として、

一、北京への使節の派遣

二百五十八年間に合計九百三回、平均年三・五回。朝鮮の負担は平均年十五・一万両、清の負担は平均年十一・五万両。

二、北京からの勅使の受け入れ
二百四十五年間に百六十九回、平均年〇・七回。これに対する朝鮮の経費は年平均十五・九万両。
三、国境貿易
義州など三つの市で辺境開市され、海上貿易は清によって禁止された。

一八八二年の商民水陸貿易章程で海上貿易推進に転換させられ、「大員」が天津に駐在し、「商務委員」を清と朝鮮が相互に開港地に駐在させ、治外法権などもあり宗主国の清に有利であった。締結されると、華商が朝鮮に活発に進出し、許可された開港地（仁川、釜山、元山）、楊花津、漢城以外の地にもどんどん入り込んだ。

使節の派遣やら、勅使の受け入れやらという、皇帝や国王の権威に関わる事柄が重大であり、そういう行事にそれなりの費用を使わねばならなかった関係であったようにも思われる。国境貿易は朝鮮側が赤字であった。

日本が朝鮮との間で欧米流の近代的な条約を結ぼうとした時、問題が宗主国である清国側にも波及してしまった。清国側で、近代的な条約と既存の宗属関係との整合性をどう維持するかという問題が生じてしまった訳である。

B　噛み合わぬも深刻な対決せず（江華島事件）

一八七五（明治八）年九月、江華島事件が起こる。日本政府は朝鮮に使節を送ると同時に、特命全権公使森有礼を北京に派遣し清朝の調停を依頼した。総理衙門は日清修好条規第一条（＝「両国に属したる邦土」への相互不可侵規定）に基づき朝鮮に対する日本の武力行使を非難し、李鴻章からは、「所属邦土」の「土」とは中国各省、「邦」とは「朝鮮など外藩・外属」との説明がなされた。朝貢国と「属国」は異なるところに問題があり噛み合わなったが、李鴻章から口添えの言質を得たことから、この時は事なきを得る。

最後に岡本隆司著『李鴻章―東アジアの近代』・『世界のなかの日清韓関係史』によって、それ以後の、特に朝鮮を挟んだ日清関係を再確認していきたい。台湾出兵の翌年の江華島事件から、甲申事変までの期間である。

四　朝鮮に対する清国の地政学的認識と朝鮮「属国」実体化政策

日本に対する清朝の危機感は、一八七九年の琉球処分でひとつの頂点に達した。日本が琉球藩を廃して沖縄県としたこの事件は、清朝からすれば、琉球という属国の滅亡と清琉間に現存した宗属関係の解体消滅を意味した。他の属国にも波及し兼ねない。そこで琉球の轍を踏まないよう、朝鮮政府に西洋諸国との条約締結を説得した。

一八八一年末から開始された朝鮮政府のアメリカとの条約締結では、清朝間で事前合意の朝鮮側草案の第一条「朝鮮は清朝の属国であり、内政外交は朝鮮の自主」（「属国自主」）の盛込みにつき、アメリカ側は西洋流の条約にはそぐわないと同意せず、已むなく李鴻章の幕僚である馬建忠が仲介して米朝が調印し、その際朝鮮国王が「属国自主」を明記した親書をアメリカ大統領に送るといった解決策がなされた。馬建忠は、朝鮮から日本の影響を排除し清朝との関係を強めるため、「属国」を実体化させ「自主」を名目化する方針を策定し、以後の李鴻章の行動は基より東アジアの歴史過程全体を規定した。

背景には、西洋は条約さえ守ればおとなしくしているが、日清修好条規が通用しない日本は、政治中心地の北京に近い朝鮮半島や、経済中心地の江南を含む東南沿海に脅威を及ぼす第一の敵国と認識された。「海防」は不可欠で、北洋海軍の仮想敵国は日本とされた。北京の防衛には東三省の保全が必要で、それには朝鮮半島の保持が必要とされた。清国側から見ても日本側から見ても、地政学的に見る限りは真ん中にある朝鮮が、自国の防衛に重要であるとして譲れない土地であったということになる。

A　「属国」化強化の実践―壬午軍乱・甲申事変での清国の対応

一八八二年の壬午軍乱で、馬建忠は名目的な「自主」を朝鮮側に指示し、日朝間交渉で済物浦条約がなされ、他方、大院君拉致と旧軍討伐では公然と朝鮮の内政に干渉し、清国の「属国」扱いをした。

李鴻章はソウルに袁世凱を代表として送りこんで従属化を強化した。朝鮮側も事大党・独立党の色分けと相剋が鮮明化し、一八八四年の甲申事変が起こる。「属国」に自由な出兵権を留保したい李鴻章と、「双方均一の主意」を譲ろうとしない伊藤博文であったが、遂に前者が譲歩して一八八五年天津条約が締結された。十年間機能し続けた。

清国と、日本や朝鮮以外の他の国との関係はどうだったのか、次に見てみよう（岡本隆司著『李鴻章――東アジアの近代』）。

五　清国と他の国との関係

A　清とロシアとの関係安定化

東トルキスタン、いわゆる新疆《しんきょう》は、一八六四年に大反乱が起こり清朝の権力が崩壊した。折しもロシアの中央アジア征服が進行し、西トルキスタン全域は七〇年代にほぼロシアの支配下になった。左宗棠の新疆遠征があり、一八七七年までに新疆のほぼ全域を再征服した。ロシアも妥協し、一八八一年ペテルブルグ条約で現在の中露西方の国境線が確定した。清露間は以後長く平和な関係が続く。

B　ベトナムについてのフランスとの決着

一八八五年六月に締結された、清仏戦争後の講和条約たる天津条約に於いて、フランスはベトナムと清朝の「威望体面を傷つける」取り決めは結ばないとの条文があり、清朝側としてはベトナムが引き続き清朝の「属国である」との意とした。条約の中で相手の保護権を認めておきながらなお「属国」視するのは、フランスのあるいは西洋的な考え方では殆んど理解できない論理である。

六　清国の内政の変化

A　一八八〇年代半ば、李鴻章は対外的な脅威を除去

フランスとの天津条約で南方の辺境も安定し、日清間の天津条約を加えて考えれば、李鴻章は当時、対外的な脅威をほぼ除去することに成功したとされる。この時期、清朝の対外交渉で李鴻章が関わっていないものはほぼ皆無であった。外国側が、李鴻章となら交渉できる、条約を締結してもよい、と見なしていたからである。国内事情としては、清朝で最強の軍事力を有し最終的な責任を負うことができた李鴻章の周りには、開明派、西洋通人材が集まった。

八〇年代半ばにフランスにベトナムを奪われたりはしたものゝ、それから九〇年代初めまでの十年近い時期は、清国は外交上の重大問題がすべて片付き、李鴻章がその成果を最も誇れる時期であった。

然るに、一八九四年には日清戦争が勃発する。戦争に勝った日本と、負けた清国。しかも清国は単に敗戦したに留まらず、朝鮮への影響力を失い、台湾の領土も失い、更には清朝そのものが存亡の危機に向かって進んで行くことになる。

なぜ日清戦争で負けることになったのか、もう一度、岡本隆司著『李鴻章 —東アジアの近代』から見てみる。

B　李鴻章は例外的、大勢は変化しようとしない清朝

李鴻章の存在自体が清国の近代化には矛盾であった。「属国自主」論も旧来の朝貢関係を前提とした。李

鴻章がそんなアピールをし続けなければならないほど、攘夷・排外・清議《せいぎ》（地域社会ないし特定のグループ内に於いて人物批評を中心として形成される輿論）の勢力が政界、社会で強かったのである。

李鴻章は一八六〇年代から清朝切っての知日派であった。自らが成し得ない官民一体の西洋化・近代化を急速に進めていた日本に対し、畏敬の念があったからである。だからこそ誰よりも日本を脅威として恐れた。

李鴻章自身の勢力に内在する問題では、淮軍の強化、海軍の建設が思うように進んでいない事態があった。士官、技師の人材と組織を欠いては海軍の運営強化が出来ない。せめて海軍の威容を盛んにする他なしとした。一度ならず長崎に寄港してその姿を日本人に誇示し、なかば虚勢を張った威嚇をした。北洋海軍は戦わない。あくまで示威的な抑止力だった。実戦に心許ないことは、李鴻章本人が熟知していた。

李鴻章は一八七四年、科挙試験制度に改革を加え、洋学で合格できるコースと洋学局の創設を提唱した。しかし当時は過激な変革論として受け止められ、激烈きわまる非難を浴びた。李鴻章が目指したものを真に獲得するためには、「清議」、「科挙」を支持する社会の構造を作り変えなければならない。その失望は深かったと言うべきであろう。

C　日清戦争への対応

東学の乱は清朝の側には、とりわけ袁世凱にとって、千載一遇の機会に映った。援軍を送り軍事的な保護を実現すれば、朝鮮が清朝の「属国」なのは誰の目にも明らかになる。政府と議会の対立が続く日本の内政は紛糾しており、とても朝鮮に出兵してくる余裕がないと見極めた。しかしそれは、実は取り返しのつかない失敗であった。

李鴻章は戦争を回避したかった。それが実現しなかったのは、妨げる勢力があったからである。皇帝・光緒帝が成人し、現状に不満な勢力は光緒帝の下に結集し、実権派に対抗し避戦を批判した。軍資金の不足を口実に開戦を躊躇する李鴻章に対し、皇帝派の戸部尚書（財務大臣）は財政をやりくりして七月十一日に三百万両もの大金を北洋に交付した。李鴻章はなお避戦の望みを棄てず一挙に大軍を送ることもしなかったから、結果的に援軍の逐次増派となり、戦術として最もまずかった。

一八八〇年代に李鴻章の舵取りを支えてきた対内的・対外的な政治・軍事・外交すべての条件が、この一戦（＝日清戦争）で失われた。

D　日清戦争後の李鴻章

日清戦争では、清の軍隊の中で戦争に参加したのは北洋大臣指揮下の北洋艦隊で、事実上は李鴻章の軍隊であった。北洋艦隊と淮軍が壊滅した事に対して、光緒帝は李鴻章の厳罰を望んだが、西太后の寵臣であったため要職（直隷総督・北洋大臣）を外れる軽微な処分に留まっている。そして日清戦争の敗戦を以って、三十年余りの洋務運動の挫折は明らかとなった。

アヘン戦争以来の清の高官は、イギリスを仮想敵国とみなす海防派（代表的人物が李鴻章）と、ロシアを仮想敵国とみなす塞防派（代表的人物が左宗棠）に分かれていた。李鴻章の失態で海防派は打撃を受けたが、塞防派は左宗棠の死去により朝廷内に重鎮を欠いており、海防派は引き続いて要職を占めた。李鴻章も程なくして西太后の肝煎りにより復権した。

一八九六年三月二十八日、李鴻章はロシアの要請に応じる形でロシア皇帝ニコライ二世の戴冠式出席のため上海を船で出発、五月二十六日の戴冠式に出席、六月三日にロシアとの交渉に当たり密約（露清密約）を結び、事実上満洲をロシアに明け渡す結果になった。

この後ヨーロッパ・アメリカを旅行して世界を一周し、十月三日に帰国した。行く先々で手厚いもてなしを受け、イギリス首相ソールズベリー侯、外務政務次官ジョージ・カーゾン、元ドイツ帝国宰相ビスマルクらと会談したが、なんら外交的に成果はなく儀礼的な訪問に止まった。

帰国後は総理衙門大臣に任じられ外交官としての役割は残されたが、それも一八九八年に戊戌の変法に取り組んだ光緒帝に罷免され、戊戌の政変で政権を奪い返した保守派から命令された黄河治水調査、一八九九年に変法派の摘発を目的とした開港場の調査などの両広総督の政務をこなしている。

一九〇〇年に起こった義和団事変の際には、盛宣懐を通して両江総督劉坤一・湖広総督張之洞ら各地の総督と東南互保を締結した後、政府から再び直隷総督・北洋大臣に任命され、全権を任されて慶親王奕劻《えききょう》と共に諸外国との交渉に当たり、一九〇一年九月七日に北京議定書を締結し、その後間もない十一月七日に病死した。

李鴻章の死後、直隷総督・北洋大臣は袁世凱が受け継ぎ、以後軍人・政治家として台頭する基となった。

第二篇

日朝戦争（朝鮮王宮襲撃事件）

―日清開戦に至る道程―

こゝで話題を「日本の戦争準備」と開戦直前の状況に戻してみる。

これまでのところで、朝鮮での壬午軍乱・甲申事変から日清戦争開戦までの十年程の間は、日本は政府内に協調派と強硬派との対立を抱えながらも外交上は対清協調路線を執ってきたこと、同時に軍事面では清国を仮想敵国として軍備の拡張を行うべく財政の厳しい制約が許容する範囲で予算措置を行ってきたこと、を確認してきた。

しかし、戦争は準備が不十分であれば勝てる筈がなく、勝てる筈がないのに開戦をする訳にもいかない。そこで、日清戦争の開戦に至るまでに日本は具体的にどのように軍備拡張を進めていたのか、勝てるという確信が持てるところまで軍備が進んでいたのかどうか、また対清協調路線から対決路線に転換し開戦するとの決定を行った日本の指導者たちはどのような人々であったのか、そして具体的に開戦に持ち込むために日本は何を行ったのか、について見てみる。

壬午軍乱時点では、日本の軍事力は清国より劣る状況であった。それ以後は清国を仮想敵国として軍備を進め、開戦直前の時点までには実際に清国を上回る軍事力を保有していたのである。

第一章

日本の戦争準備と軍備状況

第一節　明治維新以来の陸軍の整備・拡張

日清戦争が一八九四（明治二十七）年の七月に発生してしまったことは、当時の日本の議会情勢で反政府勢力が強力だったこと、たまたま朝鮮に東学の乱が発生したことなど、明らかに偶発的な要素に左右された結果であるように思われる。

しかし、現に清国に対する戦争に踏み切るためには、その前提条件として清国との戦争を遂行できる軍事力を持っている必要があった。その軍事力は、清国との戦争が起こり得ることがあるとの認識から、長い年月をかけて準備されていた。

現実に対清戦争を戦えるレベルの軍備が整うまでは、いくら対外硬派が騒いでも、国論が沸騰しても、戦争は行われなかった。真に健全な見識であったと思われる。一八九四（明治二十七）年の七月には清国と戦えるレベルの軍備が整っていると判断されたため、遂に戦争になった。

日本は、清国と戦える軍事力の整備をいつからどのように進めてきたのか、確認しておきたい。まずは、陸軍はどうであったか（山田朗著『軍備拡張の近代史』）。

一　維新政府の陸軍創設

明治維新政府は一八七一（明治四）年、薩長土肥などから藩兵を出させて中央政府軍としての御親兵《ごしんぺい》を創設すると共に、地方の治安維持に任ずるために藩兵を整理、再編成して東京・大阪・鎮西（熊本）・東北（仙台）の四鎮台を設置した。御親兵は翌年近衛兵《このえへい》と改称され、鎮台も一八七三年（明治六）年には名古屋と広島を加えて六鎮台となる。同年徴兵制が施行され、四月より徴兵された平民出身の兵士が各鎮台に入営した。当時は、陸軍は国内の治安維持、海軍も沿岸警備のためのものであった。

二　壬午軍乱後の陸軍の増強

一八八二（明治十五）年に朝鮮で壬午軍乱が起こり、この時期より、それまでの治安維持軍事力は対外侵攻のための軍事力として再編強化された。陸軍力の基幹である歩兵連隊は、一八七八（明治十一）年に十五個であったが、八四年に三個、八五年に四個、八六年に五個、八七年に一個が次々増設され、二十八個連隊になった。

一八八八（明治二十一）年には従来の六鎮台が廃止され、第一〜第六師団（東京―第一、仙台―第二、名古屋―第三、大阪―第四、広島―第五、熊本―第六）に編成された。

鎮台から師団への改編は部隊の軍事的性格の変更である。担当地域の防備から、一個の戦略単位として自由に行動できる機動性を持つものへの変更である。そのため工兵大隊、輜重兵《しちょうへい》（兵站を主に担当する日本陸軍の後方支援兵科の一種）大隊、野戦病院などが強化された。

三　日清戦争時の陸軍の体制

日清戦争が始まる一八九四（明治二十七）年には、第一～第六師団と近衛師団（九一年編成）を合わせての七個師団であった。師団は、直接戦闘に参加する歩兵・騎兵・砲兵・工兵の各部隊と、弾薬や食料を輸送する輜重兵部隊、傷病者の輸送・治療にあたる衛生隊・野戦病院などから構成され、師団全定員は一万八千五百人だった。

師団の中心は四つの歩兵連隊であり、各歩兵連隊の戦時定員は二千八百名以上。師団（師団長は陸軍中将）は二個の歩兵旅団で、それに師団全定員の六十％程度が属する。歩兵旅団（旅団長は陸軍少将）は二個の歩兵連隊で、歩兵連隊（連隊長は陸軍大佐）は三個歩兵大隊で、歩兵大隊は四個歩兵中隊で、歩兵中隊は三個歩兵小隊から成る。（この構成は日中戦争期には変更されている）

明治維新後は、各藩の軍隊ではなく国家の軍隊に再編された。更に、早くも一八七三（明治六）年からは徴兵制が施行され、士族の軍隊ではなく近代的な国民の軍隊に切り替わっていた。西南戦争もこの徴兵軍で戦って勝利を収めた。日清戦争開戦時は徴兵制度から既に二十年が経過し、武器の整備や兵の訓練、将校や下士官の養成などについてもそれなりの経験を積んできた状態であった、と言えるように思われる。

斎藤聖二著『日清戦争の軍事戦略』は、陸軍が海外派兵による対外戦争の前提条件をいつまでにどの程度準備して来たのか、以下のように要素ごとの整理を行っている。

演習方法―一八八五（明治十八）年四月、初めての水際攻防作戦を行う。前年の甲申事変を反映したものである。一八八八（明治二十一）年五月、鎮台制から師団制に改編される。一八九〇（明治二十三）年三月、名古屋で陸海合同大演習、上陸作戦、鉄道による軍移動、野戦電信隊の結成が成される。

海峡砲台―一八八七（明治二十）年から砲台建設が本格化され、東京湾口、紀淡、下関各砲台が一八九三～九四（明治二十六～二十七）年に相次いで竣工した。芸予、鳴門、呉、佐世保の新拠点への予算がつかぬまま、半ばまで完成した時点で日清戦争に突入した。

鉄道網―山陽鉄道は広島まで、一八九四（明治二十七）年六月十日から営業運転を開始した。広島―宇品間軽便鉄道は同年八月二十日に完成した。輸送基地の宇品軍港が完成し、防禦施設の三砲台が出来、集中機構としての山陽鉄道が竣工して、出師体制が取り敢えず整ったのが一八九四（明治二十七）年六月のことである。

動員システム―実際の戦争形態を想定して戦時・平時編制を改訂し、召集条例を作成し、関連諸法令・諸規定が制定され、一八九四（明治二十七）年四月にほぼ大枠に於いて完成段階になった。軍需生産状況では、東京・大阪両砲兵工廠とも未だ大戦争の出来る状態にはなく、相当に不十分な需品供給体制の中で戦われた戦争であった。ただし、総消費量も少なかった。

陸海両軍関係―「海軍軍令部条例」は一八九三（明治二十六）年五月二十日、「戦時大本営条例」は同月

二十二日に公布された。「陸海軍交渉手続案」並びに「大本営編成案」への海軍側回答は一八九四（明治二十七）年五月十六日である。駆け込み的であったがとにかく完了して開戦したことになる。

参謀次長の中国視察 ― 川上操六次長は一八九三（明治二十六）年四月九日に東京を発し、朝鮮～天津・北京地区～上海・長江流域地区を回り、七月七日帰京した。地形視察と中国軍事状況偵察であった。この旅行で川上は、中国の「畏るゝに足らざることを確信」した。

結論 ― 徴兵軍による初めての対外戦争であり、社会的な諸制度の整備は不十分であったが、戦争開始の第一の前提となる軍編制、動員システム、軍備、陸海軍提携関係の設定は一八九四（明治二十七）年初夏の段階で戦いを開始出来る状況になっていた。

日清戦争に至る十年間程の時期は、厳しい緊縮財政であったことは既に確認した。その中で、近代的で、海外にも派兵して戦える陸軍を系統的に整備してきたことがよく分かる。目的そのものが妥当であったかどうかは別にして、目的に対しては適切な対応努力が行われたと言えるように思われる。

他方で、鉄道網や動員システムなどは国家の経済力の反映である。日本の経済力という点では、これも既に確認したように、産業革命がようやく一八八六（明治十九）年頃から開始されたばかりであった。十八九四（明治二十七）年の日清戦争の段階で、やっと何とか成るレベルに達したところだったという評価が出来るように思われる。

経済力が反映する分野ではまだまだ力不足であり、列強相手ではまだ通用しないだろうが、軍事力が強力でない国が相手なら海外に派兵しても戦える、という陸軍が、この時ようやく出来上がったばかりであったと言えよう。

また、それを川上参謀次長（参謀総長は皇族なので、実質は参謀本部のトップ。また戊辰戦争や西南戦争での戦歴もドイツへの留学経験もある実力者）が三ヵ月も海外出張して、現地に行って自分の目で確認して来たということも、戦って勝てるかどうかの合理的判断のためのデータ収集上、重要な要素であったように思われる。

当時の軍の関係者のそれぞれがどこまで対清勝利の確信をもって開戦したかについては、議論の余地があるかもしれない。しかし、昭和前期の日本軍が極めて無謀・無計画に中国戦線を拡大してしまったり、対米開戦をしてしまったのと比べれば、日清戦争当時の日本軍は軍備の拡大に余程計画的であり、また開戦可否の判断は余程合理的であった、と言えるように思われる。

第二節　海軍の整備・拡張について

一　明治初年の日清間の衝突と海軍力拡張競争

軍艦を幕府から引き継いで発足した維新政府の海軍は貧弱そのものだったが、明治初期は大艦隊建造どころではなく、国防より国内治安が優先、海軍より陸軍の充実が先だった。

しかし、早くも一八七二（明治五）年に日清間の衝突である日本側の琉球の専有化（王国を廃して藩を設置、第一次琉球処分）を発端とし、一八七四（明治七）年には台湾に漂着した琉球漁民が殺害されたゝめ出兵（台湾出兵）し、琉球は日本領土との既成事実を作ろうとした。当時の日本海軍力は微弱（甲鉄艦は二隻のみ）だったが、清国は更に微弱（甲鉄艦なし）で、日本の台湾出兵に対し争わなかった。

この台湾出兵が契機となり、日清両国が本格的に海軍軍拡に着手した。清国は一八七六〜七九（明治九〜十二）年、三〇〇〜四〇〇トンの砲艦八隻をイギリスから輸入した。日本でも一八七八（明治十一）年に「扶桑」「金剛」「比叡」の三艦の甲鉄艦（二二八四〜三七七七トン）が就役した。

二　清国は日本の台湾出兵以降、北洋艦隊を整備

清国の海軍建設開始時点での認識は、日本への脅威ではなく、アヘン戦争や太平天国の乱などの状況下での近代化の必要性からであった。しかし、「日本人は明代には倭寇」との認識も保有していた。一八六四年、李鴻章は「もし清国が『自強』に成功しなければ、日本は西洋に倣って中国侵略に参加することになるだろう」と記述している。日本の台湾出兵以降は、明確に日本を仮想敵国とした海軍建設が始まった。

清国側は海軍力劣勢の認識から、一八八一〜八二（明治十四〜十五）年にドイツに装甲艦計二隻を発注し、八五（明治十八）年に清国に到着した。「定遠」と「鎮遠」（どちらも七三三五トン、三〇・五センチ砲四門、主砲は艦首方向への射撃性能を重視された）である（資料22）。

資料２２　清国の装甲艦「定遠（上）・鎮遠（下）」

清国の海軍力増強は、その後の数年間急速に進捗した。装甲巡洋艦二隻（「来遠」「経遠」）、巡洋艦四隻（「致遠」「靖遠」「超勇」「揚威」）をイギリス・ドイツに発注し、一八八七（明治二十）年までに就役した。そして翌年、北洋艦隊が成立した。

この時点での合計排水量は三万トン以上で日本艦隊とほぼ同等だが、旧式艦や木造艦が大半の日本艦隊に対し大きな戦力優位性があった。

一八九一（明治二十四）年七月、清国北洋艦隊、「定遠」「鎮遠」はじめ主力艦六隻が品川に入港した。この時点では日本と大きな格差があり、日本の海軍関係者に巨艦の実物を見せることで威嚇した。しかし、北洋艦隊は一八九一（明治二十四）年以降の新規就役はなかった。アロー戦争で破壊された頤和園の改修が開始され、軍艦建造費の大半が流用（日本円で三千万円、「定遠」十隻分以上）されてしまったためである。

三　日本は朝鮮の壬午軍乱後、海軍力を強化

一八八二（明治十五）年、朝鮮にて壬午軍乱時、日本は「金剛」「比叡」などを仁川に派遣して威圧した。朝鮮から出兵要請を受けた清国は、「超勇」など三隻を仁川に集中。この事件の結果、清国は宗主権を強化した。

壬午軍乱を契機に、日本はそれまでの軍拡抑制路線から転換し、清国の「定遠」「鎮遠」に対抗して軍備を拡張する方針を決定した。当時の国家財政規模七千万円内外に対し、軍艦建造に八年間、毎年三百万円

（「定遠」一隻と同等の金額）を上乗せ、財源は増税でまかなった。結果は、一八九〇（明治二十三）年までに三六〇〇トンクラスの「浪速」「高千穂」「畝傍」三隻を主力とする拡張で手一杯であった。なお、「畝傍」は日本に回航途中で沈没している。

一八八九（明治二十二）年には常備艦隊が創設された。「高千穂（旗艦）」「扶桑」「大和」「葛城」「武蔵」「浪速」の六艦。「高千穂」「扶桑」「浪速」が鋼製で各三七〇〇トン、「大和」「葛城」「武蔵」が鉄骨木皮で各一五〇〇トン。司令長官は井上良馨少将。

一八八六（明治十九）年、更に三景艦（「松島」「厳島」「橋立」──「定遠」を上回る大口径砲、「定遠」より速力優位の四〇〇〇トン級海防艦）の建造を決定した。二隻をフランス、一隻は日本で建造された。高度最先端技術をふんだんに取り入れていたが、反って現場の工作技術が追随出来ず、戦力としても極めて不徹底なものに終始した。「松島」「厳島」は一八九二（明治二十五）年、「橋立」は一八九四（明治二十七）年に竣工した。が、三景艦は日清戦争には参加はしたものゝ実戦の役に立たなかった。

一八八八（明治二十一）年、巡洋艦一隻（「秋津洲」）ほかの国内建造を決定した。この時期以降、イギリスで建造された軍艦（「筑紫」「浪速」「高千穂」）への高い評価から、英国技術依存方針が確立された。九〇（明治二十三）年は「吉野」「須磨」の建造が決定した。

日本はこの時期に高性能の速射砲を装備し、最高速力も清国軍艦を上回る艦船を多数追加した。日清戦争までに日本海軍の戦力は清国海軍に追い付いた。「建造費が大型装甲艦より安く、かつ速力が三景艦・大型装甲艦より高い、排水量四〇〇〇～六〇〇〇トンの装甲巡洋艦」主体の艦隊である。

日本が財政上の困難に呻吟しながらも、清国の軍艦に対抗しこれを打倒し得る軍艦の建造を進めたことが、日清戦争の勝利に繫がった。

国家財政規模七千万円に対し三百万円とは、国家総予算の四％強も軍艦建造に掛けていたことになる。巨額である。それでも出来上がった軍艦の数はそう多くはなかった。しかも三景艦のような失敗作まで含まれている。

英国技術依存方針に行き着くまでに、それなりの経験が成功側でも失敗側でも必要であったろう。それを一八八八（明治二十一）年までに決められたお蔭で、その七年後の日清戦争に間に合うように軍艦建造を進めることが出来た、と言えるかもしれない。

陸軍と同様に海軍も、一八九四（明治二十七）年七月の時点でようやく対外戦争が出来るだけの軍備が間に合った、と言えるように思われる。

第三節　戦争遂行を支えた鉄道の整備

陸軍・海軍の準備状況を確認して来たが、いざ実際に戦争を始めるとなると、その遂行を支える人員・物資の輸送力が課題となる。

兵力の動員のための鉄道の利用に関しては具体的にどのようなことが行われたのか、少し詳しく確認したい。この点で、当時の日本は最小限必要な鉄道網の整備が既に進んでいただけではなく、より効率的な活用のためにそれを急遽改良する力もつけていた（原田勝正著『明治鉄道物語』）。

鉄道技術のうち土木技術については、一八八〇（明治十三）年完成の逢坂山トンネルを含む大津―京都間の工事でほぼ自立の段階に達した。こののち、長浜―敦賀間の柳ケ瀬トンネル、東海道線の建設、高崎―直江津間特に碓氷峠の急勾配線の建設を通じて、雇外国人に頼る必要はなくなっていた。

運転技術については、一八七九（明治十二）年に日本人の機関士が登場し、それからは機関車乗務員は急速に日本人に代わっていった。運転計画だけが一八九〇年代まで外国人に依存しなければならなかった。外国人技師が列車ダイヤの作成技術を日本人に教えなかったのがその原因とされている。一八九〇年代に入ると、鉄道局自身の手でダイヤの筋を引くようになったようである。車両技術だけは、一九一二年以降の蒸気機関車の全面国産化によって自立が完成した。

日清戦争の開戦に当たっては、その直前の一八九四（明治二十七）年六月に「臨時軍用貨物輸送手続」が制定された。兵力の集中・移動について、陸軍は鉄道輸送の常識を超えた独自の方式を実行した。例えば、東京青山練兵場に甲武鉄道の新宿から引込線を敷き、現在の記念絵画館付近に給養基地を設置。七月二十七日発令され、九月十七日完成した。更に日本鉄道の大崎と官設鉄道の大井とを結ぶ短絡線及び官設鉄道神奈川―保土ケ谷間の短絡線を建設し、八～九月に完成した。広島では、山陽鉄道が陸軍の委託を受けて広島―宇品間の軍用線仮設工事を実施し、八月四日から二十日までの短期間で完成した。

東京以北は日本鉄道、神戸以西は山陽鉄道と、官設鉄道東海道線を挟んで三つの異なる鉄道が列車の直通運転を行った。軌間・車両・構造物などの規格がある程度一定しないと直通運転は出来ない。日本の私設鉄道は、その創業期から官設鉄道との共通規格を基本とするように仕向けられていた。日清戦争の際の直通運転は、このような規格の統一によって可能とされた。

すなわち日清戦争の当時、日本の鉄道はレールや機関車といった重要資材については依然輸入に頼っていたものゝ、線路の建設・保守に必要な土木技術や列車の運行に必要な運転・運行管理技術については、既に自立していたのである。

それ故に、開戦を決めたら直ちに、海外に頼らず日本国内の資金と技術だけで効率的な輸送に必要な改良工事を緊急・機敏に計画・実施し、また実際に円滑な動員輸送を果たせた。

なお、鉄道を使えるようになって兵員輸送力が著しく増強されたといっても、同書（原田勝正著『明治鉄道物語』）によれば、当時の鉄道輸送力では一個師団の輸送には九十六本の列車を必要とし、また、軍用列車の本数は東海道線で一日十二本だったため、一個師団の出発に八日を必要としたとのことである。

熊谷直著『軍用鉄道発達物語』は、「日清戦争の直前に行われた品川・横浜などでの改善の他、当時の東海道線のうち、勾配が急で走行に時間が掛かっていた現在の御殿場線区間について、輸送能力を高めるための複線化が明治二十四年に終わっていたことが、日清戦争時の軍事輸送に効果があった」と指摘している。また、「民営線では、もともと筑豊や大牟田の石炭輸送のために設けられた九州北部の民営線が、特に熊本の第六師団を小倉や門司に集結させるのに役立った」と指摘している。

この熊谷氏の著書には、日清戦争開戦直後の時点での日本の鉄道網の地図があるので転用する（資料23）。

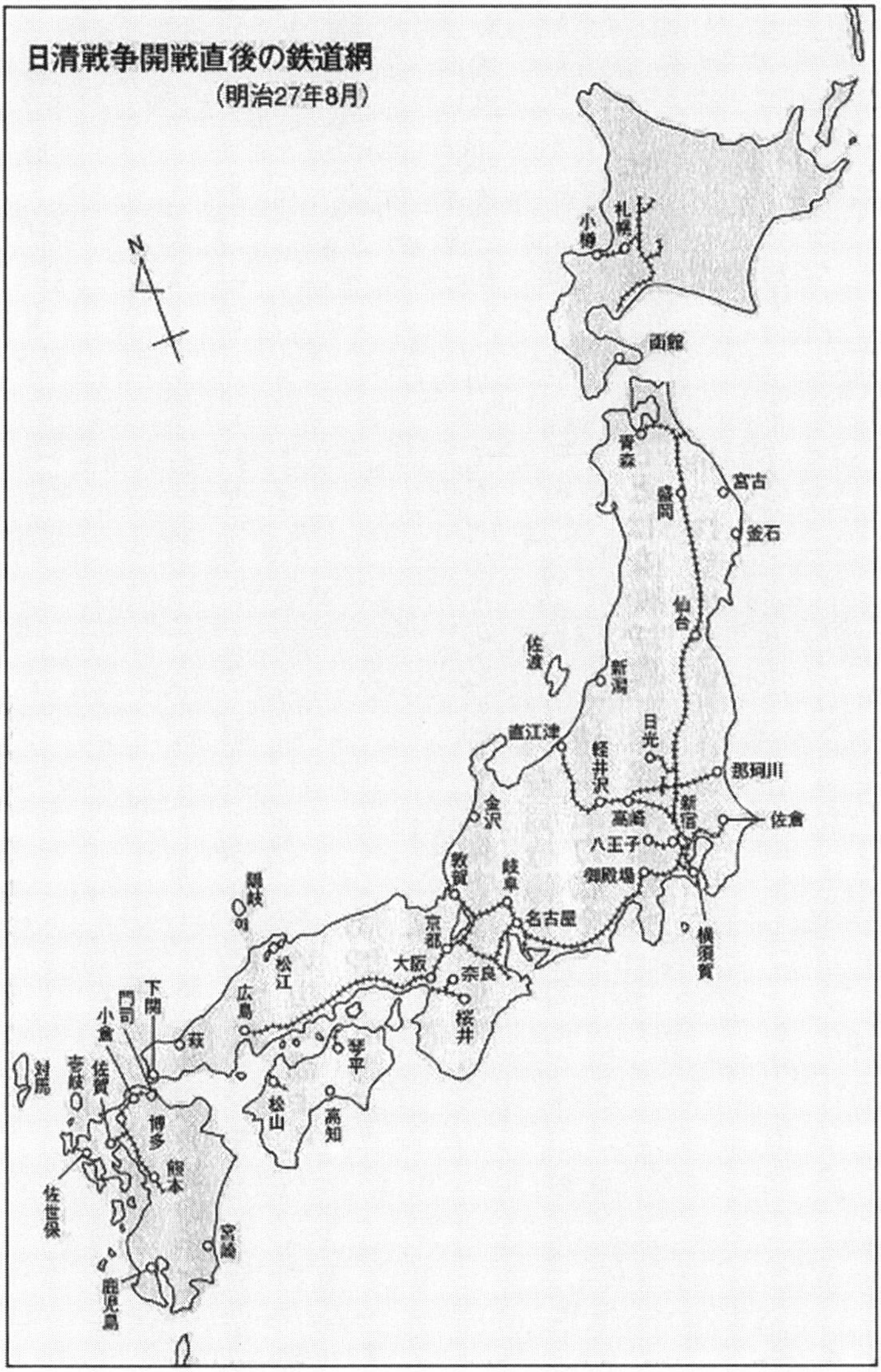

資料２３　日清戦争開戦直後の鉄道網（熊谷直著『軍用鉄道発達物語』転用）

第四節　軍拡への予算措置

軍拡について、それを実行するのに必要だった「お金」という面からもう少し確認しておく。一八九〇（明治二十三）年に帝国議会が開かれるようになると、議会での審議の中で、軍拡に必要な予算規模も論議されていくことになる。政府はどのように軍拡予算を設定し、議会ではどのような議論になったのか（高橋秀直著『日清戦争への道』）。

一　初期議会期の政府の外交方針と軍拡の必要性

陸軍の中堅層は甲申事変以後、強硬路線であった。山縣自身も一八九三（明治二十六）年に入ると、陸軍中堅の対清武力対決路線に接近し、陸軍は対清強硬路線に一本化された。しかし、対清協調路線は第二次伊藤内閣に受け継がれていく。防穀令事件で日清政府間に提携軸が成立し有効に機能した。

陸軍の一八八三（明治十六）年より始まった大軍拡は、八八（明治二十一）年には師団制への移行を実現し、九〇（明治二十三）年にはほぼ目標を達成した。新たな軍拡は当面必要のない状態であったが、要塞は不十分であった。軍拡の中心課題は海軍であった。理由は国際状勢への強い危機感であり、英清海軍を仮想敵国として軍備された。英清ブロック対ロシアの対決の可能性があり、当時の海軍で日本が局外中立を確守することは不可能と思われた。

二　議会開設後の予算問題

明治憲法は議会に予算議定権を認めており、国会開設以後、民党は財政に大きな力を行使出来るようになった。そして日清戦争までの初期議会では、この問題が政府と民党の最大の政治的争点となるに至った。

一八九一（明治二十四）年度予算案は、健全財政原則の範囲内での海軍軍拡の推進（実際には老朽艦の補充に留まった）を図った。第一議会で民党は、歳出予算案に八百万円に及ぶ大削減の条件付きで軍拡を認めており、削減の対象は一般行政費であった。六百五十万円の削減を政府が呑むということで予算は成立した。

一八九二（明治二十五）年度予算案は、健全財政原則の枠内で民力休養と海軍軍拡がなされた。第二議会で衆院は今回も予算案を徹底的に削減し、政府と対決し、議会は解散、予算は不成立だった。民党は、軍拡経費についても削減、必要性自体は認めるが、現政権のように信頼できないものには任せる訳にはいかない、という論理であった。第三議会はまたも否決された。

一八九二（明治二十五）年八月、第二次伊藤内閣が成立した。一八九三（明治二十六）年度予算案で総額千九百五十六万円に及ぶ大規模な海軍軍拡計画があり、地租負担が軽減され、別途増税された。健全財政原則に基づき軍拡と民力休養が並進された。第四議会でも民党は八百七十二万円を削減し、政府と全面対立した。政府は天皇の権威に難局の打開を求め、建艦詔勅した。結局二百六十三万円を減額した八千百十三万円で予算を承認、海軍軍拡計画も決定された。

財政的余裕のもとで編成した一八九四（明治二十七）年度予算案の歳出総額は前三年間より二百万円ほど増加し、従来と等しく健全財政原則で、内容は安定した。海軍軍拡はこのとき一段落の状態であった。第五議会は解散した。原因は外交問題である。翌年五月の第六議会に政府は追加予算案を提出するが、これも議会解散により成立しなかった。

三　民党側の軍拡への見解

民権派―民党の対アジア政策は、壬午軍乱段階では政府と同じく三つの路線、その中心はこれも政府と等しく、朝鮮への勢力の拡大は望むが対清対決は避けようというものであった。しかし清仏戦争が始まるようになると、民権派、特に自由党系では清と対決してアジアへの膨張を図ろうという主張が強くなる。甲申事変に於いてはそれが開戦論となり、平和解決を望む政府主流派への大きな圧力となった。そして初期議会期では、防穀令事件の際彼らが軍事力を行使すべしとする強硬論を唱えていた。民権派も様々であり一概には言い難いが、全体として見るならば、民権派―民党は対アジア膨張志向の強い、少なくとも政府主流派よりも強い政治集団であったと言える。

政府と民党の財政政策の実質的差異は益々小さくなった。しかしそれにも拘らず、予算をめぐり激しく対立した。財政問題自体に原因があるというよりも、特に民党の政治的判断（予算審議を通して政府に圧力をかけ自己の政治的発言権を強化する）がより重要な要因であった。そして第五議会以降、自由党は次第に政府に接近、この要因は基本的には藩閥との提携による権力への参入戦略にあった。

四　健全な財政原則の中で達成された軍拡

議会開設時、海軍軍拡は政府にとり焦眉の課題であった。しかし、それは健全財政原則の範囲内でのもので、財源は海軍の求める公債ではなく剰余金、軍拡の規模も厳しい制約を受けた。量は達しなくても、質も考慮した実力では十分に匹敵し得るものに一八九九（明治三十二）年にはなるとの判断に反して、清は艦隊の補充を殆んど進めておらず、八八（明治二十一）年の段階で停滞していた。一八九四（明治二十七）年度予算には財政的余裕があるにも拘らず、新規の海軍軍拡を盛り込まず、第四議会での甲鉄艦の建造決定で海軍軍拡は一段落した。

一八八七（明治二十）年度より一八九三（明治二十六）年度までの歳入は毎年度、決算が予算を大幅に超過した。租税収入、そして実質歳入は停滞的にも関わらず、多額の超過金であった。その理由は第一に歳出の抑制で、大蔵省が常に低めに歳入見通しを立て、それに従って歳出を抑制した結果が剰余金である。第二は国会開設後の衆院の政費削減圧力である。

この時期の明治政府については、大陸への侵出を外交目標に軍拡至上主義の財政路線を執っていたとするのが通説である。しかし実際は異なり、明治政府は非大陸国家型の「小さな政府」路線により日本の近代化を進めていた。それにも関わらず一八九四（明治二十七）年、日清戦争は勃発した。

初期議会当時の日本政府の主流派は、外交的には協調路線を執ると共に健全財政の維持を至上命題としており、軍拡もその許容する範囲でのみ実施された。予想に反し清国側の軍拡が停滞したので、当初の計画よりはるかに早く、一八九四（明治二十七）年七月までに清国と戦って勝てる陸海軍のレベルに到達できてしまったということだった。

五　日清戦争時点までの日本の軍事費

これまで見てきた通り、清国と交戦して勝てる、という目標が達成できるレベルまで、現に軍備拡張が行われた。では、そのために実際にはどの程度の予算を使ったのか、最後にこれを確認しておく。

次のグラフは、山田朗著『軍備拡張の近代史』にある日本の軍事費及び歳出に関する資料から作成された。一八七八（明治十一）年から日清戦争の前年である九三（明治二十六）年までの期間についてグラフ化されたものである（資料24）。

こゝから下記が言えるように思われる。

- この期間全体を通じて、軍事費以外の歳出は毎年概ね五〜六千万円程度の範囲にあって、ほぼ一定に近い状態であった。
- 他方、軍事費は一八八二（明治十五）年までは毎年千万円前後であったものが、翌年以降は毎年一千五百

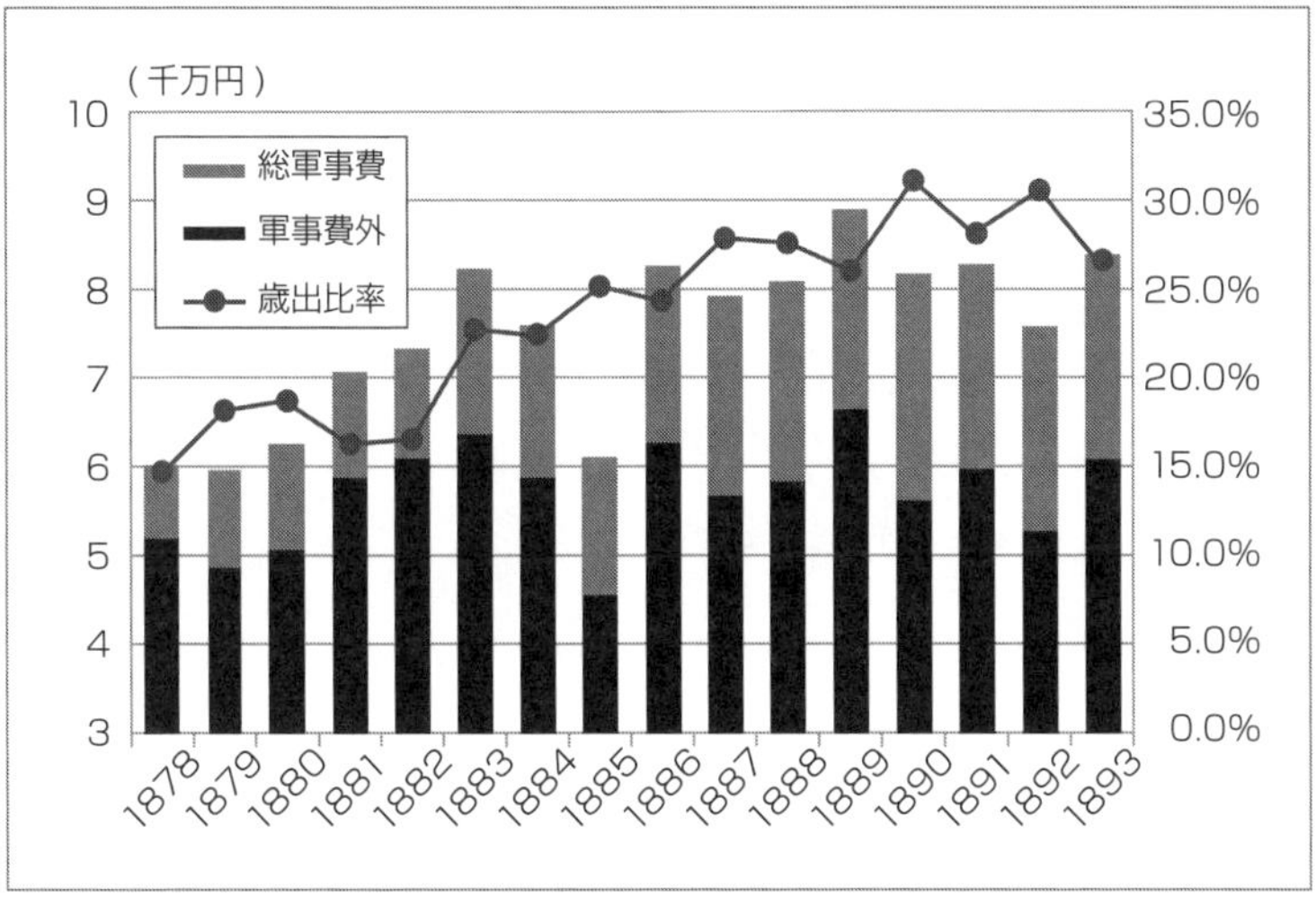

資料２４　日清戦争前の軍事費及び歳出

〜二千万円近くに跳ね上がり、八六（明治十九）年以降は二千万円を必ず超過していた。

・歳出に占める軍事費の割合は、一八八二（明治十五）年までは十五〜二十％レベルであったが、八三（明治十六）年からは二十％を超え、八五（明治十八）年以降は二十五％を超過し更に徐々に増加していく傾向にあった。

すなわち、一八八二（明治十五）年の壬午軍乱が日本の軍備増強の転機になったことが、このグラフからも読み取れる。

この時期の、毎年の歳出総額の二十五〜三十％という軍事費（臨時軍事費＝戦費を除く）の比率は、日露戦争後一八九〇年代後半の毎年四十〜五十％や、昭和になっての満洲事変後の毎年三十五〜五十％とかという数字と比べると、まだ低い数字ではあった。

とは言え、この当時の財政規模にとっては、とても軽いとは言えない負担であったように思われる。約十年に亘りその重い負担に耐え、また軍備を計画的に充実してきた結果として、日本は清国に勝てるだけの軍事力をようやく持つようになった訳である。

第二章

日本の指導者たち

日清戦争時の内閣と陸海軍

日清戦争の開戦を決定し、戦争の遂行を指導していった当時の内閣や軍のメンバーはどういう人々であったか、具体的に戦争の経過を見る前に、先に確認しておきたいと思う。

第一節　天皇と内閣

まずは、当時の天皇と内閣についてである。

総理大臣の伊藤博文は、まだ五十二歳であった。開戦時の九人の閣僚について言えば、井上馨と榎本武揚の二人だけが五十代後半で、大山巌・西郷従道・吉川顕正・井上毅・黒田清隆の五人が五十～五十三歳、陸奥宗光と渡辺国武の二人に至っては未だ四十代であった。

九ヵ月後の講和条約調印時（一八九五年四月十七日）までに若干閣僚メンバーが入れ替わったが、年齢に大きな差はなかった。天皇は閣僚メンバーの誰よりも若く、開戦時にはまだ四十一歳であった（資料25）。

最年長の松方正義や井上馨は一八三五～三六（天保六～七）年生まれ、若い側の井上毅・陸奥宗光・渡辺国武も一八四四～四六（天保十五～弘化三）年生まれである。一八六八年の明治維新の時、彼らは皆すでに二十代・三十代になっていた。リストでは一人だけ飛び抜けて若い西園寺公望でも、二十歳直前になっていた。

役職	氏名	生年月日	生年	開戦時の年齢
明治天皇		1852/11/3	1852	41
総理大臣	伊藤博文	1841/10/16	1841	52
外務大臣	陸奥宗光	1844/8/20	1844	49
内務大臣（開戦時）	井上馨	1836/1/16	1836	58
内務大臣（講和時）	野村靖	1842/9/10	1842	51
大蔵大臣（開戦時）	渡辺国武	1846/3/29	1846	48
大蔵大臣（講和時）	松方正義	1835/3/23	1835	59
陸軍大臣	大山巌	1842/11/12	1842	51
海軍大臣	西郷従道	1843/6/1	1843	51
司法大臣	吉川顕正	1842/1/21	1842	52
文部大臣（開戦時）	井上毅	1844/2/6	1844	50
文部大臣（講和時）	西園寺公望	1849/12/7	1849	44
農商務大臣	榎本武揚	1836/10/5	1836	57
逓信大臣（開戦時）	黒田清隆	1840/11/9	1840	53
逓信大臣（講和時）	渡辺国武	〈前出〉		

資料２５　日清戦争時の天皇と内閣

それ故、彼らは維新後、廃藩置県から西南戦争、更には国会開設に至るまで、前例のない大変革、大激動の時代を自ら切り開いて前進する、という経験をしてきた人々であった。年齢が若くはあったが、経験が不足していた人々ではなかった、と言えるように思われる。

一方、もっと上の年齢で、彼らの頭を抑えつけるような人たちは、既に居なくなっていた。初期の明治政府のリーダーたちのうち、木戸孝允と西郷隆盛は一八七七（明治十）年、大久保利通は七八（明治十一）年、岩倉具視は八三（明治十六）年、三条実美も九一（明治二十四）年に亡くなっていた。

日清戦争を開戦するというのは極めて重大な決断であった。その決断が良かったかどうかは別にして、年寄りが居なかったが故に思い切った決断が出来た、と言えるのではなかろうか。

陸奥宗光が開戦の方向に内閣を引っ張って行ったことと、この時の彼の四十九歳という年齢には、関係があったように思われる。政治家としてまだ先があり、もっと高い地位あるいはもっと大きな権力を狙える年齢であったと思われるからである。

他方、井上馨が開戦後に大臣を辞して朝鮮公使となったのも、彼の五十八歳という年齢が影響しているのかもしれない。長年政府の主要閣僚の一人として国政を引っ張り、特に世界の状況も財務経済分野の実務も分かる大臣として対外協調と緊縮財政を指導してきた人物である。この当時のこととして、年齢的にそろそろ引退モードに入って行く前の最後の大仕事として、他の若い人々ではまだ及ばない自分の維新以来の知識と経験を最大限に活用して朝鮮の内政改革を実現したい、そう考えたかもしれないと思われる。

第二節　陸軍・海軍の幹部

他方、陸海軍の幹部はどのような人々だったのであろうか。

一　陸軍

まずは陸軍について、皇族の参謀総長は別格として、軍中枢の大山陸軍大臣は五十一歳、そして児玉次官四十二歳、川上参謀次長四十五歳であった。師団長クラスは四十六～五十二歳と、陸軍大臣と同じか少し若い人たちであった。旅団長クラスは、これも皇族を除くと四十三～四十九歳で、師団長クラスより三年ほど下、という年齢層であった。

こうした人々に比べ、第一軍司令官（のち監軍）となった山縣有朋は五十六歳と、陸軍幹部の中で一人だけ年齢に差がある長老であった。経験も実力もあって地位も年齢も上、という人がいれば、周りはなかなか反対できないように思われる。反山縣派であった谷干城は山縣より一歳年上だったが、とうに陸軍から出されていたから、山縣有朋の天下であったという状況が分かる。

山縣有朋が長生きしたことは、日本の陸軍にとって幸福なことであったかどうか。もしも山縣有朋が日清戦争前に亡くなっていて、大山巌が陸軍全体を心おきなくリードしていける体制になっていたなら、その後の日本の歴史は、また中国・朝鮮両国との関係は、ずっと変わっていたかもしれないと思われる。

	日清戦争当時の役職	氏名	階級	生年	開戦時年齢
陸軍	陸軍大臣	大山巌	大将	1842	51
	陸軍次官	児玉源太郎	少将	1852	42
	参謀総長	有栖川宮熾仁親王	大将	1835	59
	参謀次長	川上操六	中将	1848	45
	大本営野戦監督長官	野田豁通	（主計）	1844	49
	軍事内局長兼侍従武官	岡沢精	中将	1844	49
	軍医総監	石黒忠悳	（軍医）	1845	49
	第一軍司令官	山縣有朋	大将	1838	56
	第一軍参謀長	小川又次	少将	1848	45
	第一軍砲兵部長	黒田久孝	少将	1846	48
	第五師団長	野津道貫	中将	1841	52
	第五師団長（後任）	奥保鞏	中将	1847	47
	歩兵第九旅団長	大島義昌	少将	1850	43
	歩兵第十旅団長	立見尚文	少将	1845	48
	第三師団長	桂太郎	中将	1848	46
	歩兵第五旅団長	大迫尚敏	少将	1844	49
	歩兵第六旅団長	大嶋久直	少将	1848	45
	第二軍司令官	大山巌	大将	（重複）	
	第一師団長	山地元治	中将	1841	52
	歩兵第一旅団長	乃木希典	少将	1849	44
	歩兵第二旅団長	西寛二郎	少将	1846	48
	第二師団長	佐久間左馬太	中将	1844	49
	歩兵第三旅団長	山口素臣	少将	1846	48
	歩兵第四旅団長	伏見宮貞愛親王	少将	1858	36
	第六師団長	黒木為楨	中将	1844	50
	歩兵第十一旅団長	茨木惟昭	少将	1849	44
	歩兵第十一旅団長（後任）	大寺安純	少将	1846	48
	歩兵第十二旅団長	長谷川好道	少将	1850	43
	近衛師団長	北白川宮能久親王	中将	1847	47
	近衛歩兵第一旅団長	川村景明	少将	1850	44
	近衛歩兵第二旅団長	山根信成	少将	1851	43
	第四師団長	山沢静吾	少将	1846	48
海軍	海軍大臣	西郷従道	海軍大将	1843	51
	軍令部長	樺山資紀	海軍中将	1837	56
	主計総監	川口武定		1846	48
	連合艦隊司令長官	伊東祐亨	海軍中将	1843	51
	西海艦隊司令官	相浦紀道	海軍少将	1841	52
	連合艦隊第一遊撃隊司令官	坪井航三	海軍少将	1843	51

資料２６　日清戦争時の陸海軍の幹部

二　海軍

海軍はというと、樺山資紀軍令部長だけが五十六歳で、西郷従道海軍大臣も、伊東祐亨連合艦隊司令長官も、相浦紀道・坪井航三の両司令官も皆五十一～五十二歳であった。

海軍の軍令部長は、開戦直前の一八九四（明治二十七）年七月になって、陸軍からの要請を入れて中牟田倉之助から樺山に交替しているが、樺山は九〇（明治二十三）年に海軍大臣も経験、既に予備役、枢密顧問官になっていたものを現役に戻して軍令部長に就任させた（大江志乃夫著『東アジア史としての日清戦争』）。つまり、陸軍の山縣ほどではないにせよ、当時の海軍組織の中では樺山に重みがあったように思われる。

樺山軍令部長は一八九四（明治二十七）年十月の黄海海戦の際、自ら戦況視察のため現地に赴き、仮装巡洋艦「西京丸」に乗船して連合艦隊司令部に随行し、伊東連合艦隊司令長官への督励を行った。海軍省内では新聞記者がうるさいのと、当時の通信事情から最前線の状況が十分に伝わらないとのことで前線に出た。連合艦隊としては迷惑極まりなかったとも言われている（戸高一成著『海戦からみた日清戦争』）。五十六歳と五十一～五十二歳という年齢差を考えると、自分より若い司令長官・司令官たちがちゃんと戦えるか不安で現地まで督励に出かけた、という解釈もあるように思われる。

日清戦争は、政府、陸海軍を通じて、四十代後半から五十代前半の世代に属する人々が中心になって指導して遂行した戦争であったと言える（資料26）。

資料２７　樺山資紀（出典『近世名士写真　其２』）

第三章　朝鮮への出兵と日清開戦の意志決定

一八九四（明治二十七）年の春に朝鮮で東学の乱が発生したところまでは、既に状況を確認した。こゝでは、それ以降、日清間に実際に戦争が開始される直前の時点までの経緯、朝鮮への派兵や開戦の決定に至ったプロセスなどを再確認する。

第一節　朝鮮出兵の決定と、対清避戦方針の決定

まずは、日本政府が大軍の派兵を決定、更に対清開戦方針を決定した六月前半の状況についてである。高橋秀直氏は、従来の学説について次のように整理を行った上で、政府は当初から開戦を意図していた訳ではなかったと論じている（高橋秀直著『日清戦争への道』）。

- 中塚明・朴宗根両氏は、政府は当初より開戦を意図との説。一般に概説書で広く受け入れられているのも開戦意図説。
- 藤村道生氏は、政府は朝鮮に於ける日清の「権力の平均を維持」しようとしていたのみで開戦は意図せず、開戦を望む軍と望まない政府との対抗の中で軍の政府に対する領導により開戦に至ったとの説。
- 檜山幸夫氏は、政府は出兵の目的や将来の展望を十分に検討することなくこれを決定、更に無思想的で場当り的な対応の結果開戦に至ったとの説。
- なお、内政危機の打開が開戦の動機の一因であったことには中塚・藤村両氏も一致し、檜山氏が批判しているのみで広く受け入れられている。
- また、対外強硬策の実施を求めた政党や世論の国内的圧力が政府の開戦決意の要因になったとすることに

は、すべての研究者が一致している。

一　東学の乱の発生と、日本からの朝鮮出兵の閣議決定

一八九四（明治二十七）年五月、東学の乱（甲午農民戦争）が勃発し、朝鮮政府内部では農民軍鎮圧のために清軍の派兵を請おうとする動きが出て来た。六月二日、杉村代理公使の電報が到着した。それには、農民軍の全州占領と、朝鮮政府が清兵の派遣を請うたという袁世凱の談話があった。二日の閣議で朝鮮への出兵が決定された。出兵策は、朝鮮状勢の緊迫が伝えられ出した五月下旬に政府内部で徐々に形づくられていったものである。

伊藤首相は出兵について強い統率力を持っていた。伊藤は「大兵」の出兵に強い意欲があり、この時出兵が予定された兵力は混成一個旅団（約八千人）で、公使館・居留民保護の任務に対しては明らかに過大であった。

二　対清開戦は政府の方針としては存在せず

大鳥公使への訓令（六月三日）、混成旅団長大島義昌及び常備艦隊司令長官伊東祐亨への訓令（八日）では、出兵目的の基本は内乱拡大の予想に基づく公使館・居留民保護、更には農民軍鎮圧への参加であった。

出兵には他の意図もあったとみるべきである。大鳥の五月三十一日付の陸奥外相宛書簡に、内政改革のための日清共同対朝干渉の機会に出兵を利用しようという提案がなされている。農民軍に備えるために派遣された兵は、朝鮮政府への圧力としても機能する。これを利用して朝鮮の内政改革を強いる。これが出兵についての伊藤のもう一つの意図であったと思われる。

対清開戦意図は政府の方針として存在していなかった。大鳥宛・派遣軍宛訓令にも日清両軍の衝突を諫めていた。大山陸相の朝鮮派遣参謀への訓令では、アジアの大局維持のための日清提携論、その立場よりの衝突回避論であった。大山陸相は本来対清対決論者であり、この訓令は伊藤首相の指示により出されたものと見るべきである。

三　政府内には路線対立、伊藤博文の対清避戦が公式方針

この時日本指導部内に於いて、伊藤の対清避戦方針と、陸軍・陸奥の対清対決方針の二つの方針が対抗していた。出兵方針が決定される前夜、陸奥外相と川上参謀次長は出兵を機として対清開戦を導くことに合意した。しかし、政府の公的方針となったのは前者であった。

が、伊藤の意図の実現の前には大きな難題があった。第一に、日清共同干渉という伊藤の構想に清が同意するか。第二には、居留民・公使館保護以上の政策目標については、この時〔政府全体の〕合意は出来ていなかったのである。

四　第一次輸送部隊四千名の出発と大鳥公使の漢城到着

派兵の対象に、広島の第五師団第九旅団が決定された。第一次輸送部隊四千百二十六名は出発できる部隊より逐次派兵されることになり、まず一戸《いちのへ》兵衛少佐に率いられた大隊千二十四名が九日、宇品（現広島港）を出港。第一次輸送部隊の残部は大島義昌旅団長に率いられ、十一日に九隻の船で次々と出発した。

一方、大鳥公使は六月十日に漢城着した。内乱拡大の予想の前提は崩れ、十一日夜より大鳥は増兵不要を政府に向かってくり返し打電した。一戸大隊以外の増兵見合わせを主張した大鳥電が大島部隊の出発前に着いていれば、彼らの派兵は差し止めになっていたであろう。しかし、大島部隊は既に宇品を出港。この千名と四千名の差が持つ意味は極めて大である。

第二節　内閣の方針転換、対清開戦方針の決定

六月十三日陸奥の大鳥宛電報には、「何事も為さず、または何処へも行かずして、終に同所より空しく帰国するに至らば、甚だ不体裁なるのみならず、また政策の得たるものにあらず」とあった。派兵部隊に軍事活動をなさせるべきという強行論を唱えつゝある議会各党派の圧力を、陸奥は強く意識していた。

六月十三日の閣議で、農民軍の日清共同鎮圧、朝鮮内政改革が陸奥の主張で決定保留になった。六月十五

資料２８　陸奥宗光（出典『近世名士写真　其２』）

日、陸奥の新案では「留兵のまゝ協議、清側が協議に応じない時は日本単独で改革実行する」。内政改革提議の原案はその性格を一変し、清と協調するのではなく、清と対立し挑戦するものとなった。

なぜ伊藤はこれを受け入れたか。

当時の伊藤内閣の政治目標は立憲政治の確立であった。ところが既に六月二日、議会が二度目の解散をした。もしも連続三度の解散なら、議会の否定であり事実上の憲法の停止を意味する。近く迎える総選挙は、政府にとって何としても負けられない。政党・世論の動向はかつてなく重要で、撤兵は至難の業である。出兵以後、清に対抗して何らかの朝鮮政策を実現しようという、政党・ジャーナリズムの動きが急速に強まり、「騎虎の勢い」である。こうして六月十五日、伊藤内閣そして日本は対清開戦方針を決意した。

従来の研究では、出兵は開戦を意として決定されたと理解されている。が、当初に於いて政府は対清開戦を考えてはいなかったと理解すべきであろう。出兵開始にあたり政府系新聞の『東京日日新聞』は、世論が強硬論に走るのを阻止すべく論陣を張った。解散決定後の政府にとり、対外硬派が選挙で勝利を占めるのを防ぐことが最大の課題である。出兵が政党取り込みの手段と考えられていないばかりでなく、逆に政府批判の材料と成り兼ねないものと危惧されていた。

六月二日の出兵決定は国内の政治的危機打開の意図を以ってなされた、とする通説が成り立たないことは以上より明らかであろう。この時出兵は、従来よりの朝鮮政策の流れの中で、国内政局の動きとは別次元のものとして決定された。結果として内政的危機と重なることになってしまった。朝鮮内乱の鎮静化で、出兵が全く無用のものとなると、出兵が決定的危機を招いてしまった。政府の出兵政策は国内政局により大きく拘束されることになったのである。

政府の中に、もともと開戦を意図した強硬論と、あくまで対清協調の範囲内での出兵を考えた協調論があり、出兵決定時点では協調論が政府（伊藤首相）の公式見解であった、それが、その後の国内世論からの圧力で開戦方針に転換を迫られてしまった、という事になろう。

内政危機打開の意図ではなかったというのも、政府の公式見解はその意図ではなかったということであって、政府内にそうした意図を持っている大臣が全くいなかったと言っている訳ではない。少なくとも陸奥外相は明らかに伊藤首相の意に反して開戦に引っ張って行った、と言えるように思われる。この点について大谷正著『日清戦争』は、「陸奥が開戦を主張した理由は、外相として彼が担当した条約改正交渉でミスを重ね国内・国外の危機を招いてしまい、この失敗をカバーするため日清協調ではなく開戦を望んだという、大石一男著『条約改正交渉史』の解釈は説得的である」と述べている。陸奥外交は、日本の国益よりも陸奥自身の個人的利益の追求に主眼があった、と見るのが妥当なように思われる。

檜山幸夫著『日清戦争』は、①五月三十一日段階では、政府は朝鮮の事態の推移によっては陸海軍を派遣するという消極的出兵論で固まっていたが、その政策的意図は日清均衡論にあり、日清対立論にはなかった②また、六月二日の閣議での出兵決定も対清開戦を想定していなかった③しかし、六月十三日には、内閣と藩閥権力を維持するために、不撤退方針を決意した伊藤内閣が駐兵の口実を探し、朝鮮内政改革案の閣議検討を開始する④更に六月十五日に、清国が拒否することを承知で対韓対清強硬案を追加した日清共同内政改革案を決定した段階で、政府は清国との武力衝突を覚悟したことになる―と見ている。

なお、日本は六月四日に大本営設置を決定、翌五日に大本営を参謀本部内に設置しているが、この時点では内乱は拡大するとの見方であっただけに、対清開戦の意図が無かったことゝ矛盾はしないように思われる。これについて斎藤聖二著『日清戦争の軍事戦略』は、政府が大本営＝軍主導の事務システムの設立に反対しなかったのは、出兵準備に遅れを取ってはならないとの閣議決定の趣旨から当然である、鉄道並びに海上輸送、それに伴う海軍との協力関係の調整には、大本営の設定は非常に有効に働いていく、としている。

第三節　日清両国からの出兵

日清両国からこの時点で派兵された軍隊は、具体的にどのような規模で、どういう日程で派遣されたのであろうか（原田敬一著『日清戦争』、斎藤聖二著『日清戦争の軍事戦略』）。

一　清軍の出兵

清国直隷総督李鴻章は、朝鮮政府の援兵要請に六月六日、北洋陸軍（総督葉志超）の派遣を決定した。七日、日清両国は相互に出兵を通告した。八日、清国歩兵約二千五百名と山砲八門が牙山に上陸した。

二　日本軍の出兵

広島の第五師団から第九旅団を抽出、規模は混成一個旅団八千人（歩兵二個連隊、騎兵一個中隊、砲兵一個大隊、工兵一個中隊、輜重兵隊、衛生隊、野戦病院、兵站部を含む）で、ミニ師団と言うべきものであった。

六月四日には清国の出兵方針を確認の上、大本営設置を決定。五日、大鳥公使は海軍陸戦隊七十名と巡査二十一名を伴って仁川へ向かう。六月六日、大本営は歩兵一個大隊（大隊長一戸兵衛少佐）の先発を命令し、九日午前宇品港を出て、十六日仁川港に着した。十三日午後六時には漢城の日本公使館に到着して海兵と交代した。

大鳥旅団長率いる第一次輸送部隊残部四百余は十日から十一日にかけて宇品を出航し、十六日に仁川港に到着上陸した。十八日には大島旅団長は漢城に入ったが、部隊は公使の要請により仁川に留まる。

第二次輸送計画は十一日に着手され、第五師団残部の第十旅団（旅団長立見尚文少佐）への動員が命令され、三千五百人の人夫を雇用する指示及び野砲第五連隊を暫時山砲の編成に変更する大本営令がなされた。大鳥公使は外務省からの第二次輸送見合わせ要請の後も準備を進行した。大本営はとにかく準備を進めて待機するつもりであった。仁川向け第二大隊は十五日に出港したが、翌朝あわてゝ以後の出帆待機の訓示がなされた。

日本軍の準備が良かったといっても、距離の近い分、清国軍の方が先に朝鮮に着いた。開戦方針決定直後の六月十六日の時点では、清国軍二千五百名、日本軍四千名、という規模だった。

第四節　イザベラ・バードが見た開戦直前の済物浦の状況

第一次輸送部隊が済物浦（仁川）に到着した直後に、たまたまイザベラ・バードも通り合わせた。その時の状況が『朝鮮紀行』に記録されている。誰もが、日清間が開戦寸前の緊迫した状況であることを意識させられていたようである。

―〔一八九四年六月〕二十一日の早朝に済物浦に到着すると、きわめて刺激的な事態が展開していた。日本の軍艦六隻、合衆国の軍艦、フランスと清の軍艦が各二隻、ロシアが一隻という大艦隊が外港に停泊していたのである。到着するやイギリス副領事から、当夜の船で朝鮮を離れるようにとの忠告を受け、やむなく出国した。

…「日本の目的はなにか。これは侵略ではないのか。日本は敵として来たのか、味方として来たのか」…。六千人の軍隊が三ヵ月の駐屯予定で上陸したのである。極東軍事情勢の学徒なら誰しも、この日本軍の巧妙かつ常軌を逸した動きが済物浦やソウルの日本人街を守るためにとられたものではないこと、また朝鮮に対してとられたものでもないことが分かっていた筈である。

…清国人の間にはパニックが広がった。日本軍がソウルに現れるや、清国弁理公使館、清国領事館関係家族の女性三十人が帰国の途に着き、わたし（バード）が済物浦に到着した日は、八百人の清国人がこの港を発った。清国人居留地の住民はあわてふためき、最も繁盛する商売を独占していた野菜栽培業者たちすら逃げ出してしまった―

第五節　朝鮮改革提案と、列強からの干渉開始

開戦方針を決定したからといって即座に開戦とはならない。開戦に持ち込むためのステップが続く。ただし、このステップの途上で、戦争を回避したい列強からの干渉が始まり、開戦方針は一旦放棄される（高橋秀直著『日清戦争への道』）。

一　共同内政改革を清国に提案するも、清側は拒否

六月十六日、陸奥外相は汪公使に留兵による共同鎮圧・共同内政改革を提案した。翌日李鴻章や北京政府に伝えるよう在清公館にも指示した。交渉を進めるためではなく決裂させるためである。

六月二十一日、汪公使より清国政府の回答があり、予想通り日本側提案の全面拒否であった。この結果、政府は十二日に中止されていた混成旅団残部（第二次輸送部隊）の派遣を、日清衝突はもはや不可避として決定した。翌二十二日の御前会議で、清国側の主張に全面的に対立する対清回答（第一次絶交文書）と、第二次輸送部隊の派遣が決定された。

六月二十三日、陸奥は電報で大鳥に、朝鮮の内政改革に取り組むよう指示した。大鳥は二十六日、朝鮮国

王に面会し、また、陸奥の内訓を携えて朝鮮に来た加藤書記官と二十八日に協議した。朝鮮は清の属国か否かの照会を、翌日を回答期限として朝鮮政府に出す。二十九日は回答期限であったが回答なし。三十日、杉村代理公使からの督促に、「朝鮮は自主国」との回答があった。

ならば日本軍が清軍の退去を援助する、という論理で軍事力行使への道を正に踏みだそうとしていたこの日のうちに、状勢は急転、日本は開戦方針を一旦放棄せざるを得なくなる。

二　列強の干渉を経て日本は再び開戦路線に

回り始めていた戦争への歯車に六月三十日、急ブレーキがかかった。きっかけはロシアの干渉が本格的に開始したのである。ヒトロヴォ公使は陸奥を訪れ、日本の撤兵を強く要求するロシア政府の公文を交付した。日本は事態の解決の道をイギリスの調停に求めることになる。

しかし、この平和解決の試みは清の対応により一頓挫する。更に七月十日、ロシアは日本の撤兵拒否回答を了承したとの報告がなされる。日本は交渉解決路線を放棄する好機が到来したと、閣議はこの好機を生かすべく動くことに決めた。それが第二次絶交書で、十一日の閣議を踏まえ翌十二日に正式に決定され、同日、清政府に交付すべく小村寿太郎に打電された。日本は開戦に向けて再び動き出した。

六月十五日の開戦方針決定以後、日本は開戦に向けてゴリ押しをしていく。列強からの干渉があったにも関わらず日本がゴリ押しを通せた背景として、朝鮮が国家財政、引いては体制そのものゝ危機にあったに関わらず政府は長きに亘り改革の必要性を認識せずに問題を放置して来た、という朝鮮の現実の状況が各国に知れ渡っていることがあったように思われる。

第六節　日本軍の増派と「作戦大方針」

六月二十一日の第二次輸送部隊の派遣解禁の決定により、日本軍は更に増派される。どういう日程で増派が行われたのか、確認しておく（斎藤聖二著『日清戦争の軍事戦略』）。

一　日本の第二次輸送部隊の派兵

六月二十二日の御前会議で、第二次輸送部隊の出帆は二十四日とすることが決定された。二十四日正午、予定通り第二次輸送船団八隻に乗った混成旅団残部が宇品を出港し、二十七日に仁川着、二十九日には漢城郊外の龍山の幕営に到着し大島部隊に合流した。これによりソウル市街地に一戸大隊約千名、郊外に大島部隊約七千名の日本軍が駐屯したことになる。

六月末の段階では、既に見たように清国側は約二千五百名、一方日本側はこゝにある通り約八千名の兵力となっていた。七月下旬の実際の開戦の際には、清国側がもう少し増派されただけで、日本側はこの兵力のまま衝突することになる。

ところで、日清戦争では大本営が定めた「作戦大方針」に沿って戦闘を進められた。この「作戦大方針」は、従来は開戦後の八月四日に完成し翌日天皇に奏上されたとされてきたが、斎藤聖二著『日清戦争の軍事戦略』によれば、「六月二十一日午前の陸海軍の緊急会議で『陸海共同作戦案』の協議が行われ、この案に沿って戦争を辞さぬ決意で事態を進めることが同日午後の閣議で決まった。ここで作成された陸海共同作戦案は、日清戦争の『作戦大方針』そのものか、もしくはそれに極めて近い内容を持つものであったと考えられる」とのことである。「作戦大方針」と第二次輸送部隊の派兵は、ほぼ同じタイミングで決定されていたことになる。

二　大本営の「作戦大方針」

「我が軍の目的は軍の主力を渤海湾頭に輸し、清国と雌雄を決するにあり」

そのため第一期は、第五師団を朝鮮に派遣して清国軍を牽制、海軍により敵の水師（海軍）を掃蕩し黄海及び渤海に於ける制海権の獲得に努力する。

第二期は、制海権の状況により三つの場合を想定する。

（甲）制海権掌握の場合、陸軍の主力を渤海湾頭に輸送し直隷平野で大決戦を遂行。

（乙）渤海の制海権は掌握できないが日本近海は確保の場合、順次陸軍を朝鮮半島に送り、清国軍を撃破し、以って韓国の独立を扶植する目的を達成。

（丙）清が制海権掌握の場合、為し得る限り第五師団を援助し国内防備に務める。

清国海軍は強力という一般の評判もあり、海戦で負ける場合も想定して作戦が立てられている点は合理的であると同時に、自信過剰に凝り固まった昭和前期の戦争とは大違いであると思われる。

なお、檜山幸夫著『日清戦争』は、「六月二十二日の御前会議で決定された開戦意思は、日清全面戦争ではなかった。実際に発令された陸軍の動員令からみて、対清開戦とはいえ、その規模は最大一個師団規模であり、当初考えられていたのは朝鮮内での戦闘で、日清全面戦争を想定したものではなかった」と見ている。御前会議での公式決定は限定戦争であっても大本営は既に全面戦争を想定して作戦を立てゝいた、ということであったのかもしれない。

第七節　日本軍による朝鮮半島での電信線の建設強行

日本軍は実戦の準備を着々と進めて行く。そのうちで、特に当時の戦争インフラ上で最先端かつ重要であったものが電信線であった。開戦に間に合わせるよう、日本から建設用の資材と部隊を送って建設を強行した（斎藤聖二著『日清戦争の軍事戦略』）。

一　開戦前の朝鮮半島の電信線の状況

ソウル—東京間には、ソウル—釜山—対馬—佐賀県呼子経由と、ソウル—義州—天津—上海—長崎経由の二線の電信線があったが、東学党の内乱地域を経由あるいは中国国内線を使用していることなどから、開戦後の継続使用は不可能と判断された。

二　日本軍による新線の建設

六月二十五日「釜山—京城間電線架設の件」に親裁を受ける。軍は新線を第五師団に建設させることとし、資材は七月一日に日本から出港、七月三日仁川、四日に釜山着した。朝鮮政府から建設了解を得るまで架設は待機した。

七月八日から十二日にかけて、ソウル—龍山間の軍用電線を仁川まで延長、朝鮮政府の許諾なしだが、大鳥公使もこの程度は差し支えなしと了承した。十日、釜山—ソウル間は進軍予定路に沿って最短距離で新線架設する計画が決定された。十六日、状況判断により「朝鮮政府に通知しっぱなしにて」ソウル—釜山間の起工を決定し、二十日から工事開始した。現地人人夫の雇用困難に対しては、日本人人夫五百人を二十六、二十八日に釜山へ輸送した。

七月二十三日の王宮制圧の時に日本軍は義州経由線を切断、同日釜山経由線も不通にした。以後出先とのやり取りは通信船頼りになる。突貫工事により、全線の通電は八月十六日になされた。朝鮮政府は、八月二十日調印の「日韓暫定合同条款」に於いて、この電信線を認知させられた。

第八節　日本政府による開戦の決定

七月十二日以降、日本が再び開戦に向けて動き出したといっても、実際に開戦になるには、あと約半月間の期間と、更には朝鮮王宮の襲撃という過激な事件が必要であった（高橋秀直著『日清戦争への道』）。

一　清側が増派なら反撃するというもの

大鳥公使が朝鮮政府に七月三日に交付した内政改革案は、十六日、日本軍が撤兵すれば改革に着手するとの朝鮮政府よりの決答があり、これを受け大鳥はもはや協議は時間を費やすのみと判断した。王宮包囲による清韓宗属関係の否定と、朝鮮が清へ与えた特権の日本への均沾《きんてん》（等しく利益に潤うこと）の要求への着手の許可を求める大鳥請訓電報は、十九日の午前三時に到着、日本政府は大きな選択を迫られることになった。

他方、同日までに、これまで控えてきた兵力の増派にいよいよ清が踏み切ったというかなり確度の高い情報を入手したし、またイギリスの第二次調停で清からの対日対案が到着した。

十九日午後六時大鳥宛陸奥電報と、午後九時大島混成旅団長宛対清開戦を指示する訓電がなされ、開戦が決定された。しかし積極的開戦策ではなかった。清側が増援部隊を送ってくるならば、それに反撃するという受動的な政策であり、王宮包囲は禁じられた。

二　現地では朝鮮王宮包囲計画をそのまま続行

二十日の朝に到着した王宮包囲禁止を命じた陸奥の訓電であったが、大鳥はこれを無視し王宮包囲計画を変更せず。「一切の責任は自分がとるので大鳥は何をしてもよい」と述べた陸奥の先の内訓が、この大鳥の行動の背後にある。現地側は開戦命令の受け身の性格を全く無視したのである。

「日清の衝突を促すは今日の急務なればこれを断行するためには何らの手段をも執るべし」という内訓は陸奥の独断行為と見るべきであろう。強硬路線の追及、開戦の実現を目指すものであった。日清戦争は日本の強引な動きにより開始された。しかし、指導部全体の確固とした開戦決意、東京と現地との緊密な連係のもとに開戦に進んで行ったのではなく、陸奥の謀略的とも言うべき個人外交によりそこに至った、極めて異例の問題のある外交であった。

かくして日本政府の開戦方針が最終的に確定されたのは、七月十九日であった。二十五日の豊島沖海戦での実際の開戦まで、あと一週間しかない。日本は、七月二十三日に朝鮮王宮襲撃事件を起こし開戦への前提条件を整えるが、この事件は七月十九日以前から計画されていたことが分かる。

第四章　日朝戦争（朝鮮王宮襲撃事件）

実際に開戦の引き金となったのは七月二十三日の朝鮮王宮襲撃事件であったが、この事件は偶発的なものではなく、事前に十分な準備がなされていた。

第一節　日清開戦の条件を強引に正当化

七月十九日に日本政府の開戦方針が決定された。以下では、開戦への最後のステップとなった朝鮮王宮襲撃事件について確認する。

一　朝鮮王宮への襲撃占領作戦の実施

日本政府は清朝中国との開戦に持ち込むのに、欧米列強を納得させる正当な口実をなかなか見つけることができなかった。そこで朝鮮駐在の日本公使大鳥圭介らが考え出したのが、朝鮮政府に無理難題をふっかけるやり方であった。

それはこのようなものであった。すなわち、「一八七六年、朝鮮政府が日本と結んだ修好条規（江華条約）では『朝鮮国は自主の邦にして……』と約束したではないか、それなのに今『属邦を保護する』と言って朝鮮に清朝中国の軍隊がいるのは条約違反である。朝鮮は清国の属国なのか、独立国なのか。独立国なら清国軍を国外に追い出せ。朝鮮にその力がないなら日本軍が代わって追い出すから、朝鮮政府は日本に対して『清軍駆逐』の公式の依頼文書を出せ」と、朝鮮政府に迫るやり方である。

陸奥外相自身が、戦争直後の著作『蹇蹇録』で、「狡獪手段」「高手的手段」「嚇迫手段」と表現したほど、ずるがしこく強引なやり方であった。ためらっていた伊藤首相もそれは「最妙」と陸奥に手紙を書いて、これに同調したのである（高橋秀直著『日清戦争への道』）。

七月十九日に大鳥公使が提案してきた、そして日本政府からは禁止された「王宮包囲」が七月二十三日、遂に王宮襲撃作戦として実行される（原田敬一著『日清戦争』、藤村道生著『日清戦争』）。

大鳥公使は、朝鮮政府に最後通牒を出した七月二十日、大島義昌第五師団混成旅団長に王宮占領・大院君を政府首領となす計画を提案した。

七月二十三日午前〇時三十分、大鳥公使から大島旅団長に「計画通り実行せよ」との電報がなされた。同日午前二時、日本の混成旅団の総力が龍山を出発し漢城に向かう。電信局の電線を切断、国王居住の景福宮を包囲、朝鮮兵と戦闘が開始される。大院君を執政として閔派政権を打倒するためである。

参謀本部編『日清戦史―明治二十七八年』では偶発的としているが、明らかに計画的である。「七月二十三日戦争」がなければ日清戦争は起こせなかった。二十五日午前、大鳥公使は「委任状体の書面」を受領、これによって初めて「朝鮮政府が日本に清軍の撤退援助を依頼して来たので、それに従った」という開戦理由が成立した。

大鳥公使の王宮襲撃と同じ七月二十三日、連合艦隊が佐世保を出港した。また二十三日の『国民新聞』は「今や我が国は清国と開戦するの最高潮に達す」、二十四日の『時事新報』は「一刻も猶予せず、断然支那を敵として我より戦を開くにしかざるなり」と、新聞論調は完全に開戦で一致している。

二　公使館と旅団が協議して計画、一個大隊ではなく旅団が動く

大鳥公使の意を受けて、七月二十日午後一時、本野一郎参事官が第五師団混成旅団長大島義昌少将を訪ねて、朝鮮政府を威嚇するために王宮を囲むことを提案した。

『日清戦史』の草案は、本野参事官の申し入れを次のように書いている（福島県立図書館「佐藤文庫」所蔵の『明治二十七八年日清戦史第二冊決定草案　自第十一章至第二十四章』）。

—ちかごろ朝鮮政府はとみに強硬に傾き、我が撤兵を要求し来たれり。因って我が一切の要求を拒否したるものとみなし断然の処置に出でんがため、本日該政府に向かって清兵を撤回せしむべしとの要求を提出し、その回答を二十二日と限れり。若し期限に至り確固たる回答を得ざれば、まず歩兵一個大隊を京城に入れて、これを威嚇し、なお我が意を満足せしむるに足らざれば、旅団を進めて王宮を囲まれたし。然る上は大院君（李是應）を推して入闕せしめ彼を政府の首領となし、因ってもって牙山清兵の撃攘を我に嘱託せしむるを得べし、因って旅団の出発はしばらく猶予ありたし—

大島旅団長は南方に陣取って清朝の軍隊を攻撃するために準備していたが、この申し入れに対し、南下を延期するのは作戦上不利なのは言うまでもないが「開戦の名義の作為もまた軽んずべからず」と、この公使の提案に同意した。

大島旅団長は翌二十一日、大鳥公使を訪ね「一個大隊」で威嚇するという公使の提案を改め、「旅団」に従事せしむることにした。そして歩兵二十一連隊長武田秀山中佐に作戦計画の立案を密かに命じた。

「朝鮮王宮に対する威嚇的運動の計画」（抜粋）

歩兵第十一連隊

第一大隊

第一・第二中隊：市街の部分を警戒　第三中隊：東大門及び南小門の占領　第四中隊：東小門の占領

第二大隊

第六中隊：李是應の邸に至り李是應の護衛

第三大隊

第十中隊：西小門、南大門の占領

歩兵第二十一連隊

第二大隊と工兵一小隊：王宮に入りこれを守備

（以下省略）

――以上の計画の精神を案ずるに、歩兵第二十一連隊長の直接に卒うる同連隊の第二大隊（第八中隊欠）及び工兵一小隊より成る一団を動作の核心とし、これをして不意に起こりて王宮に侵入し、韓兵を駆逐し国王を擁しこれを守護せしむるに在り。国王を擁するは当時日本公使の希望する所なりしも、これが逃走を拒まんがためその身体を傷害するが如きこと在りては容易ならざる大事を引き起こすの怖れあるに因り、公使は例えこれを逸するもその身体に加害なきことを旅団長に要求したり。これ公使の意はもし国王にして逃走したる場合に遭遇せば、李是應を摂政となし仮政府を組織するの考案なりしによる。すなわち王宮威迫の際、彰義門を開放し在らしめ所以なり。而して市の他の諸隊は外部の動作に任じたるものにして、すなわちその一部は主として京城諸営の韓兵を監視し武器を奪取して王宮に赴援するあたわざらしめ、以って核心をして目的を達するに容易ならしめ、且つ日本及び欧米の官民並びに李是應一派の者に危害を及ぼさざらしむるに任じ、他の一部は万一の場合をおもんばかり京城に対して旅団幕営地を守護するに任じたるものなり――

作成された計画は、王宮に入る「核心部隊」は歩兵第二十一連隊第二大隊と工兵一小隊で、他部隊は大院君警護、市内に入る各門の占拠、市街各地区の占拠警戒など担当し、砲兵大隊も高地に放列を敷き示威するとされた。

「核心部隊」である「歩兵第二十一連隊長の直接に卒うる同連隊第二大隊」に「工兵一小隊」が同行したのは、王宮を囲んでいる塀あるいは門を破壊するには爆薬の取り扱いなどに慣れている工兵部隊が必要だったからである。

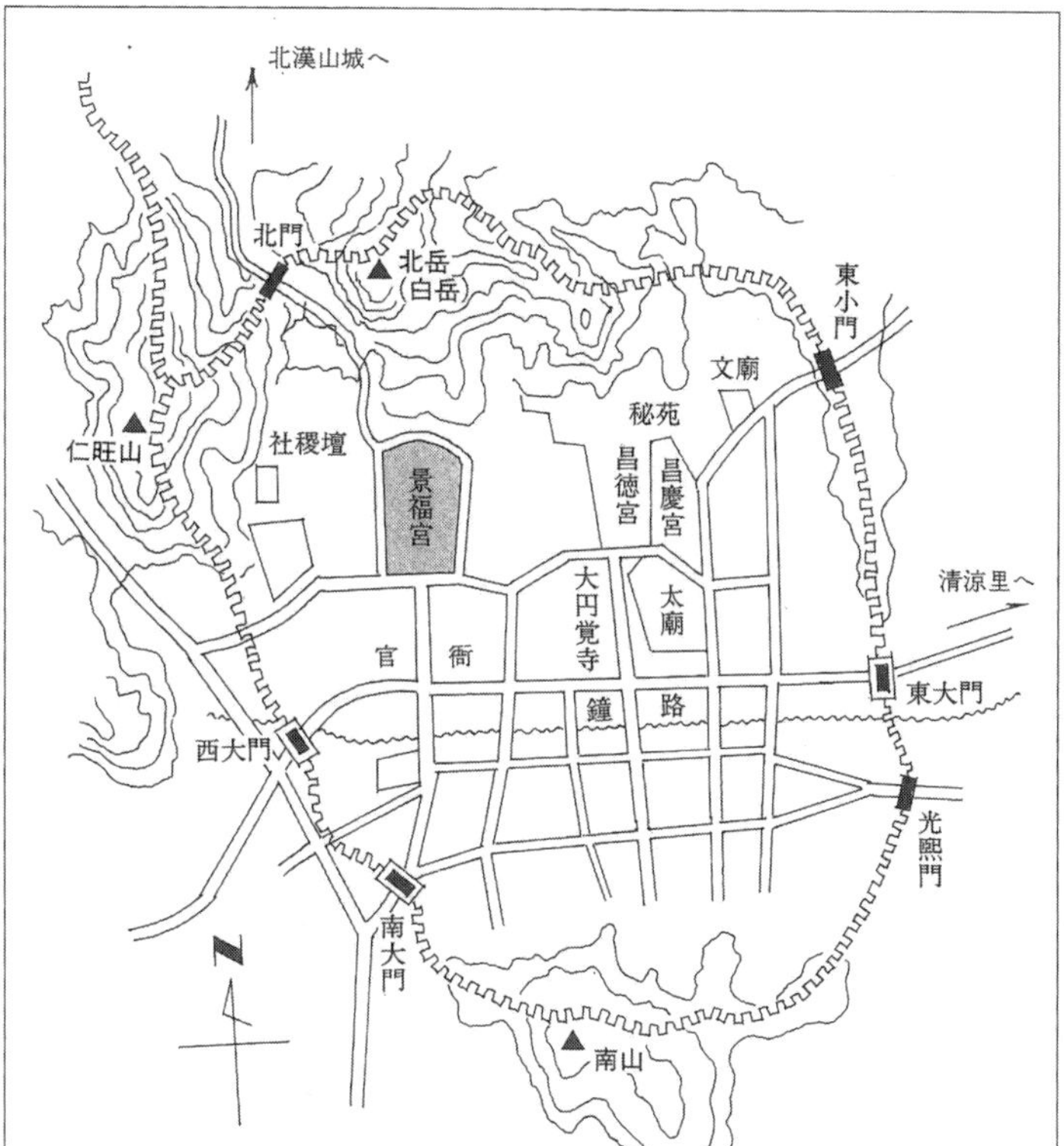

資料２９　往時のソウル（漢城）の概略図　（出典『歴史の偽造をただす』）

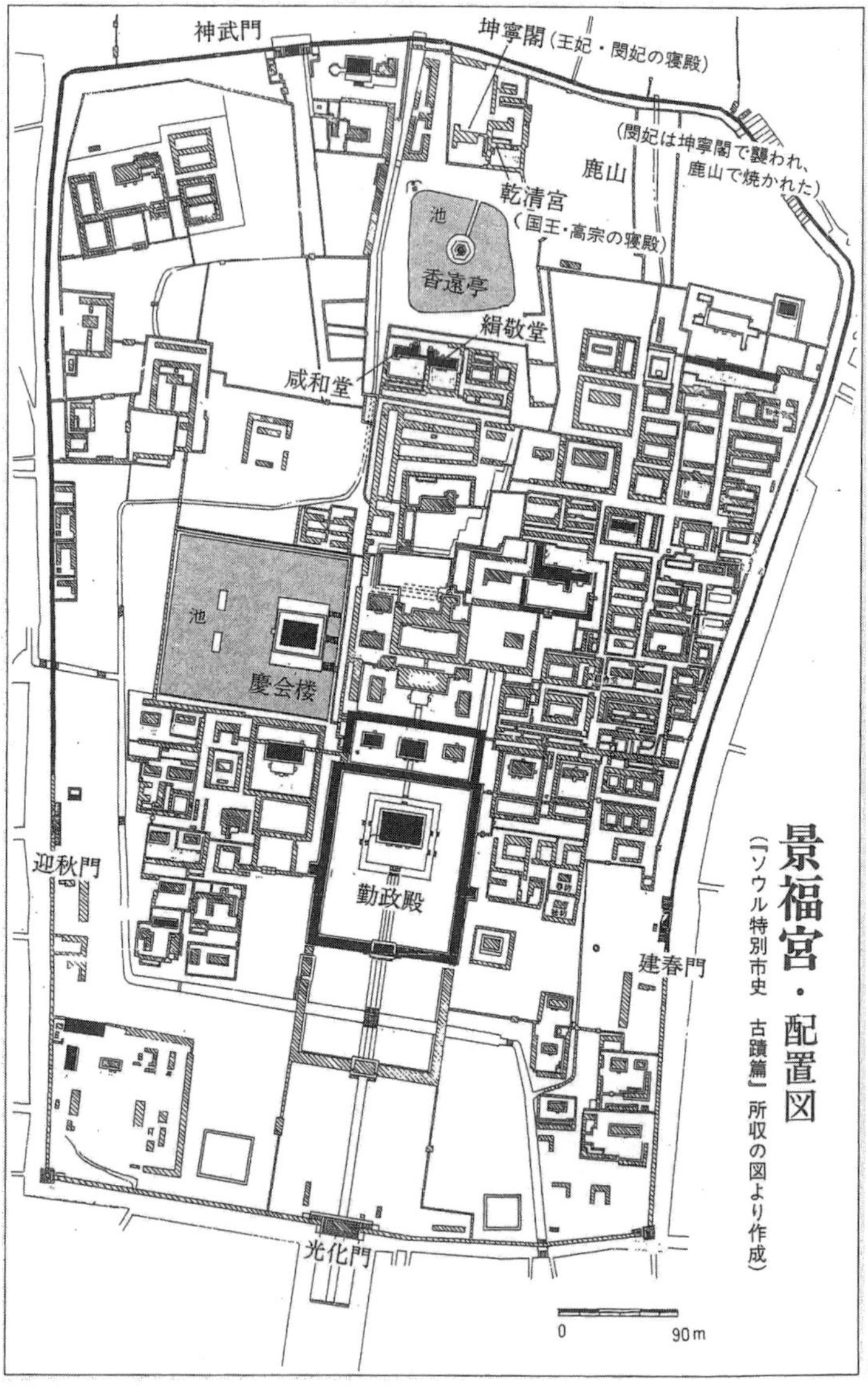

資料３０　景福宮　（出典『歴史の偽造をただす』）

この計画が秘密裏に進捗したのは言うまでもない。『日清戦史』草案には、次のように述べられている。

―右の計画はもとより秘密にし、未だ各隊に公達せず。只々各部隊長のみに訓示し、部隊に向かっては「二十三日未明より京城へ行軍す」と公達せり。而して出発すべき各隊は二十二日晩より集合し露営にて期の至るを待てり―

このように七月二十三日の王宮占領事件が「日韓両国兵士の偶然の衝突」といったものでは決してなく、日本公使館・日本陸軍の混成旅団が一体となって事前に周到に準備した作戦計画に基づくものであったこと、そしてその作戦は王宮とその周辺のソウル中枢地域の全面占領であったことは、右の参謀本部自身が書いた記録によっても明らかである。

三　朝鮮王宮襲撃事件は一日だけの対朝鮮戦争

七月二十三日の日本軍による朝鮮王宮襲撃事件については、藤村道生は「七・二三事件」と呼び、中塚明は「朝鮮王宮占領」と呼んでいるが、原田敬一は「七月二十三日戦争」という名称を提案している。「外国に駐屯している軍隊が、その国の王宮を襲い、守備兵と砲火を交え、占領するというのは事実上の戦争と判断できる」ためである。また、この一日だけの戦争で日本軍が戦った相手は「朝鮮」であり、まだ「日清」の戦争にはなっていなかった。

第二節　朝鮮王宮襲撃事件はどのようにして行われたのか

朝鮮王宮襲撃事件がどのように行われたのかについては参謀本部の戦史草稿があり、中塚明著『歴史の偽造をただす―戦史から消された日本軍の「朝鮮王宮占領」』がそれを詳しく紹介している。

一　二十三日深夜からの王宮襲撃

―二十三日午前零時三十分に至り公使より電報があり「作戦通り実行せよ」と。核心部隊第六中隊は迎秋門を爆薬では破れず、囲壁を越えて内部より鋸と斧で門扉を破り開門した、午前五時頃である。第七・第五中隊が進入し、光化門・建春門も内部より開門した。この間守備の韓兵は抵抗する者なく皆北方に逃走した。午前四時二十分から午前七時半まで、約三時間に亘って双方の銃撃がなされた。抵抗せし韓兵は北方王宮囲壁を出て白岳の方向に敗走した。

日本兵が王宮を占領し、韓兵を武装解除して、国王を脅迫した―

二　日本兵が王宮を占領、韓兵を武装解除して国王を脅迫

国王を守っていたのは朝鮮の兵士であった。しかもこの危急の時に、国王側は「外務督弁がいま大鳥公使の所に行って談判中だから、彼が帰るまで門内に入らないように」と日本兵を阻もうとしていた。それに対

して、山口大隊長は「門内の朝鮮兵の武器を引き渡すなら応じてもよい」と答えたが、国王側は聞き入れないので、大隊長は「剣を抜き日本兵を指図し、大声をあげて日本兵をはげまし、門内に突入」させようとしたのである。国王の目の前で刀をふりかざした山口大隊長が日本兵を叱咤激励して、今にも建物に突入するぞと国王を銃剣で脅迫したのである。

国王は日本軍の銃剣によって文字通り脅迫されていたのであって、その国王を保護していた朝鮮兵士の武装を解除して無防備の国王を日本軍の虜にしたのがことの真相である。

『日清戦史』の草案には、この「核心部隊」による王宮占領のほか、前に紹介した「朝鮮王宮に対する威嚇的運動の計画」に従って、王宮占領と並行して王宮のまわりにあった朝鮮側の軍事施設をことごとく占領し、武器を押収したことも書かれている……。しかしいずれも圧倒的な日本軍の武力の前に間もなく沈黙を余儀なくされた。午後五時には、大島旅団長が王宮に入り国王に面会している。

ところで、日本軍による王宮占領が進む中で、この日午前十一時に、国王の実父である李是應＝大院君がその邸宅から歩兵第十一連隊第六中隊の日本兵に周りを固められて王宮に入った。

日本側は王妃である閔妃の一族と政治的に対立していた大院君を担ぎだし、閔氏一族を政権から排除しようとしたのである。午前三時半に出発した第十一連隊第六中隊の日本兵は李是應の邸宅に向かった。邸宅には日本兵に混じって多数の日本の「壮士」を名乗る民間人も押しかけ雑踏していた。しかし、李は容易に日本側の思惑には応せずその誘出は進まなかった。

王宮占領を画策した一人である日本公使館の杉村濬書記官は、この日午前三時ごろから王宮の裏側の小丘に登り、日本軍の王宮突入の状況を観察していたが、その杉村のもとにも「大院君誘出困難の状」が伝えられた。そこで彼は大院君の邸に向かい、王宮に入るのをためらう大院君に「日本政府之此挙實出於義挙故事成之後断不割朝鮮国之寸地」と書いた。「日本政府の今日の行動は正義のためにやったことである。だから日本政府は朝鮮の土地を奪おうなどとは全然考えていない」という一札を入れたのである。……とにかくどうしても大院君を連れ出し、閔氏一族を宮廷から一掃し、国王を日本の支配下に置くことが必要であった。これが朝鮮王宮占領の最大の眼目であったからである。

大院君はようやく日本側の要請に応じ、日本軍に擁されて王宮に入ったのが午前十一時であった。ついで大鳥公使も宮殿に入り、朝鮮政府は日本の支配下に置かれたのである。その日の夕方、日本軍は歩兵第二十一連隊第二大隊に「王宮の守備」を命じたほか若干の部隊を王宮周辺要地に留め、午後五時から午後六時の間に幕営地に引き揚げ「王宮威嚇の動作これに於いて結了」した。

「戦史草稿」からは、事件は日本公使館と混成旅団が一体となって事前に周到に準備した作戦計画に基づくものであったこと、王宮に入ったのは確かに歩兵三中隊・工兵一小隊だけだったが、他部隊も大院君警護、市内に入る各門・市街各地区・朝鮮軍拠点を占拠警戒、砲兵大隊も高地に放列を敷き示威するなど、混成旅団全体が動いたものだったことが明瞭である。

第三節　朝鮮王宮襲撃事件では外交・軍事上の目的を達成

朝鮮王宮襲撃事件は、とにかく日清開戦を実現させようとした、具体的には、朝鮮政府を入れ替え、清国軍撤退を迫らせて、清国軍との開戦を正当化する条件を整えることを意図して行われた。そして、この意図に対しては、その目的を達成した軍事行動であったと言えると思われる。

事前に準備された計画であったのに、偶発事件扱いで公表した「出ようとする大院君を助けたのでなく、出る気がなかった大院君を無理矢理引っぱり出した」という点では、明らかに「謀略」であった。

ただし本件では、大鳥公使・公使館と大島旅団長・混成旅団とが協議をした上で、公使からの指示を待って実行されており、後年の昭和前期の戦争の如く軍部が独走して勝手に行った謀略ではない点が特記すべきことである。原田敬一著『日清戦争』が、大鳥圭介が帰国後、この年の十一月に枢密顧問官に任ぜられたことには、「『七月二十三日戦争』を指導したことが大きな意味を持っていよう」としているのも肯ける。

この謀略事件に対し列強から強い批判は出ずに済んだが、その理由の一つとして、外交・軍事の共同が然るべく行われていて、列強からの批判が生じないよう外交を意識した行動が採られていたという面があったのではないかと思われる。また、列強も明らかな謀略だと考えてはいても、現に誰かが殺害された訳ではないため、日本に特に非難を加えなかったというところかと思われる。

第四節　朝鮮王宮襲撃事件では重大な負の影響も免れず

日清間を直ぐに開戦させる、という目的に対しては成功した軍事行動だったと言っても、当然ながら重大な負の影響も生じることになった。

最大の悪影響はやはり、朝鮮国内で反日感情を高めることになったという点である。自国の王宮が日本軍に襲撃される事態に反日意識が高まらなかったとしたら、その方が不可解である。従って、この悪影響は予期されて当然なのだが、大鳥公使と大島旅団長はそれをどこまで考慮して王宮襲撃を行ったのか、非常に疑問である。実際に日本政府から中止指令が出ていたのも、方法として妥当ではないとの判断からであったろう。

日清の開戦に持ち込むという短期的な目標に対しては効果があった行動であるが、その戦争の遂行に当たり朝鮮から協力を得る、あるいは将来は朝鮮の保護国化を進めて行くといった中長期的目標に対しては、現に重大なマイナス効果を発生させた。短期的効果と中長期的な大きなマイナスのバランスを考えれば、この方策の選択が妥当であったとはとても言い難いように思われる。

また、大院君によるクーデターを画策するにしても、日本軍が表に出ない手を考えるべきだったのではなかろうかと思われるが、大鳥公使らからすれば、陸奥外相から即座に開戦に持ち込むように強く迫られている状況では他の手段がなかった、という事になるかもしれない。それを迫った陸奥外相に責任があるように思われる。

第五節　一年三ヵ月後に重大な失敗

日本人が大院君を担いで王宮を襲撃する、という事件が、本件の一年三ヵ月後にも再発生した。閔妃殺害事件である。結果として更に激しい反日意識を作り出し、朝鮮を更にロシアに接近させてしまい、日本は一気に後退せざるを得なくなるという大失敗となった。

そもそも王宮襲撃事件が反日感情を高めた点についての批判・反省がなかったため、また同様の事件が安易に考えられてしまったのであり、しかも王宮襲撃事件ほどの計画性は欠いていたため、とんでもない失敗に終わったのである。また、王宮襲撃事件は日本が過度に「謀略」に頼る傾向を作り出す原因になったようにも思われる。

第六節　必ずしも正しからず、新聞・世論

既に見た通り、この王宮襲撃事件の頃には新聞は開戦論を書きたてゝいた。日清戦争は、この一八九四（明治二十七）年七月の時点では発生しなくても、いずれは発生していた戦争であった可能性は高いと思われるが、この時点で発生したことについては、当時の日本国内の民論の行き過ぎ（対外硬派による過激・過剰な政府批判）がこゝで日本政府を日清開戦に追い込んでしまった、そのために発生してしまった戦争であった、という側面が明らかだと思われる。

戦争の準備・遂行について政府と軍の対応が良く、戦争に勝てたから良かったようなものゝ、新聞や世論は時に極めて無責任になることがある。新聞は現在に至るも存在するマスメディアであるが、新聞記事そのものがどこまで事実を正しく伝えているか、合理的で品格のある判断を行っているかなど、それが提供する本質的なものゝ品質については最も改良が遅れている産業ではないかと思われる。

第七節　日清開戦への最大の批判者は明治天皇であった

世論も軍も政府も開戦に突き進んで行ったのだが、この朝鮮王宮襲撃事件を含む日本側からの開戦への動きに対し、日本の指導者の中で最も批判的だったのは明治天皇であった（藤村道生著『日清戦争』）。

明治天皇は、徳大寺実則侍従長を通じて質問するという形式で政策決定に関与してきた。日清戦争は参謀本部により計画され、政府全体が参謀本部の布いた路線の上を走っていた。伊藤首相すら、開戦後陸奥外相に「御同様知らず知らず大洋に乗り出した」と書き送っていた（林外務次官の証言）。しかし、親政を最高の理念とした天皇は、開戦後、

「今度の戦争は大臣の戦争であってわしの戦争ではない」

と不満を露わにしたという（深谷博治著『近代日本天皇制の特質』）。

天皇は七月二十三日事変の際の王城攻囲についても、武力行使に疑問を提出し、更に大本営の政略に対す

る戦略の優先を批判して、伊藤首相が毎週二回開催の大本営御前会議に出席し戦争指導に当たることを求めた。

〔牙山の清国兵撃退についても〕伊藤首相は、天皇の意向を察してひとまず牙山攻撃の中止を陸奥外相に指示し、また川上参謀本部次長にその旨訓示しようとしたが、陸奥は、出先で混乱が生ずることを恐れ、攻撃中止命令の発電を抑えた。これも天皇には不満だったようで、のちに開戦のことは「十分な議論がなされず不本意だ」と言明し、伊勢神宮と孝明天皇陵へ開戦報告の勅使を差し立ることは「もともと不本意ながらの儀なれば」と拒絶した。開戦外交は、明治天皇すら十分納得しないまゝに、その意思を乗り越えて進められたのである。

檜山幸夫著『日清戦争』は、①明治天皇は出兵そのものには反対ではなかったが、出兵政策が対清関係悪化の方向に向かい始めると懐疑的となり、六月十五日と七月一日の閣議決定を容易に裁可しなかった②伊藤と陸奥は、天皇の督促によって七月二日に拝謁するが、それを境として彼らの拝謁は急速に減少し、なかでも七月十九日の陸奥の拝謁後は八月二日までの間、伊藤も陸奥も拝謁していない（伊藤は六月には七回、つまり四・一日に一回の割で拝謁していたのに拘らず）―と指摘している。

伊藤も陸奥も（特に陸奥は）、独断専行して戦争に向かって進んで行ってしまったという状況が、天皇への拝謁の記録からだけでも理解できると言える。

このように日清戦争は、軍が一方的に独走した昭和前期の戦争とは異なり、政府と軍とがそれなりに連携して戦った戦争であった。その背景には、明治天皇の指示もあったことが判る。

資料３１　明治天皇（出典『明治天皇聖徳大鑑』）

第五章

日清戦争へ突入

日本はまず、七月二十三日の朝鮮王宮襲撃占領事件によって、清国軍の朝鮮からの排除を正当化する前提条件を作り出し、七月二十五日には豊島沖海戦によって清国陸軍の増援を阻止した。次は最初の陸戦であった成歓の戦いとなる。この戦いの後に公式の宣戦布告がなされた。国際的な「開戦に関する条約」によって明瞭な事前通告により開戦宣言を行うことや、中立国への速やかな電報通告などのルールが明文化されたのは一九〇七年以降のことなので、この日清戦争当時は開戦後の公式宣戦布告でも良かった訳である（原田敬一著『日清戦争』）。

宣戦詔勅は、日本のものも清国のものも、旧参謀本部編纂『日本の戦史「日清戦争」』などに全文が掲載されている。

日本の宣戦の詔勅では、開戦の理由を次のように説明している。

―朝鮮は「独立の一国」であるのに、清国は「朝鮮を以って属邦と称し陰に陽にその内政に干渉」している。「朝鮮をして禍乱を永遠に免れ治安を将来に保たしめ、もって東洋全局の平和を維持せんと欲し」、清国に朝鮮の内政改革を協同して行うことを提案したが、清国はこれを拒んだ。「朝鮮は既にこれを肯諾したるも」清国が妨害し、「更に大兵を韓土に派し我が艦を韓海に要撃」したりしている。つまり「清国の計図」は、「帝国」（＝日本）の「権利利益を損傷し以って東洋の平和を永く担保なからしむるに存する」ことであると疑わざるを得ない。従って公に戦を宣するを得ざるなり―

すなわち、清国が朝鮮を独立国として認めず属国扱いし、更には朝鮮の国政の安定に必須の内政改革も拒否していることが東洋の平和に反しているので、清国に対し宣戦布告する、との論理となっている。

一方、清国側の宣戦詔勅も同じ八月一日に出された。その中で、清国の宣戦布告の理由は次のように説明されている。

—朝鮮は我が大清の藩屏たること二百余年の関係であり、本年の内乱では清国は「該国王は兵を請う」たので出兵し「匪賊星散」したのに、「倭人故なくして兵を派し、漢城に突入し、継ぐいてまた兵万余りを増し、迫りて朝鮮に国政の更改を令する」などのことをやった。清国は朝鮮を藩服させているといっても、その国内政事は朝鮮側に任せている。日本が兵力で朝鮮を圧迫して強引に政治改革を迫る理はない。「各国の公論は皆以って日本の出師は名無く、情理に合わず」と為しているが、日本は豊島沖海戦で「砲を開いて轟撃し」て戦争を始めた。だから応戦し「以って韓民を塗炭より救わしむ」のである—

朝鮮での内乱を防ぐには内政改革の実施が必須であったと見ていた点では、日本の詔勅の方が事態をより適切に認識していたように思われるが、それを外国が武力で迫ることが妥当であったのかどうか、日本の出兵には理があったと言えるかという点では、清国側の方が正しかったように思われる。いずれにしても、この二つの詔勅に両国の見解の差が現れている。しかし、開戦に至った原因が朝鮮を間に挟んだ両国関係にあったことだけは、両国に共通の認識であった。

日清戦争史の要約

全琫準の指導する東学と農民軍は、日本軍のソウル占拠を受けて戦闘再開を準備し、十月から日本軍との戦闘を開始した（甲午農民戦争の「秋の再蜂起」）。既に清軍との戦闘で勝利していた日本軍は、全力で農民軍との戦闘に兵力を充てたため、農民軍は圧倒され、激戦の末、次第に追い詰められていった。翌一八九五年一月、山中に隠れていた全琫準も捕らえられ、農民戦争は壊滅した。

この甲午農民戦争の秋の再蜂起は、この年の春の蜂起を含めて、従来の農民蜂起とは明らかに性質を異にしていた。春の蜂起は李朝末期の政治の乱れと支配者の苛酷な搾取に反対する反乱であったのに対して、この秋の再蜂起は明らかに日本の軍事的侵略に反対する事が主な動機になっていた。

指導者の全琫準は、捕えられたのち法廷の尋問で「再挙の理由」を問われたのに対して、次のように答えている。

―その後聞くところによると、貴国（日本）は開化と称して、初めから一言も民間に伝える事もなく、かつ触文を出す事もなく、軍隊を率いて都に入り、夜半王宮に討ち入り、国王を驚かせたという。そのため世間の一般庶民らは忠君愛国の心で憤りに耐えず、義軍を集めて日本人と戦おうとしたのだ（『全琫準供草』韓国国史編纂委員会編『東学乱記録』下）―

更に「日本軍だけでなく、すべての外国人を悉く駆逐しようとするのか」という問いに対しては次のように答えている。

―そうではない。他の国はただ通商しているだけだが、日本人は軍隊を率い、都に留まっている。そのため我が国の領土をかすめ取ろうとしていると疑わざるを得ないのだ（同右）―

日本軍の王宮占領は、従来見られなかった、儒者が指導者となって武器を取って立ち上がる「義兵」闘争も生み出した。九月二十五日を前後して慶尚北道安東付近で蜂起した徐相轍《ソサンチョル》らの反日蜂起がその典型的な動きである。

「義兵」とは、国王並びに国家が危急にさらされている時、然も正規の軍隊の勝利が期待できないか、あるいは抗戦していないという客観的状況下で、民間の儒者らが自発的に「倡義文《しょうぎぶん》（中塚明氏によると正義を唱えるアピール）」などで義勇軍を募り、反侵略の武力闘争に決起する民軍のことである（朴宗根著『日清戦争と朝鮮』）。

朴宗根氏は、王宮占領直後から起こったこの徐相轍らの反日蜂起が「近代に於ける反日義兵運動の始まりである」とし、義兵運動は豊臣秀吉の朝鮮侵攻の際にも起こったが、近代朝鮮では日清戦争後の一八九五年十月の王妃閔妃殺害事件があり、決定的なのは十一月の断髪令を引き金にして起こったりしている。

徐相轍は檄文で、「日本は秀吉以来の『讐敵《しゅうてき》』である」と指摘し、「その日本軍が王宮を占領し国王を脅迫しクーデターを行なわせた。そして首都を制圧したのみならず、地方まで侵入して朝鮮は重大な事態に直面している。これに対処して朝鮮は挙族的に立ち挙がらなければならないにも拘らず、宮廷にいる臣下は無自覚で日本の招きで入閣するなど憂うべき状態である。更に王宮占領から一ヵ月も経っているのに、宮廷の臣や全国の官吏らが誰一人、義のために決起するものがいないから、憤りを感じて立ち上がることを決意した」としている（朴宗根、同右）。

日本による朝鮮王宮占領は、「朝鮮の独立」のためという口実で起こした清朝中国との戦争であったが、その足元の朝鮮からは大きな反日運動を生み出す事になったのである。

一八九五（明治二十八）年一月末、日本海軍は北洋艦隊の拠点である威海衛を攻撃、陸軍も山東半島に上陸して陸上から攻撃した（威海衛《いかいえい》の戦《たた》い）。二月に水師提督丁汝昌が自決して降伏した。戦意を失った清朝政府は休戦交渉に入り、李鴻章が下関会談で伊藤博文・陸奥宗光らとの交渉に応じた。この講和会議の間に、日本は台湾併合の既成事実を作るため、台湾に付属する澎湖諸島《ぼうこしょとう》を占領した。同年、講和会議の結果、下関条約が成立して終結、日本は賠償金と共に遼東半島・台湾・澎湖諸島の割譲を受けるなど、十分な成果を得た。

近代日本にとっては最初の近代戦の体験であり、その勝利によって大陸侵出の足がかりを掴み、また二億両（テール）の賠償金は国内の製鉄業の育成、金本位制の実施など資本主義体制を確立させることに大きく寄与した。なお、この二億両の賠償金は金塊として支払われ、日本はそれをイングランド銀行（世界の中央銀行として国際金融に中心的な役割を果した）に預けた。

このように日清戦争は日本がアジアの強国として台頭する第一歩となったが、それは東アジアに権益を有するヨーロッパ諸国を強く刺激し、ロシア・フランス・ドイツによる三国干渉によって遼東半島は還付されることゝなる。しかし、台湾を最初の植民地として獲得し、アジアの中で他民族を侵略する立場に立つことになった。この戦争での勝利は、近代日本が国内の半封建的な社会矛盾を抱えながら、アジアに領土、植民地を拡張するため軍事力に依存して行くという、軍国主義化の第一歩でもあった。

日清戦争の戦場となったのは殆んど朝鮮半島であった。また日清戦争と言いながら、その中で日本軍と朝鮮の農民軍が戦った戦争であったことも忘れてはならない。朝鮮は、この戦争に敗れた清国が下関条約によって朝鮮に対する宗主権を放棄したことにより、近代的な主権国家として自立することになった。しかし、清は後退したものゝ、日本とロシアの朝鮮の利権を巡る対立が新たに表面化することゝなる。その対立は一八九五（明治二十八）年、親ロシアの姿勢を強めた王妃閔妃が日本公使の送った軍隊によって宮中で殺害されるという閔妃暗殺事件となって現れた。このような強引な日本の介入は反って反発を買い、ロシアの侵出が顕著となると、日本では反動的に「朝鮮は日本の生命線だ」という意識が強まり、ロシアの排除を目指して日露戦争へと繋がって行くことになる。

日清戦争の敗北は、清朝にとってベトナムをめぐる清仏戦争（一八八四〜一八八六年）での敗北と共に、大きな衝撃となった。台湾の割譲、二億両の賠償金、朝鮮宗主権の放棄は清朝にとって屈辱であっただけでなく、国家のあり方への反省の機会を与えた。また、〝眠れる獅子〟清朝の敗北は、帝国主義列強による一八九八年の中国分割に繋がることゝなった。

清の敗北の理由は、日本が幕藩体制を克服して近代的な国家体制を整えていたのに対して、清の洋務運動では富国強兵策が執られたものゝ、中体西用《ちゅうたいせいよう》（清王朝で十九世紀後半に展開された洋務運動のスローガン）の思想によって技術面だけの西欧化に止まり、統一的な国家意思の形成がなされなかったことである。日本軍と戦った清軍の核をなす北洋軍は、李鴻章の私兵に過ぎなかった。日清戦争の敗北はそのような問題点を白日の下に曝したので、下関条約締結反対を主張する洋務派の官僚や知識人、青年の中に近代的な政治体制の確立をめざす運動が始まった。その中心となったのが康有為や梁啓超らであり、彼らの改革への熱心な提言を取り上げたのが光緒帝による戊戌《ぼじゅつ》の変法《へんぽう》であった。軍事面では、袁世凱がドイツ人将校の指導で初めて西洋式陸軍である新建陸軍（新軍）を編成した。しかし、この改革は西太后ら保守派の反対で潰される。次いで一九〇〇年には義和団事件が勃発し、乱後の光緒新政も失敗し、清朝の滅亡へと加速していくことゝなった。

また、日清戦争での敗北は、対外的にはそれまで〝眠れる獅子〟と言われていた清朝が同じアジアの新興国で小国に過ぎない日本に敗れたことによって、その弱体を曝すことゝなった。三国干渉で清朝を助けたロシア・フランス・ドイツはその報酬を要求して中国分割に乗り出した。既に中国に大きな利権を得ていたイギリスも同調し、一八九八年には次々と租借地を獲得し、勢力圏を設定して行った。出遅れたアメリカは門戸開放宣言を出して利権に割り込みを図った。

それらの中で特に積極的な動きを見せたのが、露土戦争後のベルリン会議（一八七八年）でバルカン方面への進出にストップをかけられたロシアと、朝鮮半島への進出を開始した新興国日本であった。イギリスはロシアの進出を警戒して、一九〇二（明治三十五）年に日英同盟を結び、日本をアジアに於けるパートナーとする。こうして日清戦争後のアジアの国際情勢は、ロシアと日本の対立を軸に展開されることになった。

年表（日清戦争前後を中心として）

一八九四（明治二十七）年

・三月二十三日　日本亡命中の金玉均、上海へ向け神戸を出発。三月二十八日、上海の日本旅館東和洋行で同行の洪鐘宇に暗殺される。
・三月二十九日　東学党、朝鮮全羅道で蜂起（東学の乱、その後甲午農民戦争に拡大）。全琫準、総督となる。
・五月二十七日か二十八日　代理公使杉村濬より、朝鮮が「兵を支那に借りる動きあり」と外務省に通報。
・五月三十一日　東学農民軍、全州を占領。朝鮮政府、清への援兵を決議。伊藤内閣、内閣弾劾上奏決議案が可決されて難局に直面。
・六月一日　杉村、「袁世凱いわく朝鮮政府は清の援兵を請いたり」と打電。
・六月二日　伊藤内閣、衆議院解散ならびに清が朝鮮に出兵した場合に公使館・居留民保護のための朝鮮出兵することを閣議決定。
・六月三日　朝鮮政府、正式に出兵要請。
・六月四日　清の北洋通商大臣・李鴻章、朝鮮出兵（九〇〇名）を指令。
・六月五日　参謀本部内に大本営を設置。
・六月六日　天津条約に基づき、清が日本に朝鮮出兵を通告。
・六月七日　朝鮮代理公使小村寿太郎、清国政府に朝鮮出兵を通告。

年表（日清戦争前後を中心として）

（以後、日清両軍が朝鮮に上陸すると共に、日清間と日朝間の交渉、更にイギリスとロシアが日清間の紛争に介入）

- 七月九日　清の総理衙門がイギリスの調停案を拒絶。
- 七月十日　駐露公使西徳二郎より、「これ以上ロシアが干渉しない」との情報が外務省に届く。
- 七月十一日　伊藤内閣、清のイギリス調停案拒絶を非難すると共に、清との国交断絶を表明する「第二次絶交書」を閣議決定。
- 七月十六日　日英通商航海条約の調印（領事裁判権撤廃を達成）。
- 七月二十日　駐朝公使大鳥圭介、朝鮮政府に対して最後通牒（回答期限二十二日）を提出。
- 七月二十三日　日本軍、京城の朝鮮王宮を占領。朝鮮軍を武装解除。国王高宗、日本側の圧力により大院君に国政総裁を命ずる。
- 七月二十五日　大院君、清との宗属関係破棄を宣言し、大鳥公使に牙山の清国軍撤退を依頼。豊島沖海戦（高陞号を撃沈）。
- 七月二十八日　牙山に向かった日本軍と清軍が交戦し、清軍敗退（成歓の戦い）。
- 八月一日　日清両国、宣戦布告（日清戦争）。
- 八月七日　英、日清戦争に中立を宣言。
- 八月九日　ロシア、日清戦争に中立を宣言。
- 八月五日　大本営、参謀本部内から宮中に移動。
- 九月十三日　大本営、戦争指導のために広島移転（広島大本営）。
- 九月十五日　明治天皇、広島に入る。

・九月十七日　黄海海戦で日本艦隊が勝利。その結果、日本が制海権をほぼ掌握。
・十月一日　朝鮮、東学農民軍再蜂起。日本軍と交戦。
・十月二十四日　日本の第一軍が鴨緑江渡河を開始し、第二軍が遼東半島上陸を開始。
・十一月二十一日　第二軍、旅順口を占領。その後、旅順口虐殺事件が発生。
・十二月十七日　朝鮮、金弘集・朴泳孝連立政権成立。

一八九五（明治二十八）年

・二月一日　広島で清との第一次講和会議（翌日、日本が委任状不備を理由に交渉拒絶）。
・二月十二日　陸海軍共同の山東作戦完了。日本が制海権を完全に掌握。
・三月上旬　第一軍、遼河平原作戦完了。日本が遼東半島全域を占領。
・三月十六日　直隷決戦に備え、参謀総長小松宮彰仁親王陸軍大将が征清大総督に任じられる。
・三月十九日　講和全権の李鴻章、門司到着（翌日から下関春帆楼で交渉）。
・三月二十四日　李鴻章、第三回会談帰途、暴漢（小山豊太郎）に狙撃される。
・三月三十日　日清休戦条約調印。
・四月十七日　日清講和条約調印（五月八日発効）。
・四月二十三日　ロシア・フランス・ドイツ、清への遼東半島返還を勧告（三国干渉）。朝鮮、全琫準を処刑。
・五月五日　日本がロシア・フランス・ドイツに遼東半島返還を通告。
・五月二十九日　日本軍、割譲された台湾北部に上陸を開始。

- 六月七日　日本軍、台北占領。
- 六月十七日　日本が台湾に台湾総督府を設置。
- 七月六日　閔妃ら、クーデターにより朴泳孝ら親日を追放し、清露派を登用。七日、朴泳孝、日本へ亡命。
- 八月六日　台湾総督府条例により、台湾で軍政を布く。
- 十月八日　駐朝鮮公使三浦梧楼及び日本軍人・民間人、大院君を擁して朝鮮王宮に入る。閔妃殺害される（乙未事変）。
- 十月二十一日　日本軍、台湾全土を収める。台湾民主国滅亡。
- 十一月八日　清と遼東還付条約調印。
- 十一月十八日　台湾総督、大本営に全島平定を報告。
- 十二月三十日　朝鮮、断髪令公布。全国各地で抗議行動。

一八九六（明治二十九）年

- 一月一日　朝鮮、太陽暦採用。
- 二月十一日　朝鮮で親露派のクーデターが成功（露館播遷、～一八九七年四月二日）。親露内閣成立。
- 三月三十一日　台湾総督府条例公布により、軍政撤廃し民政に移行。
- 四月一日　大本営の解散。
- 四月六日　第一回近代オリンピック、アテネで開催。
- 六月三日　露清密約調印。
- 六月九日　山縣・ロバノフ協定（朝鮮に関する議定書調印）。

あとがき

清国に宣戦布告をした一八九四（明治二十七）年八月一日に先立つ七月二十五日、仁川西方の豊島沖の海戦で日清戦争の幕が切って落とされたのであるが、朝鮮王宮襲撃事件はその前々日の七月二十三日に起こされた。

有事ではなく平時に外国の軍隊が城内に駐屯し、その中にある王宮（景福宮）に門を打破って侵入し国王を虜にするという、空前の暴挙を行ったのである。

この事件は『日本外交文書』や『明治二十七八年日清戦史』（日本陸軍参謀本部）などの公刊戦史では、「日本軍が王宮の後にある丘に陣取るため王宮に沿って進んでいたところ、王宮やその周辺に配備されていた朝鮮兵の多数が日本軍に発砲した。そこで日本軍はやむを得ず応戦し、王宮に入り、国王を保護し王宮を守ることにした。従って偶発的な事件であり、日本側には侵略の意図はまったくなかった」とする。これが従来の日本政府・軍の公式見解であり、この見解は現在に至るまで日本政府から公式に修正されていない。

この公式見解がウソであり、「作り話」であったことが立証されることになる。それは日清戦争開始からちょうど百年目の一九九四（平成六）年に、福島県立図書館「佐藤文庫」で『明治二十七八年日清戦史』の草案が発見されたことによる。その発見者は中塚明氏で、この史料をもとに一九九七（平成九）年に『歴史の偽造をただす――戦史から消された日本軍の「朝鮮王宮占領」』（高文研）を上梓された。

朝鮮文化に於いての思考様式の一つである恨は、感情的なしこりや、痛恨、悲哀、無常観をさす朝鮮語の概念であり、朝鮮に於ける文化、思想に於いてすべての根幹となっているとされている。

多くの日本人が理解できない朝鮮民族の思想が『恨の文化』だと言われる。

朝鮮半島に根付く『恨の文化』とは『恨みは千年も忘れない』というのであり、日本に帰化し、韓国政府からは親戚の冠婚葬祭のための帰国も拒否されるという作家の呉善花氏によると、『恨をバネに抵抗していくのが人間的である』とのことである。

呉善花氏の論では「自分の回りで何か問題が起こった時、それを自分ではなく他の誰かのせいにしようとするのが韓国人であり、いわば『被害妄想型の恨』である」ともしている。この被害妄想型の恨とは、その言葉の通り『被害妄想』であるから、そのストレス解消が別のところに現れることになる。


それ故に恨の根源の一つである「反日感情」を理解するためには、日本と朝鮮との古代史から見なければならない。神話伝説か史実かは定かではないが、神功皇后の三韓征伐（神功皇后が新羅出兵を行い、朝鮮半島の広い地域を服属下に置いたとされる戦争を指す）、東アジアの朝鮮・中国の海岸で活動した日本人を主体とした海賊である倭寇、豊臣秀吉による朝鮮侵攻、日清戦争、日韓併合などと枚挙に暇がない。

その他に我々は、日清戦争に先立って日本と朝鮮とが戦争したことを認識していない。戦争とはせずに「朝鮮王宮襲撃事件」とし、それが日清戦争への戦争準備のための一つであったと理解しているのである。

有事でない平時に、日本軍人が王宮を土足で踏みにじんだのである。恨が生じて当然な事である。

それにしても国と国、国と人、人と人との過去・現在・未来の関わりは、色々な要因を内蔵して未来永劫延々として生き続けるのであろうか。

なお、本書はウェブサイト「カイゼン視点シリーズ〈カイゼン視点から見る日清戦争〉」の筆者より引用・活用の許可を頂いていることを付記し、紙上を以って感謝申し上げたい。

平成三十年六月二日

樋口　正士

参考・引用文献

近代日中関係史年表編集委員会編：「近代日中関係史年表　一七九九―一九四九」岩波書店　二〇〇五年

衆議院・参議院編：『議会制度百年史―衆議院議員名鑑』大蔵省印刷局　一九九〇年

生方敏郎：『明治大正見聞史』中公文庫　一九七八年

色川大吉：『日本の歴史二一―近代国家の出発』中公文庫　二〇〇六年

井上寿一：『山県有朋と明治国家』ＮＨＫ出版　二〇一〇年

原田敬一：『「日清・日露戦争」―シリーズ日本近現代史〈３〉』岩波新書　二〇〇七年

原田敬一：『日清戦争〈戦争の日本史十九〉』吉川弘文館　二〇〇八年

石井寛治：『日本の産業革命―日清・日露戦争から考える』講談社学術文庫　二〇一二年

酒田正敏：『近代日本における対外硬運動の研究』東京大学出版会　一九七八年

佐谷眞木人：『日清戦争―「国民」の誕生』講談社現代新書　二〇〇九年

伊藤之雄：『山県有朋―愚直な権力者の生涯』文春新書　二〇〇九年

戸高一成：『海戦からみた日清戦争』角川書店　二〇一一年

大谷正：『「日清戦争」―近代日本初の対外戦争の実像』中央公論新社　二〇一四年

大谷正：『兵士と軍夫の日清戦争―戦場からの手紙をよむ』有志舎　二〇〇六年

大石一男：『条約改正交渉史―一八八七―一八九四』思文閣出版　二〇〇八年

檜山幸夫：『日清戦争』講談社　一九九七年

檜山幸夫編著：『近代日本の形成と日清戦争―戦争の社会史』雄山閣出版　二〇〇一年

参謀本部編纂：『日清戦史―明治二十七八年　第８巻』東京印刷　一九〇四―一九〇八年

中塚明：『「蹇蹇録」の世界』みすず書房　一九九二年

中塚明：『歴史の偽造をただす―戦史から消された日本軍の「朝鮮王宮占領」』高文研　一九九七年

中塚明：『近代日本と朝鮮』三省堂選書一八〇　一九九四年

中塚明・井上勝生・朴孟洙：『東学農民戦争と日本―もう一つの日清戦争』高文研　二〇一三年

朴宗根：『日清戦争と朝鮮』青木書店　一九八二年

朴宗根：『閔氏政権の崩壊過程（朝鮮史研究会論文集第三三集）』緑蔭書房　一九九五年

鈴木孝一編：『ニュースで追う明治日本発掘　五―日清戦争・閔妃暗殺・凶悪殺人の時代』河出書房新社　一九九五年

藤村道生：『日清戦争―東アジア近代史の転換点』岩波新書　一九七三年

藤村道生：『日清戦争前後のアジア政策』岩波書店　一九九五年
橋川文三編：『「日清・日露の戦役」現代日本記録全集６』筑摩書房　一九七〇年
崔碩莞：『日清戦争への道程』吉川弘文館　一九九七年
田保橋潔：『日清戦役外交史の研究』刀江書院　一九五一年
中村栄孝：『日鮮関係史の研究』全三巻　吉川弘文館　一九六五―六九年
黒川雄三：『近代日本の軍事戦略概史―明治から昭和・平成まで』芙蓉書房出版　二〇〇三年
林董：『後は昔の記―林董回顧録』平凡社　一九七〇年
小林和幸：『谷干城―憂国の明治人』中公新書　二〇一一年
村中朋之：「三浦梧楼「兵備論」考察―国防戦略という観点からの「護郷軍」概念の分析―」日本国際情報学会誌　二〇一二年
大江志乃夫：『日本の産業革命』岩波書店　一九六八年
大江志乃夫：『東アジア史としての日清戦争』立風書房　一九九八年
三浦梧楼：『観樹将軍回顧録』中公文庫　一九八八年
横山源之助：『日本の下層社会』岩波書店　一九八五年
長谷川峻：『山座圓次郎―大陸外交の先駆―』時事新書　一九六七年
樋口正士：『福岡が生んだ硬骨鬼才外交官　山座圓次郎』カクワークス社　二〇一六年
岡崎久彦：『小村寿太郎とその時代』ＰＨＰ研究所　二〇〇三年
片山慶隆：『小村寿太郎　近代日本外交の体現者』中公新書　二〇一一年
姜在彦：『玄界灘に架けた歴史』朝日文庫　一九九三年
姜在彦：『朝鮮近代史』平凡社　一九八六年
姜在彦：『朝鮮の攘夷と開化―近代朝鮮にとっての日本』平凡社　一九七七年
イザベラ・バード著・朴尚得訳：『朝鮮奥地紀行１』平凡社　一九九三年
イザベラ・バード著・朴尚得訳：『朝鮮奥地紀行２』平凡社　一九九四年
イザベラ・バード著・時岡敬子訳：『朝鮮紀行～英国婦人の見た李朝末期』講談社　一九九八年
塩川一太郎：『朝鮮通商事情』八尾書店　一八九五年
服部英雄・曽田菜穂美：「翻訳・フロイス「日本史」三部一～四章」比較社会文化：九州大学大学院比較社会文化学府紀要　第二十号　二〇一四年
小和田哲男：『豊臣秀吉』中公新書　一九八五年
小和田哲男：『秀吉の天下統一戦争（戦争の日本史）』吉川弘文館　二〇〇六年

参考・引用文献

北島万次：『秀吉の朝鮮侵略と民衆』岩波新書　二〇一二年
中野等：『「文禄・慶長の役」戦争の日本史十六』吉川弘文館　二〇〇八年
金洪圭編著：『秀吉・耳塚・四百年─豊臣政権の朝鮮侵略と朝鮮人民の闘い』雄山閣出版　一九九八年
熊本県宇土市教育委員会編：『記録集　小西行長を見直す』熊本県宇土市　二〇一〇年
鳥津亮二：『小西行長─「抹殺」されたキリシタン大名の実像』八木書店　二〇一〇年
仲尾宏：『朝鮮通信使の足跡─日朝関係史論』明石書店　二〇一一年
仲尾宏：『日朝関係史論「朝鮮通信使と壬辰倭乱」』明石書店　二〇〇〇年
竹村公太郎：『日本史の謎は「地形」で解ける』ＰＨＰ文庫　二〇一三年
井上泰至・金時徳：『秀吉の対外戦争』笠間書院　二〇一一年
旧参謀本部編纂：『日本の戦史「朝鮮の役」』徳間文庫　一九九五年
旧参謀本部編纂：『日本の戦史「日清戦争」』徳間文庫　一九九五年
木村幹：『高宗・閔妃─然らば致し方なし』ミネルヴァ書房　二〇〇七年
吉野誠：『明治維新と征韓論─吉田松陰から西郷隆盛へ』明石書店　二〇〇二年
武田幸男編：『朝鮮社会の史的展開と東アジア─吉野誠「開港期の穀物貿易と防穀令」』山川出版社　一九九七年
島田虔次：『朱子学と陽明学』岩波新書　一九六七年
李憲昶著・須川英徳・六反田豊訳：『韓国経済通史（韓国の学術と文化）』法政大学出版局　二〇〇四年
岡本隆司：『世界のなかの日清韓関係史─交隣と属国、自主と独立』講談社　二〇〇八年
岡本隆司：『属国と自主のあいだ─近代清韓関係と東アジアの命運』名古屋大学出版会　二〇〇四年
岡本隆司：『馬建忠の中国近代』京都大学学術出版会　二〇〇七年
岡本隆司：『李鴻章─東アジアの近代』岩波書店　二〇一一年
岡本隆司：『袁世凱─現代中国の出発』岩波書店　二〇一五年
岡本隆司：『中国「反日」の源流』講談社〈講談社選書メチエ〉二〇一一年
Ｊ・チェン・守川正道訳：『袁世凱と近代中国』岩波書店　一九八〇年
宮崎市定：『科挙─中国の試験地獄』中公新書　一九六三年
宮崎市定：『中国文明の歴史〈十一〉中国のめざめ』中公文庫　二〇〇〇年
毛利敏彦：『台湾出兵─大日本帝国の開幕劇』中央公論社　一九九六年
黄文雄：『日本の植民地の真実』扶桑社　二〇〇三年
黄文雄：『戦争の歴史・日本と中国』ワック　二〇〇七年

井上勝生：『明治日本の植民地支配』岩波現代全書　二〇一三年
高崎宗司：『植民地朝鮮の日本人』岩波新書　二〇〇二年
島田昌和：『渋沢栄一―社会企業家の先駆者』岩波新書　二〇一一年
杉山伸也：『日本経済史　近世―現代』岩波書店　二〇一二年
高橋秀直：『日清戦争への道』東京創元社　一九九五年
高橋秀直：『防穀令事件と伊藤内閣』朝尾直弘教授退官記念会編「日本国家の史的特質 近世・近代」所収　思文閣出版　一九九五年
角田房子：『閔妃暗殺―朝鮮王朝末期の国母』新潮文庫　一九九三年
崔文衡：『閔妃は誰に殺されたのか』彩流社　二〇〇四年
金文子：『朝鮮王妃殺害と日本人―誰が仕組んで、誰が実行したのか』高文研　二〇〇九年
東アジア近代史学会編・野村浩一書評：『日清戦争と東アジア世界の変容』ゆまに書房　一九九七年
東アジア近代史学会編・関捷書評：『甲午中日戦争期における東アジアの国際関係』ゆまに書房　一九九八年
佐藤公彦：『義和団の起源とその運動』研文出版　一九九九年
小林一美：『義和団戦争と明治国家』汲古書院　二〇〇八年
三石善吉：『中国、一九〇〇年―義和団運動の光芒』中公新書　一九九六年
小田岳夫：『義和団事件』新潮社　一九六九年
菊地章太：『義和団事件風雲録 ペリオの見た北京』大修館書店　二〇一一年
浅田次郎：『蒼穹の昴』第一～四巻　講談社　二〇〇四年
浅田次郎：『中原の虹』第一～四巻　講談社文庫　二〇一〇年
山田朗：『軍備拡張の近代史―日本軍の膨張と崩壊』吉川弘文館　一九九七年
斎藤聖二：『日清戦争の軍事戦略』芙蓉書房出版　二〇〇三年
原田勝正：『明治鉄道物語』筑摩書房　一九八三年
熊谷直：『軍用鉄道発達物語―陸軍鉄道部隊の全容』光人社　二〇〇九年
梶村秀樹：『朝鮮史 新書東洋史一〇』講談社　一九七七年
武田幸男・宮嶋博史・馬渕貞利：『朝鮮 地域からの世界史1』朝日新聞社　一九九三年
武田幸男：『新版 世界各国史2 朝鮮史』山川出版社　二〇〇〇年
佐々木隆：『明治人の力量　日本の歴史21』講談社学術文庫　二〇一〇年
宮家邦彦：『語られざる中国の結末』ＰＨＰ新書　二〇一三年
加藤徹：『西太后 大清帝国最後の光芒』中公新書　二〇〇五年

参考・引用文献

平野聡：『興亡の世界史「大清帝国と中華の混迷」』講談社　二〇一八年
古田博司：『朝鮮民族を読み解く―北と南に共通するもの』ちくま学芸文庫　二〇〇五年
山辺健太郎：『日韓併合小史』岩波新書　一九六六年
山辺健太郎：『日本の韓国併合』太平出版社　一九六六年
海野福寿：『伊藤博文と韓国併合』青木書店　二〇〇四年
海野福寿：『韓国併合』岩波新書　一九九五年
崔基鎬：『日韓併合の真実―韓国史家の証言』ビジネス社　二〇〇三年
崔基鎬：『日韓併合』祥伝社　二〇〇四年
呉 善花：『韓国併合への道 完全版』文芸春秋　二〇一二年
石原舜三：『北朝鮮は黄金の国？コリア半島の金鉱床とその基盤的背景』地質ニュース六一七号　二〇〇六年
朴正熙：『朴正熙選集 1　韓民族の進むべき道』鹿島研究所出版会　一九七〇年
朴正熙：『朴正熙選集 2　国家・民族・私』鹿島研究所出版会　一九七〇年
山田朗：『軍備拡張の近代史―日本軍の膨張と崩壊』吉川弘文館　一九九七年
深谷博治：『近代日本天皇制の特質』日本書院　一九六七年
外務省通商局編纂：『通商彙纂』―一八九三年中仁川港商況年報
明治天皇聖徳奉讃会編：『明治天皇聖徳大鑑』明治天皇御写真帖刊行会　一九三六年
イザベラ・バード：『明治初期の蝦夷探訪記』さろるん書房　一九七七年
近世名士写真頒布会編：『近世名士写真　其1』一九三五年
近世名士写真頒布会編：『近世名士写真　其2』一九三五年
田中比呂志：『袁世凱―統合と改革への見果てぬ夢を追い求めて』山川出版社　二〇一五年

【著者プロフィール】

樋口正士（ひぐち まさひと）

１９４２（昭和１７）年　東京都町田市生まれ
日本泌尿器科学会認定専門医　医学博士

著書『石原莞爾将帥見聞記―達観した生涯の蔭の壮絶闘病録―』（原人舎）
『―日本の命運を担って活躍した外交官―芳澤謙吉波瀾の生涯』（グッドタイム出版）
『下剋上大元帥―張作霖爆殺事件―』（グッドタイム出版）
『藪のかなた―駐華公使・佐分利貞男変死事件―』（グッドタイム出版）
『ＡＲＡ密約―リットン調査団の陰謀―』（カクワークス社）
『捨石たらん！満蒙開拓移民の父　東宮鉄男』（カクワークス社）
『福岡が生んだ硬骨鬼才外交官　山座圓次郎』（カクワークス社）
『東亜新秩序の先駆　森恪』上巻・下巻・補遺（カクワークス社）

趣味　家庭菜園

「恨」文化を助長した日朝戦争　―朝鮮王宮襲撃事件―

2018年7月7日　初版第1刷発行

著　者　樋口正士
発行人　福永成秀
発行所　株式会社カクワークス社
〒150-0043　東京都渋谷区道玄坂2-18-11　サンモール道玄坂212
電話　03(5428)8468　ファクス03(6416)1295
ホームページ　http://kakuworks.com

印刷・製本　日本ハイコム株式会社
装　丁　なかじま制作
ＤＴＰ　スタジオエビスケ

落丁・乱丁はお取替えいたします。但し、古書店で購入されたものについてはお取替えできません。

定価はカバーに表示してあります。

ISBN978-4-907424-24-4